Janina David wurde 1930 in Polen a
dischen Familie geboren. Sie verlo
verließ nach ihrer Errettung aus de
verbrachte sie in einem Waisenha
ihrem 18. Geburtstag, nach Aust
australische Staatsbürgerschaft,
pendium für das Studium der K
Universität Melbourne. 1958 kehrte sie nach
lebt sie in London.

Von Janina David sind außerdem
als Knaur-Taschenbücher erschienen:

»Ein Stück Himmel« (Band 2307)
»Ein Stück Erde« (Band 1143)

Vollständige Taschenbuchausgabe
Droemersche Verlagsanstalt Th. Knaur Nachf., München
Lizenzausgabe mit freundlicher Genehmigung
des Carl Hanser Verlages, München/Wien

Titel der Originalausgabe »Light Over the Water«

Aus dem Englischen von Gertrud Baruch
Satz IBV Satz- und Datentechnik GmbH, Berlin
Druck und Bindung Ebner Ulm
Printed in Germany 7 6 5
ISBN 3-426-02331-8

Janina David:
Ein Stück Fremde

Erinnerungen an eine Jugend

Knaur

ISBN 3-426-02301 0 780

Für L. L.

1

Im Sommer 1946 beschloß mein Onkel, der als einziger überlebender Verwandter mein Vormund war, daß wir beide Polen verlassen würden. Es war kein leichter Entschluß. Seit Kriegsende hatten wir darauf gewartet, daß jemand aus unserer Familie zurückkehren würde. Aus Lagern, Gefängnissen, ausländischen Armeen und dem Exil kamen Überlebende zurück. Fast täglich erfuhr man, daß jemand heimgekehrt war. Aber zu uns kam niemand. Aus Paris teilte uns ein entfernter Verwandter mit, daß er und sein Bruder den Krieg überlebt hatten. Sie waren seit den frühen dreißiger Jahren in Frankreich, hatten Französinnen geheiratet und sich in Paris niedergelassen. Sie erkundigten sich nach dem Schicksal der Familie und luden uns ein, bei ihnen zu bleiben, falls wir Polen verlassen wollten. Es war unwahrscheinlich, daß jetzt noch jemand von unseren Angehörigen auftauchen würde. Angesichts der – bürgerkriegsähnlichen – politischen Verhältnisse in Polen begann mein Onkel, seine Zelte abzubrechen. Er suchte nach einer Möglichkeit, mich zunächst allein ins Ausland zu schikken.

Am Ende des Schuljahres war ich nahezu die Schlechteste in der Klasse. Versetzt wurde ich nur, weil ich dem Direktor gesagt habe, ich würde das Land verlassen und aller Voraussicht nach seiner renommierten Anstalt nie wieder Schande machen. Die besten Noten hatte ich in Religion – bei einem bewundernswerten alten Priester, der vor dem Krieg schon meinen Onkel und andere Familienmitglieder unterrichtet hatte. Damals lehrte er an einem Knabengymnasium. Nach dem Krieg wurden die Schulen wegen Personalmangels zusammengelegt, und so kam es, daß er mein Religionslehrer wurde. Er erinnerte sich an meine zwar nicht strenggläubige, aber dennoch jüdische Familie, fand es erfreulich, daß ich mir bei den Nonnen der verschiedenen Klöster eine gründliche Kenntnis der katholischen Religion erworben hatte, und war – im

Gegensatz zu allen anderen Lehrern, die mich immer so abschätzig mit meinen Eltern verglichen – stets gütig zu mir. In Polnisch und Literatur hatte ich gute Noten, die übrigen waren schlecht. Zu Hause stellte ich mich auf den Balkon im fünften Stock und sagte meine Noten auf. »Ich bin ein Versager. Ich habe dem Andenken meiner Eltern Schande gemacht.« Ich blickte zur Straße hinab, auf der reger Betrieb herrschte. Wenn ich hinunterspränge, wäre mir alles vergeben. Dann müßte ich nicht mit diesem Schandfleck weiterleben. Ich beugte mich zurück und sah zum Himmel empor. »Ich bin ein Versager«, wiederholte ich. »Aber es ist mir egal.«

Kurz darauf verließ ich meine Heimatstadt Kalisch und fuhr in ein Kinderheim im Südwesten Polens.

Zabrze war eine alte deutsche Stadt. Sie gehörte zu den »wiedergewonnenen Gebieten«, die nach Kriegsende von Ostdeutschland abgetrennt und Polen eingegliedert worden waren. Ich war beeindruckt von den großen, behaglichen Wohnhäusern und eleganten – aber leider gähnend leeren – Läden mit ihren schwarzen Glasfassaden, von den Straßenbahnen und Oberleitungsbussen, vor allem aber von der geheimnisvollen Atmosphäre einer Stadt, die fast ihre gesamte Einwohnerschaft verloren hatte und sich jetzt mit Neuankömmlingen füllte, von denen die meisten ebenfalls Flüchtlinge waren – aus den von Sowjetrußland annektierten polnischen Ostprovinzen. »Wie ein blutleerer Körper, der eine Transfusion unbekannter Herkunft bekommt«, schrieb ich in mein Tagebuch. »Sie wird den Empfänger entweder neu beleben oder töten. Nichts paßt hier zusammen.«

Das gleiche galt natürlich auch für mich selber. Nach den Jahren im Kloster, dem rückhaltlosen Übertritt zum katholischen Glauben und der jähen Ernüchterung, die ich erlebt hatte, als ich das Kloster verließ und sah, wie das Leben »draußen« wirklich war, befand ich mich jetzt in einem jüdisch-orthodoxen Kinderheim. Es war anscheinend das einzige, das mich aufnehmen wollte. Die von verschiedenen jüdischen Organisationen betriebenen Heime erhielten von Zeit zu Zeit die Genehmigung, einen Kinder-Sammeltransport ins Ausland zu schicken. Dies war in den ersten Nachkriegsjahren, als die polnischen Grenzen so gut wie gesperrt waren, die einzige Möglichkeit, hinauszukommen. Eine ganze Anzahl Kinder durfte nach England und Frankreich reisen, und die wenigen, die dort Verwandte hatten, durften bei ihnen bleiben. Weitaus die meisten Kinder aber wurden nach Palästina geschickt.

»Aus den wiedergewonnenen Gebieten ins Gelobte Land«, schrieb ich in mein Tagebuch. »Aber *ich* nicht.«

Zabrze, Donnerstag, 29. August 1946

Onkel hat dem Heimleiter klipp und klar gesagt, daß ich in London oder Paris bei unseren Verwandten bleiben werde. Ich will nicht nach Palästina. Ich möchte nicht in ein Land, in dem Krieg geführt wird. Für mich war es schon schwierig genug, den letzten Krieg zu überstehen. Und ich möchte nicht in einem Kibbuz leben. Mir hat das Gemeinschaftsleben im Kloster gereicht. Ich wünsche mir nur, endlich in Ruhe gelassen zu werden. Ein Zimmer für mich allein zu haben, dessen Tür ich absperren kann. Eigene Kleider zu tragen. In eine Schule zu gehen, wo mich niemand kennt und wo mich niemand mit meinen Eltern vergleichen kann. Und auf die Universität zu gehen. Ich weiß noch nicht genau, was ich studieren möchte. Wahrscheinlich Medizin. Ich möchte anderen helfen. Nützlich sein. Obwohl ich natürlich am liebsten Dichterin werden möchte. Aber man kann – wie Fräulein Vogel, unsere Literaturlehrerin, sagt – nicht studieren, um Schriftstellerin zu werden. Das *ist* man, oder man ist es nicht... Außerdem sagt sie, bevor man überhaupt ans Schreiben denken kann, muß man ein Thema haben. Und worüber könnte ich schon schreiben? Ich habe nichts gesehen, nichts erlebt, nichts Erwähnenswertes getan. Sicher, ich bin erst sechzehn. Vielleicht erlebe ich, wenn ich reise, interessante Abenteuer. Aber in welcher Sprache soll ich schreiben? Polnisch wird mir, glaube ich, nicht viel nützen, wenn ich im Ausland bin. Wie soll ich es aber jemals schaffen, mich in einer Fremdsprache auszudrücken?
Nächste Woche fängt die Schule an, aber ich gehe nicht hin, weil ich in ein, zwei Monaten in Paris sein werde. Oder in London. Ach, ich hoffe so sehr, daß es London sein wird!

Mein erster Monat in Zabrze war vorüber, aber noch immer gab es keine definitiven Abreisepläne. Um so öfter falschen Alarm. Einmal standen wir schon mit gepackten Koffern bereit, als plötzlich alles abgeblasen wurde.

Zabrze, Freitag, 6. September 1946

Im Heim sieht es wie auf einem Bahnhof aus. Überall stehen Koffer herum, und niemand tut etwas, um es hier ein bißchen behaglicher zu machen. Alles ist so kahl und schmuddelig. Die Betten sind derart verwanzt, daß Halina, Anna und ich, die drei Ältesten, jetzt auf den Eßtischen schlafen. Warum muß es in allen Kinderheimen so viel Ungeziefer geben? Unsere Behelfsbetten sind ziemlich hart, aber wir werden wenigstens nicht bei lebendigem Leibe aufgefressen. Was für ein Unterschied zwischen hier und dem Kloster, das trotz schrecklicher Armut immer sauber gescheuert und gewachst und voller Blumen war! Dort hat es Bilder und Statuetten der Heiligen Familie gegeben, und Heiligenfiguren, Stickereien und Dekorationen aus einfachstem Material, zum Beispiel aus getrockneten Gräsern und Blumen, aus Stroh oder Blättern... Hier sitzen wir auf unseren Koffern, machen uns kaum mehr die Mühe, uns umzuziehen, und warten auf den nächsten Zug. Das Bad funktioniert nicht. Wir waschen uns unter einem Kaltwasserhahn und gehen hie und da in die Städtische Badeanstalt.
Mir scheint, ich habe seit Kriegsende eine Art Leben auf Abruf geführt und ständig darauf gewartet, daß etwas geschieht. Aber es geschieht nichts. Ein neues Datum taucht auf, wieder etwas, worauf ich warten muß, bevor ich endlich ein normales Leben führen darf. Ich habe es wirklich satt. Wenn wenigstens *etwas* davon eingetroffen, wenigstens *ein* Ziel erreicht worden wäre, bevor ich anfangen muß, aufs nächste zu warten.

Im Speisesaal hingen mehrere Porträts bärtiger alter Männer, die Herrn Sobel, unseren Heimleiter, zu außergewöhnlichem Eifer anspornten. Er hatte geschworen, uns alle in der kurzen Zeit, die wir unter seiner Obhut verbringen würden, zum jüdischen Glauben zu bekehren. Die zahlreichen jüngeren Kinder waren gefügig und lernten brav. Wir anderen aber erinnerten uns nur zu gut an die christliche Glaubenslehre, mit der wir dort, wo wir überlebt hatten, vertraut geworden waren. Wir hatten sie, zusammen mit einer gehörigen Portion Antisemitismus, unbewußt von unseren Mentoren übernommen. Zum jüdischen Glauben zurückzukehren, nachdem wir in eine andere, farbenprächtigere und für viele ungleich verlockendere Religion hineingeschmeckt hatten, war nicht leicht. Die meisten von uns waren getauft und betrachteten sich als Christen auf Lebenszeit.

Die überwiegende Mehrheit war katholisch, nur zwei oder drei waren evangelisch-lutherisch, und eine einzige war – Gott steh ihr bei! – methodistisch.

»Während des Krieges hatte man natürlich keine Wahl«, schrieb ich damals in mein Tagebuch. »Auch die Evangelisch-Lutherischen und die Methodisten sind so etwas wie Christen.«

Anna und Halina allerdings, die einzigen Mädchen, die fast gleichaltrig mit mir waren, nahmen Unterricht in Hebräisch, jüdischer Geschichte und Palästinakunde. Sie waren erpicht darauf, nach Palästina auszuwandern und notfalls für dessen Unabhängigkeit zu kämpfen. Ich weigerte mich, mitzumachen. Ich wollte nicht nach Palästina und hatte auch nicht vor, zu konvertieren. Ich war mir nicht sicher, ob ich mich noch als Katholikin bezeichnen konnte. Aber als Jüdin wollte ich bestimmt nicht bezeichnet werden. Als Herr Sobel beschloß, uns hebräische Namen zu geben, reagierte ich nicht, wenn ich mit meinem neuen Namen angesprochen wurde. Ich war das Namenwechseln leid. Im Krieg hatte ich unter einem falschen Namen leben müssen, der überhaupt nicht zu mir gepaßt hatte. »Wenn meinen Eltern der Name gut genug war, den sie für mich aussuchten, dann genügt er mir auch«, erklärte ich Herrn Sobel und sah ihn zu meiner Befriedigung leichenblaß werden: Das Andenken unserer toten Eltern war geheiligt, und der Hinweis auf sie ließ jedes Argument verstummen. Immer dann, wenn normale Leute rot wurden, wurde Herr Sobel blaß. Es war eine seiner vielen Eigenarten.

Wenn er überschwenglich von den zionistischen Führern sprach, deren Porträts im Speisesaal hingen, verging mir der Appetit. »Ich lasse mich nicht mit Religion vollstopfen«, schrieb ich am 7. September, einem Samstag, an dem, wie üblich, das Schreiben verboten war. »Warum zum Teufel sollte ich nicht schreiben? Das ist doch keine anstrengende Arbeit. Ich meißle diese Worte doch nicht auf eine Steintafel!«

Das Haus war leer. Alle außer mir waren in die Synagoge gegangen. Ich schrieb meinem Onkel einen sechs Seiten langen Brief, in dem ich ihn bat, mich wieder nach Hause kommen zu lassen. Ich hätte mich damit abgefunden, in Polen zu bleiben. Ich würde wieder zur Schule gehen, ja sogar ins Kloster zurückkehren, falls es keine andere Möglichkeit gab, mich unterzubringen. Er könnte allein nach Frankreich oder auch nach Australien auswandern. Wir würden einander nie wiedersehen. Es würde mir das Herz brechen... Tränen tropften aufs Papier.

Onkels Antwort bestand aus drei Sätzen: Ich sollte Herrn Sobel gehorchen, keine Schwierigkeiten machen und Hebräisch lernen, weil er sich jetzt doch mit dem Gedanken trage, statt nach Australien nach Palästina auszuwandern.

Ich war niedergeschmettert. Das konnte doch nicht sein Ernst sein! Er hatte bestimmt nicht vor, sich in Palästina niederzulassen! So plötzlich konnte er seine Pläne doch nicht geändert haben! Nein, es war natürlich bloß eine Finte, damit ich endlich Ruhe geben würde. Glaubte er wirklich, mich mit einer derart albernen Lüge an der Nase herumführen zu können? Na schön, wenn er mich nicht nach Hause holen wollte, blieb mir nur eins übrig: Ich mußte erreichen, daß man mich hinauswarf.

Von einem Ausflug in die Stadt brachte ich eine Tüte mit Schinkensemmeln und Schweinswürstchen mit, die ich am Abend in Gegenwart aller verzehren wollte. Im Speisesaal stand ein Neuankömmling. Eine gertenschlanke, blauäugige Blondine, elegant angezogen und geschminkt. Sie rauchte eine amerikanische Zigarette. Ihr Fingernägel waren lang und rot lackiert. Sie hieß Lilka. Bevor die Kinder aus der Synagoge zurückgekehrt waren, hatten wir beide die Schinkensemmeln und die Würstchen aufgegessen und waren Freundinnen geworden.

An diesem Abend bot ich Lilka an, nachts mit auf meinem Tisch zu schlafen, weil unsere Betten immer noch verwanzt waren. Man hatte uns – als Neujahrsgeschenk – versprochen, das Ungeziefer auszuräuchern. Annette, die die letzten Kriegsjahre in einem Kinderheim in Taschkent verbracht hatte, kam in den Speisesaal, um für uns zu singen und zu tanzen. Da sie ihr Nachthemd verloren hatte, tanzte sie halb nackt, nur in ein Laken gehüllt. Ihre langen roten Haare hingen aufgelöst herab. Sie wiegte sich im Mondlicht hin und her, machte mit den erhobenen Armen schlangenartige

Bewegungen und sang seltsam traurige Lieder in einer fremden Sprache. Es klang geheimnisvoll und bedrohlich wie eine Beschwörung oder Zauberformel, die uns alle unwiderruflich verwandeln würde.

Annette war vierzehn. Sie sprach fließend Russisch und erzählte die deftigsten Geschichten, die wir je gehört hatten. Von Glaubenszweifeln wurde sie nicht im geringsten geplagt. In dem usbekischen Kinderheim hatte man sie gelehrt, es gebe keinen Gott, und davon war sie nicht abzubringen – es sei denn, jemand hätte sie vom Gegenteil überzeugen können, womit in Zabrze wohl kaum zu rechnen war. Sie hörte sich Herrn Sobels Unterweisungen an und hielt sich mit spöttischem Achselzucken an die Vorschriften. Sich nur ja nicht aus der Ruhe bringen lassen!

Lilka vertrat, als sie von unseren Problemen erfuhr, einen objektiven Standpunkt. Man sei jüdisch, befand sie, wenn man als Jude geboren sei. Egal, welchen Glauben man während des Krieges angenommen habe, als die Zeiten... hm... schwierig waren. Kann man wohl sagen! Es machte ihr nichts aus, meine Schinkensemmeln zu essen, aber sie ging, wenn's sein mußte, in die Synagoge. Und sie riet mir allen Ernstes, mitzukommen. Man müßte doch vernünftig sein. Schließlich wären wir nur deshalb hier, weil wir aus Polen hinauskommen wollten. Sobald wir das geschafft hätten, brauchten wir Herrn Sobel und seinesgleichen nie mehr zu sehen. Aber solange wir hierbleiben müßten, sollten wir lieber nicht zu viel riskieren.

»Du bist doch nicht im Ernst darauf aus, hinausgeworfen zu werden, oder?« Ich sah sie an, und mein Entschluß kam ins Wanken. Jetzt, da sie hier war, würde es Spaß machen, zu bleiben. Nun hatte ich wenigstens jemanden, mit dem ich reden konnte.

Lilkas Tante und Onkel, die sie nach Zabrze gebracht hatten, wohnten in Krakau, der alten Hauptstadt mit den herrlichen Renaissancebauten. Sie würden Lilka sicher oft besuchen und vielleicht sogar uns beide für ein Wochenende zu sich einladen...

»Laß dich bloß nicht hinauswerfen!« flehte Lilka. »Mit dir kann ich reden. Ich drehe durch, wenn du nicht mehr hier bist. Die anderen kann ich nämlich nicht ausstehen. Wir beide sollten zusammenhalten!«

Ich beschloß, ein bißchen länger zu bleiben.

Bei meiner Ankunft war das Haus fast leer gewesen, weil gerade ein Sammeltransport ins Ausland abgegangen war. Und nun hatte eines der Mädchen aus London geschrieben: »Die Welt ist so schön und so unerreichbar...« Ich war entgeistert. Das konnte doch nicht stimmen! Wenn *ich* erst einmal draußen war – oh, dann würde für mich nichts unerreichbar sein! »Ich bin fest entschlossen, alles zu erreichen, und wenn ich Tag und Nacht arbeiten und von Wasser und Brot leben muß. Wenn ich mir einmal etwas vorgenommen habe, dann schaffe ich's auch! Ich werde es ihnen schon zeigen!« schrieb ich an jenem Abend wild entschlossen in mein Tagebuch.

Zabrze, Mittwoch, 4. September 1946

Eine der alten Damen, die hier bei uns im Erdgeschoß wohnen, ist schwer erkrankt. Sie ist schon seit einer Woche krank, aber gestern wurde es so schlimm, daß ein Arzt geholt werden mußte. Er sagte, es sei Rippenfellentzündung und er müßte ihre Lunge punktieren. Er brauchte jemanden, der ihm half, und ich erklärte mich bereit, weil Frau Weismann, unsere gutmütige Wirtschafterin, einer Ohnmacht nahe war. Als wir ins Zimmer kamen, begann die alte Dame jämmerlich zu schreien. Ich dachte, nur Kinder schreien, wenn sie einen Doktor sehen. Ich erinnere mich lebhaft an mein eigenes Geschrei... Dem Arzt machte das allerdings gar nichts aus. Trotzdem – jedesmal von Angstschreien empfangen zu werden, wenn man ein Krankenzimmer betritt... Es gehört bestimmt viel Mut dazu, sich daran zu gewöhnen. Auf den Gedanken, daß auch dies dazu gehört, wenn man Arzt wird, bin ich vorher nie gekommen... Also, er hat die Lunge punktiert. Bis er die Kanüle eingeführt hatte, war schon alles mit Blut bespritzt; die alte Dame stöhnte, ich hielt das Becken und versuchte, nicht hinzuschauen.

Danach habe ich das Blut auf dem Stuhl und am Fußboden weggewischt, das Zimmer in Ordnung gebracht und den ganzen Abfall weggeworfen. Der Arzt hat mir die Hand geschüttelt und sich bedankt. Ich sagte ihm, daß ich Ärztin werden möchte. Er hielt das für eine sehr gute Idee. Und er hat mich ernstgenommen, im Gegensatz zu all den anderen – Onkel eingeschlossen –, die immer bloß zu mir sagen: »Absolviere erst mal die Schule, dann sehen wir weiter!«

Das einzig Schlimme an der Sache ist, daß ich vergangene Nacht mit gräßlichen Rückenschmerzen aufgewacht bin. Genau an der Stelle, wo der Arzt die Nadel in den Rücken der alten Dame gespießt hat. Es wäre schrecklich, wenn *ich* jetzt eine Rippenfellentzündung bekäme.

Zabrze, Freitag, 6. September 1946

Herr Sobel sagt, ich sei eine Verräterin. Wir getauften Christen seien alle Verräter. Dreimal täglich müssen wir bei den Mahlzeiten einen Ausbruch religiösen Wahns über uns ergehen lassen. Herr Sobel thront am oberen Ende des Tisches, wir sitzen – nach Altersstufen gestaffelt – an den Längsseiten, und die Kleinen haben einen eigenen Tisch. Abgesehen von den Porträts der bärtigen alten Männer ist der Raum völlig schmucklos. Immer wenn Herr Sobel mit einer Schimpfkanonade beginnt, schaut er zu einem dieser Porträts hinüber, deutet mit dem Löffel darauf und ruft den bedauernswerten Mann als Zeugen an.
Zu unserer Freude hat uns »Pappi Kinderklau« besucht und zwei Kinder hergebracht, einen etwa vierzehnjährigen Jungen und ein zwölfjähriges Mädchen. Pappi Kinderklau ist Rabbi und Hauptmann. Nie zuvor habe ich einen Rabbi wie ihn gesehen – man merkt ihm gar nicht an, daß er einer ist. Statt schwarzer Kleidung trägt er eine Militäruniform. Seine roten Haare sind kurzgeschoren – am ganzen Kopf. Er hat strahlend blaue Augen, eine Stupsnase und ein ansteckendes Lachen. Er ist schon ziemlich alt. Lilka sagt, er muß mindestens dreißig sein. Er reist durchs ganze Land, liest jüdische Kinder auf und bringt sie zu ihren Familien zurück oder in jüdische Kinderheime. Wir alle wären froh, wenn *er* unser Heimleiter wäre, an Stelle des gräßlichen S., der bei diesem letzten Besuch zum Glück das Bett hüten mußte – mit einem scheußlichen Malaria-Anfall. »Wenn er erwartet, daß eine von uns an sein Bett eilt, um ihm mit lilienweißer Hand die fiebrige Stirn zu kühlen – haha!«

Das neu eingetroffene Mädchen, Natalia, schien geradewegs aus einem Kuhstall gekommen zu sein. Sie war barfuß und braungebrannt, hatte flachsblonde Haare, blaue Augen und ein breites Bauerngesicht. Und sie hatte auch einen breiten bäurischen Akzent und konnte weder lesen noch schreiben. Fast während des ganzen Krieges hatte sie in irgendeinem gottverlassenen Dorf Ziegen gehütet. Niemand hätte sie für ein jüdisches Kind gehalten, aber das war sie allem Anschein nach.

»Ihr muß alles erst beigebracht werden«, jammerte Frau Weismann. »Auch daß sie sich das Gesicht waschen und Schuhe anziehen muß...« Vom Barfußlaufen jahraus, jahrein hatte Natalia harte, rissige Fußsohlen bekommen. Und verlaust war sie auch. Als wir ihr die Haare mit Paraffin wuschen, geriet sie ganz außer sich. Genau wie die Bauern, bei denen sie aufgewachsen war, glaubte sie, daß nur kerngesunde Menschen, ob sauber oder schmutzig, Läuse bekämen: War man gesund, dann nisteten sich eben irgendwann einige dieser winzigen Tierchen bei einem ein; nur wenn man krank wurde oder im Sterben lag, suchten sie das Weite. Natalia erzählte, sie hätte schon öfter gesehen, wie Läuse auf dem Kopfkissen eines Sterbenden um ihr Leben gerannt seien. Das sei ein sicheres Zeichen für drohendes Unheil – genauso sicher, wie wenn die Ratten ein sinkendes Schiff verlassen... Was wir mit ihr machten, war ihr daher gar nicht recht. Als Frau Weismann sie mit Annas und meiner Hilfe in dem großen Waschzuber säuberte, wehrte sie sich wie wild. Es war offenbar das erste Bad ihres Lebens, und sie war überzeugt, daß wir sie ertränken wollten. Sauber geschrubbt, penetrant nach Paraffin riechend und ein Handtuch um den Kopf gewickelt, suchte sie schließlich Zuflucht auf einem Fensterbrett. Nach einer Weile begann sie zu singen. Wir warfen einander erstaunte Blicke zu. Natalia sang wie eine Lerche; ihre Stimme schwang sich mühelos die Tonleiter empor und verströmte sich in Einsamkeit. Sie sang bekannte Bauernlieder, Balladen und Klagelieder, naive Weisen von unglücklich Liebenden und jungen Burschen, die in den Krieg ziehen und nicht zurückkehren. Wir lauschten schweigend – zu gerührt, um mitzusingen.

Der Vierzehnjährige, der zusammen mit Natalia zu uns gekommen war, hieß Marek. Er hatte dunkle Haare, dunkle Augen und Grübchen in den Wangen. Ein richtiger Racker, wie sich bald herausstellte. Im Gegensatz zu Natalia war er ein Stadtkind: geboren und aufgewachsen in Warschau, wo er sogar am Aufstand teilgenommen und in der Altstadt Tragbahren geschleppt hatte. Im letzten Moment hatte er mit einigen Gefährten durch die Abwasserkanäle fliehen können, dann aber war er den Deutschen, die den Einstiegsschacht bewachten und einen nach dem anderen abführten, in die Hände gefallen und in ein Lager abtransportiert worden, von wo aus Züge nach Deutschland und in die Zwangsarbeitslager fuhren. Aber wieder konnte Marek fliehen. Er gelangte in ein Städtchen, wo er sich bis Kriegsende recht und schlecht durchschlug: Er verkaufte auf der Straße Zigaretten, Streichhölzer und Süßigkeiten und übernachtete in zerstörten Häusern. Wie er von unserem Rabbi entdeckt worden war und wo er sich im vergangenen Jahr aufgehalten hatte, war ein Geheimnis, das er nicht lüften wollte. Fragte man ihn danach, so grinste er bloß, ließ seine Grübchen spielen und machte dann plötzlich eine ordinäre Bemerkung, die sein engelhaftes Aussehen Lügen strafte.

Zabrze, Dienstag, 10. September 1946

Ich werde wohl doch durchbrennen. Tut mir leid wegen Lilka, aber gewisse Dinge gehen mir wirklich über die Hutschnur. Ich lasse mich nicht mit Religion – egal, mit welcher – vollstopfen. Da ich nicht mehr katholisch sein kann, da ein einziger Blick auf diese Welt zeigt, daß alle Religionen fauler Zauber sind, muß ich atheistisch sein dürfen. Oder meine ich »agnostisch«? Eins von beiden jedenfalls, ich weiß nicht genau, was der Unterschied ist. Aber niemand kann nach alledem eine strenggläubige Jüdin aus mir machen, um Himmels willen, nein! Nach dem Krach gestern abend weiß ich wirklich nicht, wie wir überhaupt noch mit Sobel reden könnten, oder er mit uns. Wir hatten, ganz unter uns, eine heftige Debatte über Religion. Zuerst stritten die Katholiken und die Protestanten miteinander, dann fielen alle über unsere einzige Methodistin her, die in Tränen ausbrach und wegrannte. Als sie die Tür aufriß, sahen wir Sobel, der draußen gelauscht hatte. Er war leichenblaß. Insgeheim hatte ich Mitleid mit ihm. Wo er sich doch so viel Mühe gegeben hat! Es kam zu einer Auseinandersetzung, bei der er uns wieder »Verräter« nannte. Er fragte, wie wir es denn nach allem, was den Juden angetan wurde – zumal im letzten Krieg –, fertigbrächten, uns jetzt auf die andere Seite zu schlagen, die Seite derer, die uns das alles angetan haben. Aber die Menschen, die uns gerettet haben? Es sind Christen gewesen. Echte

Christen. Und genau das wollte ich einmal werden. Niemand hat jemals versucht, mich zum Übertritt zu bewegen. Es war mein eigener Entschluß. Lange bevor ich ein Kloster zu sehen bekam. Vor dem Krieg, als ich noch ziemlich klein war und mein Kindermädchen und meine katholischen Freunde um ihre Engel und Weihnachtsbäume und all die schönen Heiligenbilder beneidet habe.

Gewiß, das war kindisch. Aber als ich ins Kloster kam und das alles wiederfand, nach dem Ghetto, nach dem Tod und der Vernichtung aller, die ich kannte, war es für mich wie im Himmel. Mein einziger Wunsch war, daran teilhaben zu dürfen, endlich zu wissen, wohin ich gehörte, das Recht zu haben, dort zu bleiben, wo Frieden und Schönheit waren, Blumen, Weihrauch und Musik. Alle ihre Gebete sprachen von Liebe – welch ein Gegensatz zu allem, was ich gerade »draußen« miterlebt hatte. Ich gab mich dieser neuen Religion von ganzem Herzen hin und konnte nur hoffen, akzeptiert zu werden. Ich versuchte sogar zu vergessen, wie ich aussah, obwohl man mich nur anzuschauen brauchte, um zu wissen, woher ich kam. Ich redete mir ein, genau wie alle anderen auszusehen. Das war gar nicht so schwierig, wie es klingt. Im Kloster gab es keine Spiegel.

War das denn so falsch? Habe ich wirklich Verrat begangen an meinen Eltern, meiner ganzen Familie, all denen, die sterben mußten, bloß weil sie Juden waren? Ich wollte meine Eltern nicht im Ghetto zurücklassen. Ich bin weggegangen, weil sie mir versprachen, so bald wie möglich nachzukommen. Und das habe ich ihnen geglaubt. Ich weiß nicht, was ich getan hätte, wenn ich gewußt hätte, daß sie nicht kommen würden. Ich weiß es wirklich nicht. Doch, ich weiß es. Ich wäre bei ihnen geblieben. Mutter hat mich einmal gefragt, ob ich mich bei Erich vielleicht irgendwie unglücklich fühle. Ich sagte, nein, das täte ich nicht. Und das stimmte auch. Ich bin schrecklich gern hingegangen. Aber wenn ich gewußt hätte, was passieren würde – daß meine Eltern zurückbleiben und sterben mußten und daß Lydia mich später dazu benützte, Erich zu erpressen und zu ruinieren... Nein, dann hätte ich das Ghetto nie verlassen. Es wäre viel besser gewesen, zu sterben. Dann hätten wir doch wenigstens zusammen sterben können, Mutter und ich. Sie hätte nicht allein sterben müssen, unter Fremden, verängstigt und einsam, so furchtbar einsam... Und ich?

Wer weiß denn, was mir noch alles passieren wird und wo und wann ich sterben werde? War es der Mühe wert? Zu leiden, ums Überleben zu kämpfen, zu hoffen – und dann *das* hier? Und eine Verräterin genannt zu werden? Ich wollte, ich könnte *jetzt* sterben und dieser schrecklichen Ungewißheit ein Ende machen.
Als er aufhörte, uns anzubrüllen, um Atem zu holen, fragte ich »unseren Führer«, wo er denn während des Krieges gewesen sei. Ich wußte es bereits – wegen seines Akzents –, aber ich wollte, daß die anderen »Verräter« es von ihm selbst zu hören bekämen. »In Rußland«, sagte er. »Warum sind Sie nicht, wie so viele andere, die dort waren, in die polnische Armee eingetreten?« Er wurde ganz blaß und stammelte etwas, das darauf hinauslief, daß er nicht tauglich gewesen sei und sich damals in einem anderen Landesteil aufgehalten habe. Und dieser Mann nennt uns Verräter!

Ich brannte dann doch nicht durch, dank Lilkas Bemühungen und diplomatischem Geschick. Dazu kam, daß Sobel plötzlich seine Taktik änderte. An einem sonnigen Nachmittag lud er Anna, Halina und mich ein, mit ihm in die Stadt zu gehen, um Ausschau nach Büchern, Bleistiften, Radiergummis und Schulranzen für die Kleineren zu halten. Es war natürlich nichts aufzutreiben. Aber in einem Laden bot man uns eine Schachtel mit vierundzwanzig im Ausland hergestellten Farbstiften an. Ein ganzer Regenbogen! Ich konnte den Blick einfach nicht davon losreißen, und zu meiner Überraschung kaufte Sobel die Farbstifte. Für mich! Dann ging er mit uns in ein Café, wo wir uns mit Sahnetörtchen vollstopften. Sobel schien es wirklich zu freuen, wie dankbar wir auf seine Freigebigkeit reagierten. »Offenbar erwartet er keine Gegenleistung«, schrieb ich am Abend in mein Tagebuch. »Ich werde mich im Zaum halten müssen. Vielleicht nicht mehr ganz so auffällig rauchen, obzwar Lilka unentwegt pafft.«
Am Neujahrstag (26. September) weigerte ich mich, in die Synagoge zu gehen, und verbrachte den ganzen Tag mit Lesen, Rauchen und Tagebuchschreiben. Von den Kindern, die nach England geschickt worden waren, kamen so deprimierende Nachrichten, daß die Sammeltransporte nach London vorläufig eingestellt werden sollten. Anscheinend wurden die Kinder dort wie Haussklaven behandelt und erhielten keinerlei Schulbildung. Ob jenes Mädchen *das* gemeint hatte, als es schrieb, die Welt sei so unerreich-

bar? Und ich war so unglücklich gewesen, weil ich diesen Sammeltransport um ein paar Tage versäumt hatte!
Lilka hatte mir ihr größtes Geheimnis anvertraut: Ihre Tante war in Wirklichkeit ihre Mutter, und ihr Onkel war ihr Stiefvater. Hätte man das hier gewußt, dann wäre Lilka nicht ins Kinderheim aufgenommen worden. Es mußte also geheimgehalten werden, bis wir im Ausland waren. Ihre Eltern hatten vor, sich in Frankreich niederzulassen, wo Lilka ihre weitere Schulbildung erhalten sollte. So ein Glück! Ich beneidete sie so heftig, wie es die Freundschaft, die uns verband, zuließ. Sich darauf verlassen zu können, daß alles schon genau geplant ist... Bis in die späten Nachtstunden unterhielten wir uns darüber.
»Ich bin hier, glaube ich, diejenige, die sich am meisten erträumt«, schrieb ich tags darauf. »Ich wünsche mir so sehr, herumzureisen und alles zu sehen. Nach der Verwüstung Europas möchte ich die Länder kennenlernen, wo niemals Krieg gewesen ist. Solche Länder muß es doch geben! Die anderen Mädchen wollen alle bloß ein neues Zuhause finden – am liebsten in Palästina –, sich verheiraten und Kinder bekommen. Ich möchte zuerst eine Weltreise machen. Lilka sagt, sie wird mindestens dreimal heiraten und keinem ihrer Ehemänner treu sein. Für mich wäre das nicht das Richtige.«
Lilkas Mutter kam zu Besuch und berichtete, daß diesen Monat wieder ein Sammeltransport abgehen sollte und daß die Dinge, die wir über das harte Leben in London gehört hatten, gar nicht wahr seien. Im Gegenteil: Die Kinder würden dort fabelhaft behandelt. Aber Lilka wurde nicht nach London geschickt. Sie sollte auf den Transport nach Paris warten. Ich hatte also nach wie vor meine Zweifel. Wieder einmal tischte uns jemand plumpe Lügen auf, in der Erwartung, daß wir im Nu unsere Meinung ändern würden, wie es sich für brave Kinder gehört, die alles glauben, was ihnen die Erwachsenen sagen. Vielleicht war das alles damit zu erklären, daß es im Grund egal war, was mit denen geschah, die nicht nach Palästina auswanderten.

Zabrze, Sonntag, 6. Oktober 1946

Ich weiß nicht, wie ich anfangen und wie ich es beschreiben soll. Ich bin furchtbar unglücklich. Gestern war Versöhnungstag, und ich gab Lilkas Drängen nach (eigentlich war es Erpressung – sie

weiß, wie sehr ich sie bewundere) und ging mit ihr und ihren Eltern und natürlich mit allen anderen hier im Heim in die Synagoge. Wir saßen auf der Galerie. Die Männer waren unten. Ich schaute herum. Eine ganze Anzahl gutgekleideter Frauen war da, Lilkas Mutter sah wirklich schön aus, vorkriegsmäßig. Ganz so, als ob ihr in den letzten Jahren überhaupt nichts zugestoßen wäre. Und ich mußte daran denken, daß ich, als ich das letzte Mal in einer Synagoge gesessen und mich umgeschaut und reihenweise elegante, schöne, parfümierte Damen gesehen hatte, noch in meiner Heimatstadt war, als Achtjährige, im letzten Vorkriegsjahr.
Meine Mutter, Tante Lola und Großmutter waren da – alle drei in Schwarz – und viele hübsche Verwandte in Pelzen – jedenfalls kam es mir damals so vor. Schleier waren große Mode und kecke, schräg auf der Stirn thronende Hütchen. Mutters winziger Schleier, der ihr bloß bis zur Nasenspitze reichte, hatte Samtpünktchen – sie lachte oft darüber und sagte, wenn sie diesen Schleier trage, sei die ganze Welt getüpfelt.
Großmutters schönes Silberhaar schimmerte durch ihren spinnwebzarten Schleier, ebenso die Perlenstränge, die sie immer um den Hals trug. Mutter hat oft gesagt, Großmutter sei wegen ihres Schwanenhalses und graziösen kleinen Kopfes eine wahre Freude für jede Putzmacherin. Bei ihr sehe jeder Hut elegant aus.
Während des Krieges, im Ghetto, sind wir nie in die Synagoge gegangen. Mutter war dafür viel zu verängstigt und verbittert. Und Papa wollte natürlich überhaupt nichts davon wissen. Er hat immer gesagt, in der Synagoge sei er nur ein einziges Mal gewesen, nämlich an seinem Hochzeitstag, und bloß Mutter zuliebe!
Also, da war ich nun. Unentwegt betrachtete ich die Frauen und auch die Männer da unten. Diese Leute waren also samt und sonders Juden. *So* also sahen sie aus. Die meisten hatten nichts Semitisches an sich. Vermutlich hatten sie eben deshalb überlebt und bildeten jetzt, in einer so kleinen Versammlung, die Mehrheit. Vor dem Krieg dürfte es genau umgekehrt gewesen sein. Manche wirkten vornehm, manche schäbig, und etliche sahen krank aus. Einige waren halb verhungert: abgezehrte Gesichter, eingesunkene Augen, hohlbrüstig, zitternde Hände. Die meisten schienen einander nicht zu kennen, aber da war etwas, das sie verband, eine Art Verwandtschaft, eine Stimmung fast wie die freudige Überraschung bei einem Wiedersehen alter Freunde. Man konnte beobachten, wie

manche von ihnen unentwegt umherspähten, neugierig oder erwartungsvoll – vielleicht weil sie ein vertrautes Gesicht zu entdekken hofften. Obwohl ich mir vorgenommen hatte, bloß Beobachterin zu sein, war ich sehr gerührt. Und später, als sich alle zusammenfanden, um miteinander zu reden, und Lilka den Arm um mich legte und mich mit einem Mädchen bekanntmachen wollte, das mit seinen Eltern gekommen war, habe ich mich ziemlich grob von ihr losgerissen und bin, ohne ein Wort zu sagen, nach Hause gerannt. Ich weiß nicht, warum, aber ich habe die ganze Nacht geweint und kann heute an überhaupt nichts mehr denken.

Zabrze, Montag, 7. Oktober 1946

Sie sind mein Volk. Diese Juden, die ich in der Synagoge gesehen habe. Sie gehören zu mir. Ich gehöre zu ihnen. Wir sind eine Familie, und daran wird sich niemals etwas ändern. Wie wenn man mit schwarzen Augen und schwarzem Haar geboren wird und lieber eine blauäugige Blondine wäre. Das geht nicht. Gefärbtes Haar sieht immer gefärbt aus, und die Leute überlegen sich, welche Farbe es von Natur aus gehabt hat.
Ich bin eine Jüdin, die eine Katholikin sein wollte, getauft wurde, regelmäßig zur Kirche, zur Beichte und zur Kommunion ging, von einem Bischof gefirmt wurde und den Namen Marie annahm. Und danach habe ich mich jahrelang bemüht, mich als etwas auszugeben, das ich gar nicht war. Weil ich als etwas anderes geboren wurde und weil ich das immer bleiben werde. Ich werde nie wieder eine Kirche betreten.
Ich habe an Schwester Zofia und die Mutter Oberin und an Margareta und Agatha geschrieben und ihnen von meiner Entdeckung und meinem Entschluß berichtet. Falls sie nie mehr ein Wort von sich hören lassen, wird es mir sehr leid tun, aber ändern wird es nichts.

VON JETZT AN KEINE LÜGEN MEHR.

2

Ende Oktober kam Pappi Kinderklau wieder zu uns, mit einer Dreijährigen und deren Mutter. Die beiden bekamen ein Parterrezimmer, das sie kaum je verließen. Die Kleine weinte den ganzen Tag und war nicht zu bewegen, etwas zu essen. Auch die Frau weinte. Das Kind weigerte sich, sie »Mama« zu nennen, stieß sie jedesmal weg, wenn sie es auf den Arm nehmen wollte, und schrie nach seiner Mami, seinem Pappi und nach Bolek, der allem Anschein nach sein Bruder war. Bevor das Geheimnis aufgeklärt wurde, lud mich Pappi Kinderklau ein, übers Wochenende mit ihm zu seiner Schwester nach Krakau zu fahren.

Ich war begeistert. »Pappi« machte mir diesen Vorschlag ganz spontan – fünf Minuten vor seiner Abfahrt. Er stopfte mein Nachthemd, ein paar Kleidungsstücke, meine Zahnbürste und meinen Kamm in die riesigen Taschen seines Uniformmantels, dann rannten wir zum Bahnhof.

Ich blieb vier Tage bei seiner Schwester, und gemeinsam unternahmen wir Exkursionen durch die herrliche Altstadt. Wir besichtigten katholische und russisch-orthodoxe Kirchen, das Königsschloß, das Tuchhaus aus der Renaissance und ein Kinderheim, das ich schauderhaft fand, weil es dort so schmuddelig und entsetzlich laut war. Abends gingen wir ins Ballett und ins Theater. Der Rabbi und seine Schwester waren sehr nett zu mir. Sie erwiesen sich als sehr bewandert und als ausgezeichnete Fremdenführer in dieser Stadt, die sie ganz offensichtlich liebten. Ich schlief auf dem Sofa im Eßzimmer, wo es genauso roch wie vor dem Krieg in Großmutters Speisekammer. Es waren die glücklichsten Tage, die ich seit langem erlebt habe.

Zabrze, Dienstag, 22. Oktober 1946

Auf der Rückfahrt von Krakau nach Zabrze kam mir plötzlich ein merkwürdiger Gedanke: Pappi Kinderklau erinnert mich an Pater Cäsar, den Franziskanermönch, der uns während des Krieges öfters im Kloster besuchte und letztes Jahr sogar zu mir nach Kalisch kam. Ein Rabbi und ein Mönch – was für ein komischer Vergleich, dachte ich, und trotzdem...

Wieso erinnerte mich Pappi Kinderklau an ihn? Weil beide jung waren, sich für ihren Glauben begeisterten und Kinder liebten, obwohl sie selber keine hatten? Beide gingen um »ihrer Kinder« willen bis zum Äußersten. Der eine bettelte für sie, der andere entführte sie. Beide handelten im Namen ihres Gottes, zum Wohle unserer Seelen und Körper. Was sie wohl zueinander sagen würden, wenn sie sich jemals begegneten?

Als ich nach Zabrze zurückkam, hatte man Anna, Halina, Lilka und mir, also den vier Ältesten, ein eigenes Zimmer gegeben. Das Haus war inzwischen desinfiziert worden, so daß wir jetzt endlich in unseren Betten schlafen konnten. Wir brachten unsere Habseligkeiten in das kleine Zimmer im oberen Stockwerk, hingen ein scharlachrot und golden bemaltes Schild an die Tür: »Nieder mit den Banausen!«, und nannten uns »Die großen Vier«.

»Ich bin jetzt sehr glücklich«, schrieb ich am Dienstag, dem 22. Oktober. »Das Haus steht auf einer kleinen Anhöhe, und da jemand dafür gesorgt hat, daß die Gebäude ringsum von der Artillerie dem Erdboden gleichgemacht wurden, ist die Aussicht von meinem Fenster einfach enorm. Ich kann stundenlang dasitzen, diese fremde, geheimnisvolle Stadt betrachten und träumen...«

Wir waren endlich dahintergekommen, was es mit dem kleinen Mädchen auf sich hatte, das vor kurzem von unserem Rabbi hergebracht worden war. Die richtige Mutter hatte das Kind in dem Krankenhaus, wo sie es zur Welt gebracht hatte, zurücklassen müssen, dann war es von einer polnischen Familie adoptiert worden, die nichts von seiner jüdischen Herkunft wußte. Die Mutter hatte den Krieg überlebt, aber ihren Mann und zwei Söhne verloren. Es gelang ihr, den Namen der Adoptiveltern festzustellen, doch diese weigerten sich, das Kind zurückzugeben. Die Sache kam vor Gericht, das zugunsten der leiblichen Mutter entschied. Daraufhin wurde das Kind von den Adoptiveltern in einer anderen Gegend Polens versteckt. Sie legten Berufung ein, das Appellationsgericht revidierte das Urteil und sprach ihnen das Kind zu. Die Kleine wurde wieder nach Hause gebracht, und dies war der Moment, in dem unser Hauptmann auf der Bildfläche erschien. Er entführte das Kind und brachte es, zusammen mit der richtigen Mutter, zu uns. Natürlich fahndete die Polizei nach ihnen, und uns war es schleierhaft, wie die beiden es jemals schaffen sollten, das Land zu verlassen.

Die Kleine schrie nach wie vor nach Mammi und Pappi, nach ihrem Kindermädchen, ihrem großen Bruder und ihren Spielsachen. Sie scheute vor der unglücklichen Frau zurück, die nicht begreifen konnte, daß es einfach nicht möglich war, einer Dreijährigen die Zusammenhänge zu »erklären«. Das ganze Heim war wegen dieses Problems in zwei Lager gespalten. Wer war im Recht? Wem sollte die Kleine zugesprochen werden? Ich neigte stark zu der Ansicht, man hätte sie bei den Adoptiveltern lassen sollen. Sie war zweifellos zu jung, um diese Tragödie zu verstehen, aber doch schon in einem Alter, in dem ihr der plötzliche Verlust all derer, die sie geliebt hatte, das Herz brechen würde. Und dieser Schaden würde auch später, wenn sie imstande war, die Zusammenhänge zu begreifen, nicht mehr gutgemacht werden können.
Bei den »Großen Vier« löste es eine gewisse Aufregung aus, daß plötzlich ein junger Mann in unserem Kreis auftauchte. Er war zwar kein Hausgenosse (sein Vater gehörte dem Komitee des Kinderheimes an), aber bald kam er regelmäßig zu Besuch. Er hieß Julian, war um die neunzehn, klein und dick, mit einem Vollmondgesicht und großen, runden, dunklen Augen. Er nahm sich ungeheuer ernst, was uns sofort dazu animierte, ihm alle möglichen Streiche zu spielen und wie verrückt zu kichern, sobald er auftauchte. Er ließ das alles gutmütig über sich ergehen und besuchte uns immer wieder. Wir schlossen daraus, daß er sich in eine von uns verliebt haben mußte, aber keine erhob Anspruch darauf, die Auserwählte zu sein. Julian, so fanden wir, war kein geeigneter Verehrer.
Mir machten die Briefe zu schaffen, in denen meine Freundinnen sich zu meiner Glaubenskrise nach dem Versöhnungstag äußerten. Margareta, vernünftig wie immer, schrieb mir, Religion sei eine Privatangelegenheit, die nur einen selbst und Gott etwas anginge. Da niemand genau wissen könne, was in einem anderen Menschen vorgeht, sei keiner imstande, ihm einen Rat zu erteilen. Für sie persönlich sei Religion nie ein besonderes Problem gewesen. Sie, die als Katholikin geboren und erzogen worden sei, halte dies für die einzig mögliche Lebensweise und sei daher nie von Zweifeln geplagt worden. Margareta hatte diese Antwort auf die Seite eines Schulheftes gekritzelt, die sie während einer Mathematikstunde herausgerissen hatte – wie sie mir im Postskriptum mitteilte.

Agatha bestürmte mich – auf blaßblauem Briefpapier mit Büttenrand –, gegen den Dämon der Versuchung anzukämpfen. Ich sollte mich sofort um Rücksprache mit einem Priester bemühen und ihn um Beistand bitten. Auch wenn es mir vielleicht schwerfiele, sollte ich seinen Rat strikt befolgen. Es sei, nachdem man mich doch bereits auf den rechten Weg geführt habe, schier unfaßlich, daß ich jetzt schwankend geworden sei, und um so ernster müßte meine Sünde genommen werden. Außerdem sei es unpatriotisch. Alle echten Polen seien Katholiken. Den wahren Glauben aufzugeben, bedeute, meine Nationalität aufzugeben und alles, was am heiligsten sei, zu verleugnen – und das ausgerechnet kurz bevor ich ins Exil ginge, wo ich meiner Religion dringend bedürfte, um auf dem rechten Weg zu bleiben. So viel dürfte ein Mensch einfach nicht aufgeben. Die einzige Hoffnung für mich sei, sofort um geistlichen Beistand zu bitten.

Agatha stand kurz vor der Emigration nach England, wo ihr Vater auf sie wartete. Ich fragte mich, ob in ihren Brief an mich auch etwas von den Gedanken eingeflossen war, die sie sich über die eigene Zukunft machte. Sie, die einer streng katholischen Familie entstammte und von jenem leidenschaftlichen Patriotismus erfüllt war, der den Dienst zum Wohle des Vaterlandes über alle anderen Ideale stellt, wanderte gegen den eigenen Willen aus, zusammen mit Mutter und Bruder, die zum Vater nach England wollten. Sie war fest entschlossen, bei der ersten Gelegenheit nach Polen zurückzukehren. »Ich komme zurück, um hier zu arbeiten, egal, unter welchem Regime«, hatte sie an unserem letzten gemeinsamen Tag in Kalisch erklärt. »Ich werde mein Leben dem Kampf um ein freies Polen widmen. Unter Ausländern werde ich mein Dasein bestimmt nicht fristen!«

Sie räumte ein, daß meine Situation anders war. Es wäre, so meinte sie, vielleicht schwierig, aber nicht unmöglich für mich, nach der Auswanderung meines Onkels allein hierzubleiben. Was den Antisemitismus betraf, dessen ich mir mehr und mehr bewußt wurde, so tat Agatha ihn als pure Einbildung ab. Ein Überbleibsel aus den Kriegsjahren, das von der Wirklichkeit bald hinweggefegt sein würde. Wie es denn nach den Schrecken des letzten Krieges überhaupt noch so etwas wie Antisemitismus geben könnte? Und falls er tatsächlich noch existiere, in Einzelfällen, in den Gehirnen unbelehrbarer Nazis – was könnte das *mir* anhaben? Ich sei getauft, ich sei Katholikin geworden. Sie habe, da sie erst seit kurzem in Kalisch wohne, meine Familie nicht gekannt. Meine Vergangenheit existiere nicht mehr, sie sei vom Taufwasser weggewaschen worden.

Am meisten überraschte mich Schwester Zofias Brief: »Ich hatte immer Bedenken, ob es richtig war, Dich während des Krieges, als niemand von Deinen Angehörigen bei Dir sein konnte, taufen zu lassen. Ich hätte es nicht zugelassen, wenn ich geglaubt hätte, daß jemand aus Deiner Familie überleben würde. Aber wir waren alle in Todesgefahr, und die Möglichkeit, eine Seele zu retten, war eine allzu große Versuchung. Nach allem, was Du mir von Deinen Eltern erzählt hattest, was für gescheite, prächtige Menschen sie waren, glaubte ich, daß sie eingewilligt hätten, wenn sie zugegen gewesen wären. Ganz sicher war ich mir allerdings nicht. Aber die damals getroffene Entscheidung ist unwiderruflich. Du wirst immer Katholikin bleiben, und ich bete darum, daß Du auf den rechten Weg zurückfinden wirst, bevor es zu spät ist.«

Aber es war doch *mein* Wunsch, getauft zu werden, dachte ich verstört. Damals war es für mich wirklich um Leben oder Tod gegangen. Ich hätte nicht weiterleben können ohne den Trost der Religion, ohne das Gefühl, daß ich akzeptiert worden war und daß meine Gebete erhört wurden. Hatte Schwester Zofia tatsächlich damit gerechnet, daß alle meine Angehörigen umkommen würden? Hätte ich auch nur einen Moment geglaubt, daß meine Eltern nicht überleben würden, dann wäre ich bestimmt gestorben. Ja, dessen war ich mir ganz sicher. Nur weil ich sie wiedersehen wollte, hatte ich ums Überleben gekämpft. Ich hatte mir vorgestellt, wie erschüttert sie wären, wenn sie mich nicht wiederfinden würden. Wenn ich gewußt hätte... Mich taufen zu lassen, war die erste unabhängige Entscheidung meines Lebens. Damals, als Vierzehnjährige, war ich bereit, die ganze Verantwortung für diesen unwiderruflichen Entschluß zu tragen, und ich zweifelte nicht im geringsten daran, daß Schwester Zofia ihn von ganzem Herzen billigte. Der Gedanke, daß sie Bedenken gehabt hatte, verstörte mich. Gab es in dieser Welt denn nichts absolut Gültiges? Wieder einmal wurde ein langgehegter Glaube durch den Einblick in die Wirklichkeit zerstört.

Lilka nahm es mir übel, daß ich ihr keinen dieser Briefe zeigen wollte. »Ich neige immer mehr dazu, meine Privatangelegenheiten für mich zu behalten«, schrieb ich in mein Tagebuch. »Ich habe Lilka sehr gern, sie ist das einzige Mädchen, mit dem ich reden kann, aber gewisse Gedanken müssen geheimgehalten werden. Sonst geht ihr tiefer Sinn verloren. Wenn ich doch ein Zimmer für mich allein hätte! Und ein verschließbares Kästchen!«

Gelangweilt und verärgert machte sich Lilka jetzt planmäßig daran, »unseren Sobel zu piesacken«. »Unsere Devise heißt: Nieder mit den Banausen – also handeln wir doch endlich danach!« erklärte sie. Die Gelegenheit dazu bot sich fast umgehend. Als Lilka eines Nachts auf ihrem Bett herumhopste, brach es plötzlich zusammen. Die Holzstäbe unter unseren Matratzen waren etwas zu kurz; man brauchte nur eine heftige Bewegung zu machen, und schon fielen sie mitsamt der Matratze herunter. Mit lautem Gepolter plumpste Lilka auf den Fußboden, wobei sie mit dem Hinterkopf heftig an das Kopfbrett des Bettes stieß. Da wir sie für bewußtlos hielten, rannte Anna hinaus, um den Heimleiter zu holen. Als er endlich erschien (Anna hatte ihn aufwecken müssen, was gar nicht so einfach war), konnte Lilka schon wieder klar denken und ihren Sinn fürs Theatralische beweisen. In ihrem von der Schulter gerutschten Nachthemd, die blonden Haare wie einen Heiligenschein um den Kopf gebreitet, lag sie hingestreckt da, inmitten der Bruchstücke ihres Bettes.

Herr S. war wie vom Donner gerührt, und wir fürchteten schon fast um seinen Verstand. Als er seine fünf Sinne endlich wieder beieinander hatte, stürzte er zu Lilka und versuchte, sie aus dem Trümmerhaufen zu heben. Unentwegt strich er ihr übers Nachthemd, fragte besorgt, ob sie sich verletzt habe und ob er ihren Rükken untersuchen solle. Wir sahen von unseren Betten aus zu und platzten fast vor unterdrücktem Lachen.

Und von dieser denkwürdigen Nacht an brach Lilkas Bett unweigerlich einmal pro Woche zusammen, und Herr S. kam ihr jedesmal schleunigst zu Hilfe.

»Jede Woche hat Lilka ein spärlicheres Nachthemd an«, notierte ich. »Daß dieser Trottel nicht merkt, was gespielt wird! Jedesmal bringt er sich fast um vor Sorge und ist vor Schreck ganz durcheinander. Und jedesmal verspricht er uns hoch und heilig, unsere Betten richten zu lassen, aber unternommen wird natürlich nichts. O ja, er ist wirklich ein Banause und verdient kein Mitgefühl!«

Zabrze, Sonntag, 27. Oktober 1946

Eine schreckliche Nachricht! Es heißt, wir dürfen weder unsere Tagebücher noch irgendwelche private Schriftstücke mit ins Ausland nehmen. An der Grenze wird alles von Zollbeamten gelesen und vernichtet. Ich weiß nicht, was ich machen soll. Ich *kann* meine Tagebücher nicht zurücklassen! Ich habe schon einen ganzen Stoß Tagebücher und will nicht, daß jemand sie liest. Irgendwie muß ich sie über die Grenze schmuggeln. O Gott, warum diese neue Schikane? Müssen sie uns denn alles wegnehmen?

Um uns von unseren Sorgen abzulenken, brachte uns Julian, dem wir den Spitznamen »Unser X-beiniger Ritter« gegeben hatten, drei Theaterkarten und eine große Schachtel Sahnetörtchen. Das Theaterstück fanden wir albern, die Törtchen köstlich. Julian ließ seines fallen, kroch auf dem Teppich herum, um die Krümel aufzusammeln, und kitzelte uns an den Fußgelenken. In bester Laune kehrten wir ins Heim zurück. Durch seinen Erfolg ermutigt, sagte uns Julian, daß nächstens ein Operngastspiel in Zabrze stattfinden werde und daß er versuchen wollte, Karten zu bekommen. Da ich noch nie in einer Oper gewesen war, hoffte ich, mitgenommen zu werden.

Mit dem neuen Wintermantel, den Onkel mir kurz vor meiner Abreise aus Kalisch hatte anfertigen lassen, war etwas absolut nicht in Ordnung. Beim Laufen schob sich unter dem Pelzfutter mein Kleid immer höher, bis hinauf zu den Achselhöhlen. Es war völlig unmöglich, den Mantel in Gegenwart anderer Leute auszuziehen. Ich mußte mir jedesmal einen einsamen Winkel suchen, wo ich meinen Rock wieder nach unten ziehen konnte, der dann Knitterfalten wie eine Ziehharmonika hatte. Im Theater, als Julian mir wie ein perfekter Gentleman aus dem Mantel helfen wollte, mußte mir Lilka zu Hilfe kommen: Sie forderte Julian lauthals auf, ihr den Mantel abzunehmen, woraufhin sein Vollmondgesicht ganz rot anlief. Ich versteckte mich rasch hinter ein paar Stühlen und zog verzweifelt mein frischgebügeltes Kleid nach unten, das natürlich wieder schrecklich zerknittert war. Die einzige Möglichkeit, sagte ich mir zähneknirschend, war, den Mantel auch bei bitterkaltem Wetter nicht zuzuknöpfen und schließlich an Lungenentzündung zu sterben.

Von einem der seltenen Besucher, die – auf der Reise in exotischere Gegenden oder auf der Rückreise – gelegentlich bei uns im Heim übernachteten, bekam Lilka ein Päckchen ausländische Zigaretten. Wir beide pafften, dem offiziellen Rauchverbot zum Trotz, auf unserem Zimmer. Herr Sobel rauchte in seinem, und zuweilen bliesen wir nachts Rauch durchs Schlüsselloch in sein Schlafzimmer. Eine Zigarettenpackung wie diese hatten wir noch nie gesehen. Wir öffneten sie gespannt. Lilka rauchte eine Zigarette, ich schaffte nur eine halbe. Wir fanden beide, daß sie einen komischen, unangenehmen Geschmack hatten und lieber für Gäste aufbewahrt werden sollten. In der Nacht mußte sich Lilka heftig übergeben, und kurz darauf ging es mir ebenso. Am nächsten Tag zeigten wir Julian die Zigaretten. Er war überzeugt, daß sie Rauschgift enthielten, und riet uns, sie wegzuwerfen, damit wir nur ja nicht süchtig würden.

»Ich habe eine bessere Idee«, erklärte Lilka. »Wir geben sie Sobel, zum Beweis dafür, daß wir das Rauchen wirklich aufgeben wollen.« Am Abend händigten wir ihm das Päckchen aus, woraufhin er uns vor versammelter Mannschaft ein Lob aussprach. Und nun warteten wir Nacht für Nacht darauf, daß der Unglückliche die Wirkung dieser Zigaretten zu spüren bekäme. Doch wir warteten vergebens. Er war entweder widerstandsfähiger als wir oder hatte irgendwie gemerkt, daß die Zigaretten verdächtig aussahen. Vielleicht bewahrte er sie aber auch für eine besondere Gelegenheit auf. Wir beide trösteten uns damit, wieder die üblichen Camels zu paffen.

Getreu seinem Versprechen erschien Julian eines Tages wieder mit einer Schachtel Sahnetörtchen und zwei Karten für *Carmen*. Lilka erklärte, sie fände Bizet langweilig – also ging ich mit Julian ins Theater. Weil diesmal niemand da war, um ihn abzulenken, als er mir aus dem Mantel helfen wollte, mußte ich ihm mein Mißgeschick beichten. Er inspizierte mein entsetzlich verknautschtes Kleid, das ich vorher so sorgfältig gebügelt hatte, und schien von dem Problem äußerst fasziniert. Wir teilten uns die Törtchen und redeten einander nicht mehr so steif wie bisher mit »Herr« und »Fräulein« an.

Zabrze, Donnerstag, 31. Oktober 1946

Julian sieht aus, als wäre er aus lauter Würsten zusammengesetzt. Er hat Wurstlippen, Würstchenfinger und Schinkenschenkel. Ich bin sicher, daß er in einem Bett aus Kartoffelsalat schläft. Und dabei behauptete er ganz unverfroren, er hätte eine Menge Flirts und Liebesaffären und ließe viele gebrochene Herzen hinter sich zurück. Saure Trauben, ganz bestimmt! Ach, diese Männer!

Was *Carmen* betrifft: Es wäre besser gewesen, wenn die Sänger es geschafft hätten, im Takt mit dem Orchester zu singen, und wenn die Carmen nicht wie die Großmutter der Chorsängerinnen ausgesehen hätte. Der arme Don José hätte der Bruder eines gewissen Julian sein können: klein, dick und gefallsüchtig. Aber der Torero war eine Wucht. Viel zu gut für Carmen. Er hätte sich lieber in Micaëla verlieben sollen, die jung und schön war und wie ein Engel gesungen hat. Die ganze Geschichte hat deshalb höchst unglaubhaft gewirkt. Aber die Musik, die Chöre, Tänze und Kostüme waren fabelhaft. Und die Törtchen auch.

Anfang November gab es für uns keinen Zweifel mehr, daß Julian sich verknallt hatte, aber eine Zeitlang waren wir nicht sicher, in welche von uns beiden. »Ich hatte gehofft, daß Lilka diejenige ist«, schrieb ich eines Abends in mein Tagebuch. »Aber zu meinem Entsetzen deutet jetzt alles darauf hin, daß *ich* es bin!«

Zabrze, Samstag, 2. November 1946

Zum Glück ist er zu schüchtern, etwas Peinliches zu sagen, und wir alle ignorieren schlankweg seine Seufzer und die anderen Symptome. Aber er läßt sich von unserem Benehmen nicht abschrecken. Er wird zwar rot, stottert und scheint manchmal, wenn wir allzu bissig gewesen sind, den Tränen nahe, aber trotzdem kommt er immer wieder, fast täglich. Und jedesmal läßt er eine Kleinigkeit für uns da. Er drückt uns diese Mitbringsel nicht einfach in die Hand, vielleicht weil er zu schüchtern ist. Er kommt zu uns herauf, dann unterhalten wir uns über Musik, Bücher und Filme – immer zu fünft. Ich habe ihm gesagt, daß ich mein Leben lang reisen, mich nie an einem bestimmten Ort niederlassen und

nicht mehr besitzen möchte, als man in einem Koffer verstauen kann. Er will Rechtsanwalt werden, wie sein Vater.
Sobald er sich verabschiedet hat, fangen wir zu suchen an. Unter den Kissen, hinter den Büchern, unter den Möbeln. Und dort entdecken wir's auch meistens: eine Schachtel Bonbons, Pralinés oder Geleefrüchte, mit einer Widmung, die er in mikroskopisch kleiner Schrift auf ein blatt- oder blütenförmiges Stückchen Pappkarton geschrieben hat. »Etwas Süßes für die Süßen« oder ähnlich kitschige Sprüche, wie sie Mädchen einander ins Poesiealbum schreiben. Nicht besonders männlich. Wie kann man Respekt vor jemandem haben, der solche Platitüden verzapft? Die Süßigkeiten allerdings wissen die »Großen Vier« durchaus zu schätzen – deshalb bemühen wir uns, zu dem armen Kerl nicht allzu eklig zu sein. Ich glaube nicht, daß ich herzlos bin. Schließlich habe ich ihn noch nie irgendwie ermutigt, und es ist doch nicht meine Schuld, daß er verliebt ist. Nachdem ich das jetzt tatsächlich hingeschrieben habe, kommt es mir unsagbar lächerlich vor. Er ist natürlich *nicht* verliebt! Wie sollte sich jemand gerade in mich verlieben?

Weil unser Badezimmer noch außer Betrieb war, pilgerten die »Großen Vier« einmal wöchentlich in die Städtische Badeanstalt. In dem Gebäude befand sich auch ein Schwimmbecken, aber leider Gottes konnte keine von uns schwimmen. Und es gab dort zahlreiche blau- und grüngekachelte Badekabinen mit Zwischenwänden aus Sperrholz und Milchglas. Lilka, Anna, Halina und ich nahmen immer vier nebeneinanderliegende Kabinen. Wir aalten uns im warmen, blau- oder grünschimmernden Wasser und sangen gemeinsam. Die Akustik war phantastisch. Wir brachten unser umfangreiches Repertoire zu Gehör. Volkslieder, Schlager, patriotische Lieder aus der Vorkriegszeit und den Kriegsjahren, Partisanenlieder, Liebesballaden und Filmsongs. Besonders gern sangen wir die Barcarole aus *Hoffmanns Erzählungen.* Oft erhielten wir begeisterten Beifall aus anderen Kabinen, mußten auf Zuruf dieses und jenes Lied wiederholen oder Zuhörerwünsche erfüllen. Sogar die Frau, die am Eingang die Eintrittskarten verkaufte, lächelte uns wohlwollend zu.
Das Verhalten Barbaras, einer der Jüngeren im Heim, gab allmählich Anlaß zu ernsthafter Besorgnis. Die Vierzehnjährige mit den langen schwarzen Haaren und den veilchenblauen Augen war auf-

fallend hübsch. Dieses schweigsame Mädchen, das nie lächelte, war von seinem Bruder ins Heim gebracht worden, der Sobel gebeten hatte, »wieder eine gute Jüdin aus ihr zu machen«. Auch Barbara war während des Krieges durch christlichen Unterricht »verseucht« worden. Anfangs sagte sie ganz einfach zu allem »nein«. Als Sobel immer gereizter wurde, begann sie zu fluchen und auf jeden einzuschlagen, der ihr nahe kam. Schließlich verstummte sie vollends, und Mitte November reagierte sie auf gar nichts mehr. Sie war nicht ansprechbar und schien nichts zu sehen und zu hören. Dann aß sie keinen Bissen mehr. Frau Weismann vergoß Tränen. Sie versuchte, Barbara mit dem Löffel zu füttern, doch das Mädchen preßte die Lippen zusammen und drehte den Kopf hin und her wie ein Baby. Wir hofften zunächst, daß der Hunger sie doch noch dazu treiben würde und ließen hier und dort etwas zu essen herumliegen, aber das holten sich andere Kinder. Barbara saß einfach da, weigerte sich, zu sprechen, zu essen, sich zu waschen und schließlich auch, zu schlafen. Das ganze Haus war in Aufruhr.

Die Nachricht vom Kriegsausbruch in Palästina stürzte mich noch mehr in Verwirrung. Warum kämpften die Juden gegen die Briten? Gestern waren sie doch noch miteinander verbündet!

Am 12. November erfuhren wir, daß unsere Abreise bevorstand. Sie wurde auf den 21. November festgesetzt. Nun brach das Chaos aus. Mitten in das Tohuwabohu platzte Julian herein, wieder mit einer großen Schachtel Sahnetörtchen und drei Theaterkarten. Lilka, er und ich stürmten aus dem Haus, um für ein paar Stunden der Wirklichkeit zu entfliehen. Ich saß im Theater und bekam kein einziges Wort von dem Stück mit, weil mir ganz andere Gedanken im Kopf herumschwirrten. Es war noch so viel zu erledigen: Briefe, Ferngespräche, Abschiedsgrüße an Freunde und an meinen Onkel, der sich immer so ausweichend verhielt. Wie sollte ich meine Habseligkeiten einpacken und was davon in den kleinen Koffer stecken, wie lange würde die Reise dauern, war London oder Paris das Ziel, und wo sollte ich meine Tagebücher verstekken?

Da dies der letzte Abend war, an dem wir ausgehen durften, waren wir nach dem Theater bei Julians Eltern eingeladen. Es gab ein köstliches Abendessen, noch mehr selbstgebackenen Kuchen, dazu Kaffee mit Schlagsahne und einen sehr süßen Tokaier. Julian wollte mir einige seiner Bücher zeigen. Ich ging mit ihm in sein Zimmer, wo er zu meinem Entsetzen vor mir aufs Knie fiel und mir einen Heiratsantrag machte. Er war so schrecklich ernst und vor lauter Aufregung (und sicher auch von zu viel Tokaier) ganz rot im Gesicht. Das alles war einfach zu viel für mich. Ich wich blindlings zurück, stieß an einen Stuhl, setzte mich und brach in Gelächter aus. Was für eine blödsinnige Idee! Auch wenn wir jetzt noch nicht heiraten könnten, sollte ich sofort aus dem Heim ausziehen und bei seiner Familie wohnen (das hatte er alles mit seinen Eltern besprochen, die einverstanden waren). Dann würden wir beide nach Palästina auswandern und dort nach Abschluß unseres Studiums heiraten.

Der Anblick seines verzweifelten Gesichts brachte mich wieder zur Vernunft. Ich hörte zu lachen auf und versuchte – vergeblich –, den Schaden wiedergutzumachen. Ich wußte, daß ich Julian tief gekränkt hatte, und bemühte mich zerknirscht, ihm klarzumachen, warum sein Plan völlig unmöglich sei. Ich sei noch zu jung, beteuerte ich ihm, um ans Heiraten zu denken. Mein Onkel würde niemals seine Einwilligung geben. Und ich hätte nicht vor, nach Palästina auszuwandern. Ich würde Zabrze am 21. mit dem Sammeltransport verlassen. Nur eine einzige Tatsache verschwieg ich bei diesen überstürzten Erklärungen: daß ich keineswegs in ihn verliebt war, sondern ihn und seinen Heiratsantrag lächerlich fand.

»Es war mein erster Heiratsantrag, und ich habe mich sehr schlecht benommen«, schrieb ich, von Gewissensbissen geplagt, in mein Tagebuch. »Ach Gott, hoffentlich sind die anderen, die ich bekommen werde, nicht auch so unmöglich.«

Tags darauf wurde Barbara weggebracht. Sie war in einen Trancezustand verfallen und saß starr wie eine Statue da, während Sobel wütend mit den Fäusten auf den Tisch schlug. Frau Weismann ließ einen Arzt kommen, der Barbara schleunigst ins Krankenhaus brachte. Sie kam nicht mehr zurück.

Zabrze, Freitag, 15. November 1946

Gestern sind einige Mädchen nach England abgereist: Eva Ettinger, Ala Salzberg, die kleine Misia und zwei, drei andere. Nicht zu fassen, daß wir uns nie wiedersehen werden!

Ich habe an alle, die ich kenne, Briefe und Postkarten geschrieben und mehrmals bei Onkel angerufen, aber er ist nie da. Die übrige Zeit habe ich damit zugebracht, am Fenster zu sitzen und hinauszuschauen. Auch diese Aussicht werde ich nie mehr sehen. Julian hat angekündigt, daß er noch einmal kommen wird, wahrscheinlich morgen. Ich muß mich bemühen, sehr nett zu ihm zu sein. Jedenfalls meinen das die anderen. Als ob mir etwas daran läge! *Er* reist nicht am 21. ab! Wenn Onkel nicht kommt, werde ich niemanden haben, der mich zum Zug bringt. Sogar Lilka weint, obwohl sie doch in Paris ihre Eltern wiedersehen wird. Ich will nicht nach Frankreich. Paris ist eine verruchte Stadt! Ich kenne zwar niemanden, der schon einmal dort gewesen ist, aber ich habe schon viel darüber gehört, was für schreckliche Dinge sich dort abspielen! Schwester Zofia ist der gleichen Meinung. Sie betet darum, daß ich nicht nach Paris, sondern nach London geschickt werde.

Um nicht unentwegt an die immer näherrückende Abreise zu denken, durften wir öfters ins Kino gehen. Wir sahen Leslie Howard in *Pimpernel Smith,* und ich war hin und her gerissen: Leslie Howard oder Erroll Flynn? Howard, fanden wir, war ein typischer englischer Gentleman – obwohl natürlich noch keine von uns einem Engländer begegnet war. Nur durch Margareta und ihre Briefe an Wilfred hatte ich einen Engländer etwas näher kennengelernt. Nach dem Warschauer Aufstand wurden Margareta und ihre Eltern in ein Zwangsarbeitslager geschickt. In den Baracken waren auch einige englische Kriegsgefangene untergebracht. Sie waren die einzigen, die vom Roten Kreuz Lebensmittelpakete erhielten, teilten sie aber nicht mit den anderen. Ausgenommen Wilfred, von dem Margareta Kakao bekam. Sie war damals vierzehn, Wilfred war zwanzig. Sie unterhielten sich in einer Mischung aus Englisch und Deutsch. Bei dem großen Luftangriff auf Dresden, als fast die ganze Stadt zerstört wurde, lagen die beiden auf einem Kartoffelacker. Sie hatten entsetzliche Angst.
Margareta erzählte mir von den Angriffswellen der alliierten Flugzeuge, die dicht über ihnen auf die Stadt zubrausten; daß vor lauter Explosionen die Erde bebte, daß die Bomber beim Rückflug schneller und höher flogen und daß sie und Wilfred in Todesangst versuchten, sich einzugraben, sich aber zugleich bewußt waren, daß es »ihre« Flugzeuge und nicht die des Feindes waren.

Später äußerten einige der englischen Kriegsgefangenen ihr Bedauern darüber, daß bei dem Luftangriff so viele unschuldige Menschen umgekommen und so viele Kunstschätze vernichtet worden seien. Worauf Margareta und die anderen Polen, die gerade erst den Aufstand und die völlige Zerstörung Warschaus (das dabei rund eine Viertelmillion seiner Einwohner verlor) miterlebt hatten, den Engländern empört zuriefen: »Höchste Zeit, daß sie ihre eigene bittere Pille zu schlucken bekommen!« Ich stimmte ihr rückhaltlos zu. Auch ich hatte in Warschau gewohnt und das Gemetzel miterlebt.

Nach Kriegsende kehrte Margareta nach Kalisch zurück und begann einen recht unbeholfenen, mühseligen Briefwechsel mit Wilfred, der jetzt wieder in seiner Heimatstadt Manchester war. Ich half ihr bei diesen Briefen. Wir beide nahmen bei Agathas Mutter Englischunterricht, aber unsere Sprachkenntnisse waren so dürftig, daß diese Briefe sicher nahezu unverständlich waren. Agathas Mutter übersetzte Wilfreds Briefe für uns, und wir zitterten jedesmal vor Angst, er könnte irgend etwas geschrieben haben, was diese sehr gesittete Dame verletzen oder schockieren würde. Mein Beitrag zu diesem Briefwechsel bestand hauptsächlich aus lustigen Zeichnungen, die das wiedergaben, was wir nicht in Worte fassen konnten. Briefe ins Ausland mußten im offenen Kuvert beim Postamt abgeliefert werden, wo sie von einer Beamtin mißfällig überprüft wurden. Wir kamen nie dahinter, ob sie tatsächlich Englisch konnte oder ob die Zeichnungen daran schuld waren, daß sie jedesmal die Stirn runzelte und verächtlich die Nase rümpfte. Vielleicht war sie der Meinung, die Post sei eine viel zu seriöse Institution, um dergleichen Frivolitäten durchgehen zu lassen, zumal wenn es sich um Briefe an Ausländer handelte.

Wir fragten uns, ob in anderen Ländern die Briefe ebenfalls unverschlossen abgegeben werden mußten, um dann von Postbeamten zensiert zu werden. Naja, bald würden wir's wissen.

Zabrze, Sonntag, 17. November 1946

Angst und Kummer, das ist alles, was mir geblieben ist. Keine Spur von freudiger Erregung. Wo ist meine famose Abenteuerlust? Ich möchte Polen nicht verlassen. Aber ich muß. Einfach deshalb, weil ich hier nirgends eine Bleibe habe. Onkel will so bald wie möglich ins Ausland, vielleicht nach Australien. Und was in aller Welt sollte ich, wenn er fort ist, ganz allein hier tun? Ich hätte weder Geld für meinen Lebensunterhalt noch eine Unterkunft. Aber ich möchte nicht fort. Wenn ich mir vorstelle, daß ich vielleicht nie zurückkomme, daß ich Kalisch, den Park, das Haus, in dem ich vor dem Krieg gewohnt habe, nie wiedersehe... mein ganzes Leben entzweigeschnitten... ich ertrage diesen Gedanken nicht und kann trotzdem an nichts anderes denken.

In diesen letzten, chaotischen Tagen vertraute mir Lilka ihr großes Geheimnis an: Sie war verliebt. In einen viel älteren Mann, der geschieden war (mindestens zweimal), in Krakau wohnte und Arzt war. Sie hatte ihn kennengelernt, als sie wegen einer Erkältung in seiner Praxis vorsprach. Als er sie untersuchte – die beiden waren allein in der Wohnung –, wurde er plötzlich leichenblaß, stieß sie weg (er hatte ihre Brust abgehört) und flüsterte mit bebender Stimme: »Sie haben den schönsten Körper, den ich je gesehen habe!«

Dann entschuldigte er sich bei ihr, griff sich an die Stirn und bat um ein Glas Wasser, weil er einer Ohnmacht nahe sei. Die arme Lilka zitterte wie Espenlaub. Sie war ganz überwältigt von dem, was er zu ihr gesagt hatte. »Schließlich war er Arzt und hatte bestimmt schon Hunderte von Frauen gesehen – wenn er mir also sagte, ich sei schön...« Sie brachte ihm Wasser, dann zog sie sich schleunigst an. Der Arzt begleitete sie zur Tür und bat sie, niemandem von diesem Vorfall zu erzählen. Hätte sie ohnehin nicht getan!

Ein paar Wochen später sahen sie sich bei einer Einladung wieder und wurden einander von der Gastgeberin in aller Form vorgestellt. Er forderte Lilka zum Tanzen auf... »Und seitdem ist er ihre große Liebe. Und sie die seine. Sie treffen sich jedesmal, wenn Lilka nach Krakau fährt. Ihre Eltern dürfen aber nichts davon wissen, wegen seines Alters und seiner gesellschaftlichen Position... Und wegen seiner zwei geschiedenen Ehen...«

Ich schrieb diese Geschichte in mein Tagebuch, fand alles sehr romantisch und dachte: Lilka hat wirklich Glück – aber plötzlich schoß mir ein Gedanke durch den Kopf: Wenn ihre Eltern nichts von ihren Wochenendbesuchen in Krakau erfahren dürfen, wo übernachtet sie dann eigentlich? Der Federhalter fiel mir aus der Hand. Und ich hatte ihr vertraut und alle ihre Lügen geglaubt und sogar mein Bett mit ihr geteilt...

Zabrze, Mittwoch, 20. November 1946

Nun muß ich wirklich Abschied nehmen. Liebster Papa, liebste Mutter, wo Ihr auch seid, wo immer Eure Asche verstreut sein mag, ich gehe von Euch fort. Verzeiht mir. Solange ich hiergeblieben bin, hat es immer noch, nach all diesen Jahren, einen kleinen Hoffnungsschimmer für mich gegeben, daß Ihr doch noch am Leben sein könntet, wenigstens einer von Euch, und daß Ihr mich finden würdet. Aber Ihr seid nicht gekommen, es muß also wahr sein – Ihr lebt nicht mehr, und ich verlasse dieses unglückliche, verfluchte und geliebte Land. Nachdem mich hier, wo ich geboren und aufgewachsen bin, niemand mehr haben will, werde ich mich nirgendwo zu Hause fühlen. Es tut noch zu weh, darüber nachzudenken, aber wenigstens mir selber muß ich es eingestehen: Hier mag man uns nicht. Vielleicht mag man uns nirgendwo. In Frankreich nicht, in England nicht, vielleicht nicht einmal in Australien. Aber es hat keinen Sinn, so zu tun, als wäre man jemand anders. *Das* wenigstens habe ich in diesen sechzehn Jahren gelernt. Und nun werde ich halt weitermachen und hoffen, daß ich irgendwo in Frieden leben kann.

Vielleicht werde ich eines Tages, wenn das Land frei sein wird, wirklich frei, wie es früher einmal war, zurückkehren und Eurem Andenken ein Denkmal errichten, weil es kein Grab gibt, auf das ich einen Grabstein setzen oder einen Blumenstrauß legen kann.

Ade, mein geliebter Papa, ade, meine geliebte Mama. Ade, meine Kindheit und alles, was ich gekannt und geliebt, worauf ich vertraut und woran ich jeden Tag meines Lebens geglaubt habe.

3

Wir verließen Zabrze am Donnerstag, dem 21. November. Zunächst fuhren wir nach Lodz, wo der Sammeltransport zusammengestellt wurde. Tags darauf, an einem bitterkalten Morgen, stiegen wir in »unseren« Zug. Eine lange Reihe Viehwaggons, vollgepackt mit rund vierhundert Jugendlichen aller Altersstufen, von Kleinkindern bis zu fast schon erwachsenen Burschen und Mädchen. Verschiedene Organisationen durften eine bestimmte Anzahl der von ihnen betreuten Jugendlichen ins Ausland schikken. Jede politische und religiöse Richtung war vertreten, und nun wimmelten die verschiedenen Gruppen aufgeregt durcheinander, verstauten ihr Gepäck, entrollten Fahnen und Transparente und begannen zu singen. Die mit Rotkreuzfahnen und polnischen Flaggen geschmückte Lokomotive ließ einen schrillen Pfiff ertönen. Auf dem überfüllten Bahnsteig standen Verwandte und Freunde, riefen den Kindern Abschiedsgrüße zu und weinten. Wir waren unterwegs ins große Unbekannte.

Am Tag vor unserer Abfahrt hatte man uns gesagt, daß wir, nur für die Dauer der Reise, andere Namen haben müßten. Der Grund war leicht zu erraten: Unsere Ausreisegenehmigungen wurden bereits zum zweiten Mal benützt. In anderen Worten: Wir reisten illegal.

Unser Waggon war unterteilt: Links befanden sich die Schlafkojen der Mädchen, rechts die der Jungen. In der Mitte stand ein Ofen, der (nach einem Turnusplan) Tag und Nacht geheizt wurde, und hinter zwei Wolldecken befand sich eine behelfsmäßige Toilette, bestehend aus zwei Eimern und einem Waschbecken. Unsere kleine Gruppe aus Zabrze war jetzt mit einer größeren und ausgelasseneren Gruppe sozialistischer Zionisten aus einem anderen Heim zusammen. Die meisten von ihnen waren Burschen von sechzehn Jahren aufwärts, die alle darauf brannten, möglichst bald in Palästina zu landen. Wir waren hingerissen von ihrer Begeisterung und Herzlichkeit. Noch nie hatte ich eine solche Kameradschaftlichkeit erlebt. Wenn das Zusammenleben im Kibbuz genauso war, sollte ich dann nicht vielleicht meine Pläne nochmals überdenken ...?

Von den wenigen Mädchen, die zu dieser Gruppe gehörten, hatte nur ein einziges vor, in Paris zu bleiben: Inka, mollig, elegant und für ihre – angeblich – sechzehn Jahre schon sehr reif. Ihre Eltern wollten, genau wie Lilkas Eltern, später nachkommen.

Nur Lilka sträubte sich gegen die kameradschaftliche Stimmung, die in unserem Waggon herrschte. Wie üblich wartete sie darauf, Aufmerksamkeit zu erregen. Aber da wir alle viel zu gespannt darauf waren, einander näher kennenzulernen, schmollte sie ganz allein vor sich hin.

In unserem Waggon waren an die vierzig Jugendliche (weit mehr Jungen als Mädchen) und ein älterer Mann untergebracht, der die ganze Gruppe beaufsichtigen sollte. Als er sich vorstellte, gebrauchte er die unheimliche deutsche Bezeichnung »Gruppenführer«, und sofort verlor er jede Kontrolle über uns. Wir ließen uns doch nicht von jedem herumkommandieren, der sich *so* nannte – Gott bewahre! –, auch wenn er Jude war! Er sprach eine Mischung aus Russisch und Jiddisch und betrachtete es als seine wichtigste Aufgabe, die Jungen von den Mädchen getrennt zu halten. Wir beschlossen, ihn ganz einfach zu übersehen. Nieder mit der Obrigkeit! Wir hatten uns aufgemacht, die Welt zu erobern!

Aber es war noch nicht so weit... Unser Zug fuhr wieder dieselbe Strecke, die wir tags zuvor zurückgelegt hatten. Wir fuhren nach Süden, über Zabrze, in Richtung Tschechoslowakei. Als der Zug an der Grenze hielt, verbreiteten sich in den Waggons sofort die wildesten Gerüchte: Jetzt würden alle persönlichen Schriftstücke, sämtliche Fotos, Adressenlisten, Tagebücher und Briefe konfisziert werden! Einige älter aussehende Kinder seien aus dem Zug geholt worden! Der Trick mit unseren falschen Namen sei entdeckt worden, und nun würden die Gruppenleiter verhaftet! Diese Gerüchte stellten sich dann zwar als unzutreffend heraus, aber zunächst waren wir starr vor Entsetzen. Ich überlegte mir gerade, wo ich meine Fotos und Tagebücher verstecken sollte, als die Waggontür aufgeschoben wurde und der Zollbeamte hereinkam.

Alles ging gut, bis unsere Halina an der Reihe war. Sie hatte ihren Koffer bereits geöffnet und ihre Violine daneben gelegt. Das Instrument hatte ihrem Vater gehört, der vor dem Krieg ein berühmter Geiger gewesen war. Halina hatte schon als Fünfjährige Geigenunterricht bekommen und mit zehn Jahren, bei Kriegsausbruch, bereits im Rundfunk gespielt und Konzerte gegeben. Während des Kriegs war sie von ihrem Vater weiter ausgebildet worden. Dann wurde er nach Treblinka abtransportiert und kam nicht

zurück. Halina hatte es irgendwie geschafft, seine Geige zu retten. Obzwar sie sich immer geweigert hatte, anderen etwas vorzuspielen, hatte sie heimlich geübt und darauf geachtet, daß das Instrument in tadellosem Zustand blieb. Sie wollte es natürlich mit nach Palästina nehmen.
»Der Zollbeamte beäugte es mißtrauisch und fragte, was das sei. Banause, Idiot, Trottel – na was denn schon? Ein Maschinengewehr vielleicht? Allen im Waggon war anzusehen, daß sie das gleiche wie ich dachten. ›Wem gehört es denn?‹ fragte der Beamte. ›Mir‹, sagte Halina, die dicht neben der Geige stand. ›Ach, wirklich? Dann spiel doch mal was vor!‹ Wir erstarrten. Soviel wir wußten, hatte Halina seit langem nicht mehr geübt. Und Geigespielen gehört ja nicht zu den Dingen, die man, wie zum Beispiel Radfahren, nie verlernt...«

Mit großer Gelassenheit nahm Halina die Geige, schob sie sich unters Kinn, zupfte ein paarmal die Saiten, stellte irgend etwas nach – und begann zu spielen. Einen Moment lang klangen die ersten Takte von Tschaikowskys Violinkonzert durch den Waggon. Dann legte Halina, noch immer völlig gelassen, die Geige in den Kasten zurück. Der Zollbeamte war genau so baff wie wir. Er sagte kein Wort mehr, gab aber dem Koffer der nächsten, die an die Reihe kam, einen heftigen Schubs, so daß er verkehrt herum auf den staubigen Boden fiel. Wir atmeten erleichtert auf. Später flüsterte Halina mir zu, diese paar Takte seien das einzige, was sie aus ihrem früheren Repertoire noch auswendig spielen könnte. Und während sie den Geigenkasten in einem sicheren Winkel verstaute, fügte sie hinzu: »Selbst wenn es um mein Leben gegangen wäre – mehr hätte ich nicht spielen können. Es war wie ein Wunder – ich dachte, ich könnte mich an keine einzige Note erinnern.«
Der Zollbeamte rief meinen Namen auf, und ich sprang von dem oberen Bett herunter, auf dem ich gesessen hatte. Ich war schrecklich nervös und fürchtete um meine paar Habseligkeiten, versuchte aber trotzdem, einen unbekümmerten Eindruck zu machen. Zu meinem Entsetzen landete ich nicht graziös auf dem Boden, sondern baumelte plötzlich in der Luft und ruderte hilflos mit den Armen, wie eine Marionette. Mein Kleid hatte sich an einem vorstehenden Nagel festgehakt, und der vorzügliche englische Wollstoff gab nicht nach. Ohrenbetäubendes Gelächter! Die ganze

Gesellschaft bog sich vor Vergnügen, während ich, vor Scham den Tränen nahe, da oben hing. Sogar der Zollbeamte lachte. Ausgerechnet er hielt mich dann so lange fest, bis jemand mein Kleid von dem Nagel losgemacht hatte. Meine Gelassenheit war im Eimer, aber meine Habseligkeiten wurden in Ruhe gelassen – nichts wurde beschlagnahmt.

Kurz danach wurden die Türen wieder geschlossen. Die Lokomotive pfiff – und wir fuhren ab, diesmal endgültig. Ein paar Zollbeamte winkten uns sogar nach!

Sobald die Grenzposten außer Sichtweite waren, schoben wir die Türen auf beiden Seiten des Waggons auf. Trotz des schneidend kalten Windes hockten wir in der rasch hereinbrechenden Dunkelheit dicht nebeneinander auf dem Boden und betrachteten die fremde Gegend. Jetzt waren wir also im Ausland!

»Ich will nicht fort!« sangen die Räder, als ich in die anbrechende Nacht hinausstarrte. Trotz allem, was dort geschehen war: der Krieg, das Ghetto, die unzähligen Toten – Polen war mein Heimatland und Polnisch die einzige Sprache, die mir vertraut war. Selbst wenn ich eines Tages einigermaßen fließend Französisch sprechen könnte, würden diese fremden Wörter für mich nie die Würze und den Duft jener Wörter haben, die von Anfang an, weiter zurück, als die Erinnerung reicht, in mir verwurzelt waren. Sie hatten jeden Gedanken und jede Empfindung ausgedrückt, die ich jemals gehabt habe. »Niemals werde ich ein Gedicht in einer Fremdsprache schreiben«, flüsterte ich vor mich hin.

Spät in der Nacht trafen wir in Prag ein. Der Zug hielt auf einer Brücke. Vor uns zog sich die Stadt eine Anhöhe hinauf, die von einer mittelalterlichen Burg gekrönt war. Unter uns glitzerten Lichter im Fluß, als läge eine zweite Stadt unter der stillen, schwarzen Wasseroberfläche. Ich schwor mir, später einmal hierher zurückzukommen, um die Stadt bei Tageslicht zu sehen.

Zum Abendessen bekamen wir eine dünne Suppe. Mit der Verteilung der Brote hatte etwas nicht geklappt – unser Waggon war leer ausgegangen. Wir kletterten in unsere Kojen, in denen jeweils zwei von uns schlafen mußten. Ich teilte meine Koje mit Halina. Um zu demonstrieren, wie sehr ihr hier alles gegen den Strich ging, zog es Lilka vor, das obere Bett mit Anna zu teilen, mit der sie bisher nichts zu tun haben wollte, weil sie fand, Anna sei »gewöhnlich«.

Ich wachte im Finstern auf, fürchtete mich entsetzlich und wußte eine Weile überhaupt nicht mehr, wo ich war. Es hatte schon so viele ähnliche Eisenbahnfahrten gegeben, Menschen in Viehwaggons, qualvoll eingeklemmt in einem schmutzigen Winkel, ungewaschen, durstig, verängstigt, im ungewissen darüber, wo die Reise enden würde. Ich hob den Arm und berührte, nur eine Handbreit über meinem Kopf, das obere Bett. Es wölbte sich gefährlich nach unten. Im nächsten Moment krachte es durch, und Lilka und Anna plumpsten auf uns herunter. Und nun brach auch unsere Koje zusammen, und wir landeten alle vier, inmitten der zersplitterten Überreste, auf den Gepäckstücken, die wir unter die Koje geschoben hatten.
Die beiden jungen Burschen, die Ofenwache hatten, kamen uns zu Hilfe. Den Rest der Nacht verbrachten wir sitzend, in Decken gehüllt, die Arme umeinander geschlungen, vor Kälte zitternd. Als wir am Morgen die Türen aufschoben, war die Welt da draußen silbern und weiß. Alles glitzerte von Frost und von den ersten Sonnenstrahlen. Nebelschwaden über den stillen Wäldern und nirgends eine Fußspur, nirgends ein Zeichen dafür, daß hier Menschen wohnten! Es war eine Märchenlandschaft, und wir hielten den Atem an und umarmten einander vor Freude.

Deutschland, Sonntag, 24. November 1946

Wir sind in Bayern. Es ist unglaublich schön. Ringsum Berge, flammendrote und goldene Wälder, kupfer- und purpurfarben gesprenkelt, wo Ahornbäume und Eichen zwischen Birken, Buchen und Platanen stehen. Keine Föhren mehr. Gestern, in der Tschechoslowakei, als die Sonne die eisige Kälte vertrieb, waren Regenbogen am Himmel, und wir fuhren durch Tunnels und an Wasserfällen vorbei – die ganze Welt war wie in kaltem, klarem Wasser gebadet, und die Luft war wie Kristall. Jetzt tut sich, wie wenn man ein Bilderbuch aufschlägt, hinter jeder Biegung der Bahnstrecke ein neues Tal auf – mit winzigen Märchendörfern, Spielzeughäusern, unglaublich ordentlichen, akkuraten, schachbrettartigen Feldern und grünen Wiesen. Die asphaltierte Straße zieht sich wie ein frischgebügeltes schwarzes Band dahin und führt von einem Haus zum andern.

Gravitätische deutsche Bauern im Sonntagsstaat: Sie tragen dunkle Kirchgangkleidung und hohe Hüte. Sie stehen an den Bahnübergängen und winken uns zu. Worauf wir leere Konservendosen und Papierbündel mit freundlichen Botschaften wie zum Beispiel »Hitler kaputt!« oder »Deutschland kaputt!« hinauswerfen und bei jedem Treffer hurra rufen. Wir haben die Türen auf beiden Seiten des Waggons geöffnet, uns im Kreis auf den Boden gehockt, im Türkensitz, Arm in Arm – und singen. Der kleine Simon sitzt in einer von zwei kräftigen Jungen festgehaltenen Kohlenkiste an der Außenkante und wirft alles mögliche hinaus. Die Deutschen lachen, schwenken ihre Hüte und ihre schneeweißen Taschentücher. Wir schütteln die Fäuste, schneiden gräßliche Grimassen und johlen deutsche Flüche. Ach, wie schön ist die Welt!
Wir singen polnische Marschlieder, russische Soldatenlieder, hebräische Lieder, die unsere »Kibbuzniks« besser können als wir anderen, alle möglichen Nationalhymnen und die Internationale in sämtlichen Sprachen, in denen sie uns geläufig ist. Der beste Sänger in unserem Waggon ist Ilja, ein Georgier und der hübscheste Junge, dem ich je begegnet bin. Er hat pechschwarze Haare, große schwarze Augen mit auffallend langen Wimpern, eine goldbraune Haut, herrliche Zähne und eine Hakennase. Und wie er singt! Man könnte ihm stundenlang zuhören. Wirklich gut singen zu können, eine schöne Stimme und das absolute Gehör zu haben – das ist wirklich ein Gottesgeschenk.
Und während wir, die Arme umeinander geschlungen, dasitzen, singen und die phantastische Landschaft betrachten, sind wir ganz erfüllt von Solidaritätsgefühl. Und auch von Liebe. Ich glaube, ich könnte über eine Grenze nach der anderen fahren, von Land zu Land reisen, das Meer überqueren, in einem Kibbuz leben und mit bloßen Händen auf dem Feld arbeiten – vorausgesetzt, wir dürften immer beieinander sein und singen.

Zum Frühstück gab es schwarzen Kaffee und trockenes Brot. Mit der Verteilung von Dosenmilch und Margarine hatte etwas nicht geklappt. Wir gewöhnten uns allmählich an das Leben in unserem Zug und an die primitiven Verhältnisse. Von Zeit zu Zeit hielt der Zug auf offener Strecke, dann verzogen wir uns rasch hinter Büsche und Bäume. In Bächen und Gräben wurden in aller Eile rituelle Waschungen vorgenommen. Bevor es weiterging, ließ der Lokomotivführer ein Signal ertönen – drei kurze Pfiffe –, und wenn er ein paar Meter gefahren war, bremste er wieder und sammelte die Nachzügler ein. Bisher war noch niemand verlorengegangen.

Bei der Essensvergabe passierten auch weiterhin Pannen – mittags zum Beispiel bekamen wir bloß Ölsardinen, und das dazugehörige Brot wurde erst abends mit der Suppe verteilt. Aber das machte keinem etwas aus. Wir waren zu glücklich, um Hunger zu haben. Bloß noch eine Grenze, und wir würden in Frankreich sein.

Am Abend hatten wir, wegen der Bettenkatastrophe in der vergangenen Nacht, zwei Schlafkojen zu wenig. Anna und ich richteten uns auf einem Gepäckstapel eine Art Nachtlager her. Lilka und Halina krochen in die leere Koje der beiden Jungen, die Ofenwache hatten. Mitten in der Nacht wurden wir von fürchterlichem Gezeter geweckt: Unser »Gruppenführer« hatte entdeckt, daß »Mädchen mit Jungen schliefen«, und wurde fast vom Schlag gerührt. Er tobte in seiner langen grauen Unterhose herum, drohte uns an, den Zug halten zu lassen, uns alle hinauszuwerfen, sich selber aus dem Zug zu stürzen (laute Hurrarufe!), uns verhaften zu lassen... Sein Gekeife war schwer zu verstehen, aber wir genossen seinen Auftritt und feuerten, über den Rand unserer Kojen gebeugt, den »Gruppenführer« an. Da er vernünftigen Argumenten nicht zugänglich war, sondern auf der »Ausmerzung solcher Sittenlosigkeit« bestand, kletterten Lilka und Halina aus der Koje, in der sie so friedlich geschlafen hatten, und gesellten sich zu den beiden Jungen am Ofen. Den Rest der Nacht verbrachten die vier damit, in Decken gewickelt miteinander zu schmusen, sich zu küssen und zu kichern. Die Sittenlosigkeit war ausgemerzt worden.

Als der Zug auf einem Bahnhof in der amerikanischen Zone hielt, sahen wir zum ersten Mal amerikanische Soldaten und wurden geradezu überschüttet mit Schokolade, Kaugummi und Zigaretten. Jetzt war Inka nicht mehr zu halten. »Ich haue ab«, flüsterte sie mir zu. »Ich fahre per Anhalter mit den Amerikanern. Was für tolle Uniformen die haben! Wetten, daß ich rascher als ihr in Paris bin?« Ich steckte ihr einen Zettel mit der Adresse meiner Verwandten zu. »Ruf sie an, sobald du dort bist, und sag ihnen, daß ich unterwegs bin.« Sie versprach es mir.

Nach der herrlichen Landschaft Bayerns wirkte das französische Flachland langweilig. Trübes Wetter setzte ein. Es regnete. Wir schlossen die Waggontüren und setzten uns, aneinandergeku-

schelt, an den Ofen. Im Flüsterton sprachen wir von unseren Plänen und Zukunftshoffnungen.
Am Montag, dem 25. November, trafen wir in Vitry ein. Wir wurden in ein großes, sehr kaltes Haus gebracht, in dem wir uns wieder wie in einer Anstalt vorkamen. Es ist bloß eine Durchgangsstation, sagten wir zueinander. Wir bleiben bestimmt nur ein, zwei Tage hier. Wir wuschen uns mit eiskaltem Wasser und schliefen in eiskalten Betten in eiskalten Räumen. Zum Frühstück gab es Kakao und riesige Brotlaibe, die noch ofenwarm waren. Und so viel Marmelade, wie wir verdrücken konnten. Das hob unsere Stimmung. Dann mußten wir zur ärztlichen Untersuchung. In einem großen Raum, in dem sechs Ärzte saßen, mußten wir in unserer Unterwäsche Schlange stehen und wurden ganz blau vor Kälte. Die Ärzte benützten keine Stethoskope, sondern legten uns ein Leinenhandtuch auf Brust und Rücken und hielten ihr Ohr daran. Mein Arzt hatte ein enorm großes, rotes, behaartes Ohr und eine angenehme Stimme, aber ich verstand natürlich kein Wort. Die Krankenschwestern, die bei der Untersuchung assistierten, waren barsch und ungeduldig und schrien uns an, wenn wir nicht wußten, was wir tun sollten. Ich konnte mir nicht verkneifen, zu Lilka hinüberzuspähen, die direkt neben mir untersucht wurde. Ihr Arzt war jung, offenbar sehr tüchtig und kein bißchen beeindruckt von ihrer Alabasterschönheit. Obwohl Lilka vor Kälte schlotterte und eine Gänsehaut hatte, sah sie, als sie sich entkleidet hatte, wie eine griechische Statue aus. Sie nahm dann diese unangenehme Prozedur zum Anlaß, sich über den Arztberuf zu mokieren: »Stellst du dir deine Zukunft *so* vor?« Ein Zahnarzt untersuchte unsere Zähne, eine Krankenschwester unsere Haare. Die meisten »Kibbuzniks« hätten Läuse. Später inspizierten wir etwas besorgt unsere Kleidung, wobei wir vor allem die Nähte sorgfältig überprüften, aber zum Glück entdeckten wir nichts.
»Wie gern würde ich alles, was ich auf der Reise anhatte, wegwerfen und neue Sachen tragen«, schrieb ich am Abend in mein Tagebuch. »Aber erst in Paris. Dort wird mein neues Leben beginnen.«
Zwei Tage nach der Ankunft in Vitry wurden wir gruppenweise in einen großen Hof beordert. Man teilte uns mit, daß man uns jetzt nach Paris bringen werde, wo wir geröntgt werden, ein Bad nehmen und in einem Restaurant essen sollten. Ungeduldig warteten

wir im eiskalten Wind, während Mitglieder französischer Jugendorganisationen herumrannten, Befehle auf französisch und hebräisch brüllten und sich ungeheuer wichtig vorkamen, allerdings ohne jeden Erfolg. Wir bestaunten die höchst sonderbare Aufmachung dieser jungen Burschen: unwahrscheinlich kurze Hosen, Rollsöckchen, klobige Stiefel, kurzärmelige Hemden und riesige Mützen, die so steif wie Teller waren und ganz merkwürdig auf dem Kopf thronten. Mit etwas, das wie ein Strick aussah, hatten sie sich rote Tücher um den Hals gebunden. Offensichtlich froren sie sich fast zu Tode. Was vielleicht ihre fieberhafte Aktivität erklärte.

Lilka spähte zum Hofeingang hinüber. »Deine Verwandten sind da«, wisperte sie. »Unmöglich«, wisperte ich zurück. Doch das Paar, das in den Hof gekommen war, ging schnurstracks auf uns zu: ein hochgewachsener junger Mann in einer Royal-Air-Force-Uniform und eine Dame, die etwas älter war und goldblonde Haare hatte. Sie küßten mich auf beide Wangen, der junge Mann flüsterte mir zu: »Ich bin Adam«, und die Dame sagte: »Du darfst Tante zu mir sagen. Wir wollen dich abholen.«

Im nächsten Moment waren wir von Funktionären umringt, die wissen wollten, wer die beiden Fremden seien und warum sie mit mir sprächen. Unser »Gruppenführer« kam japsend angerannt: »Sie dürfen sie nicht mitnehmen! Wenn Sie glauben, Sie könnten einfach mit ihr weggehen, irren Sie sich!«

»Das ist mein Cousin Adam«, sagte ich. Endlich hatte ich ihn wiedererkannt. Das letzte Mal hatte ich ihn vor dem Krieg gesehen, als er ungefähr vierzehn war. Adam, mein Cousin um zwei Ecken herum, war der Neffe des Pariser Verwandten, bei dem ich bleiben sollte. Wie Adam den Krieg überlebt hatte, wußte ich nicht. Ich hatte gehört, daß er und seine Eltern nach Sibirien deportiert worden waren. Wie sie es geschafft hatten, in den Westen zu gelangen, und warum Adam die blaue Uniform trug, war mir ein Rätsel. Aber ich war glücklich, ihn wiederzusehen. Ich hatte keine Ahnung, wer die Dame war. Unser Gruppenführer hopste, wie üblich, wutentbrannt herum. Kinder verschwänden direkt vor seiner Nase, zeterte er. Und er sei verantwortlich! Persönlich dafür verantwortlich, uns alle nach Palästina zu bringen! Ich wies darauf hin, daß mein Reiseziel von Anfang an feststand: Ich sollte bei meinen Verwandten in Paris bleiben.

»Bei welchen Verwandten?« brüllte der Gruppenführer außer sich vor Wut. »Du hast keine Familie! Palästina ist deine Familie! Dort warten deine Brüder und Schwestern auf dich!«

»Dann müssen Sie mich mit jemandem verwechseln. Ich habe niemals Brüder und Schwestern gehabt. Meine Verwandten leben in Paris, und ich bleibe bei ihnen. Nur deshalb bin ich hergekommen.«

Der Gruppenführer wollte Adam zurückdrängen. »Sie haben kein Recht, hier zu sein! Wir fahren nach Paris. Sie können nicht mitkommen!«

»Wir fahren auch nach Paris«, erwiderte Adam. »Sie können uns nicht daran hindern, in den Zug zu steigen.«

»Aber es ist Ihnen nicht gestattet, mit ihr zu sprechen!« konterte der Gruppenführer sichtlich verzweifelt.

»Wir haben uns seit Kriegsbeginn nicht mehr gesehen. Wollen Sie uns etwa verbieten, miteinander zu reden?«

Am Ende gingen wir vier nebeneinander zum Bahnhof. Der Gruppenführer ließ sich kein Wort unseres Gesprächs entgehen. Erst im Zug nach Paris konnten wir ein paar private Worte wechseln.

»Woher hast du gewußt, daß ich angekommen bin?« flüsterte ich.

»Deine Freundin Inka hat Maurice angerufen und sich nach dir erkundigt. Ich bin sofort mit Marina...« — das war die blonde Dame – »... losgefahren, aber unterwegs haben wir Leute getroffen, die gerade vergeblich versucht hatten, eines der Kinder in Vitry zu besuchen. Sie wiesen uns auf die Schwierigkeiten hin: Niemand soll erfahren, daß ihr hier seid, und keiner von euch darf den Sammeltransport verlassen. Ihr sollt alle nach Palästina geschickt werden. Aber dort lassen die Briten niemanden mehr einreisen. Die Häfen sind blockiert, die Schiffe müssen umkehren, und trotzdem sind ständig neue Auswanderer nach Palästina unterwegs. Aber keine Bange – irgendwie holen wir dich hier heraus.«

Nach der Ankunft in Paris gingen wir in Zweierreihen die Treppe zur Métro hinunter. Unser Gruppenführer geriet in Panik, als er versuchte, seine ungebärdigen Schutzbefohlenen samt und sonders in denselben Waggon zu zwängen, bevor sich die Türen schlossen. In dem Durcheinander stiegen Adam, Marina und ich in den nächsten Waggon. Wir stellten uns ans Zwischenfenster und winkten dem geplagten Gruppenführer lächelnd zu, um ihm auf diese Weise zu beteuern, daß wir nichts Unerlaubtes vorhatten – dann bewegten Adam und ich uns langsam auf die Tür zu, während Marinas Blondkopf weiterhin am Zwischenfenster zu sehen war.

»Sobald wir das SORTIE-Schild auf dieser Seite des Zugs sehen, springen wir hinaus«, sagte Adam. Wir hofften zu Gott, daß wir es schaffen würden, bevor die ganze Gruppe ausstieg. Ein paar Minuten später war es soweit: ein großes SORTIE-Schild und ein überfüllter Bahnsteig. Als die Türen sich wieder schlossen, sprangen wir im letzten Moment hinaus. Wir rannten zur Treppe, nahmen immer zwei Stufen auf einmal und kamen atemlos auf die Straße hinaus – an einer verkehrsreichen Kreuzung. Vor uns: eine Brücke, die Seine und Notre-Dame.

»Jetzt zeige ich dir Paris«, sagte Adam. Hand in Hand schlenderten wir hinüber zur Ile de la Cité. Wir gingen in die Kathedrale, und wenngleich ich mich nicht mehr als Katholikin betrachtete, flüsterte ich rasch ein Gebet, um Gott für meine Rettung zu danken. Zwei Stunden später waren wir bei Onkel Maurice.

4

»Ich bin in Paris«, schrieb ich an diesem Abend. »Ich bin aus Vitry durchgebrannt – mit einem englischen Flieger.«

Onkel Maurice und seine Frau empfingen mich mit offenen Armen. Das letzte Mal hatte ich die beiden 1939 gesehen, als sie uns in Kalisch besuchten. Ich konnte mich überhaupt nicht mehr an sie erinnern. Maurice, der älteste von Mutters zahlreichen Cousins, war ein kleiner, schmächtiger, schon ziemlich kahlköpfiger Mann, der unentwegt scharfe französische Zigaretten rauchte. Er brauste leicht auf, war einerseits rasch gekränkt, andererseits aber großzügig und warmherzig. Außerdem war er ein Träumer und schmiedete Pläne, wie man allen, die er kannte, zu ihrem Glück verhelfen könnte.

Simone, seine französische Frau, ein kleines Persönchen mit dunklen Haaren und großen dunklen Augen, begrüßte mich mit einer parfümgeschwängerten Umarmung. Daß sie kein Wort Polnisch konnte, hinderte sie nicht daran, fast pausenlos auf mich einzureden, wobei sie oft mitten in ihrem Monolog zu lachen anfing oder »Oh là là là là là!« trällerte. Zuweilen ließ sich Maurice dazu bewegen, mir zuliebe etwas von ihrem Wortschwall zu übersetzen. Im Lauf der vielen Jahre, die er nun schon in Frankreich lebte, war sein Polnisch eingerostet und strotzte von Fremdwörtern.

Sein Sohn Yves, der gerade aus dem Internat nach Hause gekommen war, war in meinem Alter. Der schlanke Sechzehnjährige, der bereits seine Eltern überragte, hatte seidiges braunes Haar, Augen wie aus braunem Samt und ein scheues Lächeln. Er hatte etwas ungemein Ansprechendes, Empfindsames an sich. Dem Beispiel seiner Eltern folgend, küßte er mich auf beide Wangen, wobei er rot anlief wie ein Pfirsich. Dann zog er sich in den entferntesten Winkel des Zimmers zurück und sagte den ganzen Abend kein Wort mehr.

Marina, die geweint hatte, seit Adam und ich eingetroffen waren, trocknete endlich ihre Tränen und machte sich in aller Form mit mir bekannt. Sie sagte, sie habe mich bereits voriges Jahr in Kalisch kennengelernt, als sie meinen Onkel besuchte, mit dem sie geschäftlich zu tun hatte. *Sie* habe mir den Platz im Kinderheim besorgt und meine Reise nach Frankreich bezahlt. Hier in Paris warte sie auf das Einreisevisum nach Australien, wo sie eine Tante und einen Onkel habe. Sie hoffe, in ein paar Wochen abreisen zu können. Sobald sie in Melbourne angekommen sei, werde sie meinem Onkel und mir die notwendigen Papiere schicken, damit wir nachkommen könnten. Da Maurice und Simone kein Zimmer für mich hätten, sollte ich einstweilen bei ihr im Hotel wohnen.

Mir schwirrte der Kopf vor lauter neuen Eindrücken: fremde Menschen, eine fremde Sprache, das unablässige, laute Durcheinanderreden. Maurice kam aus der Küche hereingestürmt, wo er das Abendessen zubereitet hatte. »Simone kann nicht kochen«, erklärte mir Adam. »Sie hat keinen Geruchssinn, deshalb schmeckt für sie alles gleich. Dafür kocht Maurice um so besser. Du wirst schon sehen.« Simone, die das anscheinend mitbekommen hatte, lachte schallend. »*À table, mes enfants, à table!*«

Wir setzten uns an einen großen Tisch, der mit Geschirr von bester Qualität gedeckt war. Ein Festessen sollte das werden – mir zu Ehren. Maurice machte eine Flasche Wein auf und brachte den ersten Gang herein: eine riesige Platte, mit Eisstückchen bedeckt, auf denen ein ganzer Berg Austern lag. Ich traute meinen Augen nicht. Noch nie im Leben hatte ich Austern gesehen, und keine Macht der Welt würde mich dazu bringen, eine zu kosten. »Du weißt doch wohl, daß sie noch leben«, sagte Adam. Er träufelte etwas Zitronensaft auf das grünlich-weiße Klümpchen in der Muschelschale. Mir schauderte. Der Atem stockte mir vor Entsetzen. Adam spießte das Klümpchen auf und schluckte es hinunter. Ein schrilles Quieksen war zu hören, das aus Adams Hals zu kommen schien. Mir standen die Haare zu Berge. Adam schmatzte. »Die war prima! Hat sich gewehrt, bis sie unten war!« Er griff nach der nächsten Muschelschale. Ich blickte entgeistert um mich. Alle amüsierten sich köstlich. Sogar der sanfte Yves verleibte sich bedenkenlos Austern ein.

Auch die anderen Gerichte waren mir nicht geheuer. Das Fleisch war noch blutig und, nach polnischem Geschmack, nicht genießbar. Die Sauce Vinaigrette auf dem merkwürdig stachligen Salat trieb mir das Wasser in die Augen. In Polen wurde Salat mit Sahne und Zucker angemacht. Was aber noch schlimmer war: Meinen Wein konnte ich erst trinken, als ich ihn gezuckert und mit Wasser verdünnt hatte. Mir war klar, daß ich bei meiner ersten Begeg-

nung mit dem wirklichen Frankreich kläglich versagte. Als das Obst serviert wurde, war mein Kopf nach vorn gesunken. »Armes Kind!« flüsterten sie. »Zu viel Aufregung für einen einzigen Tag!« Ich war beschwipst, hungrig und entsetzlich müde.
»Morgen holen wir deine Sachen in Vitry ab, und dann müssen wir dir irgendeinen Ausweis besorgen, für die Anmeldung im Hotel.«
Es war ein ziemlich weiter Weg vom Boulevard Barbès bis zu Marinas Hotel direkt gegenüber der Gare de l'Est. Über dem Eingang stand in großen Lettern »Terminus Est«. Komischer Name für ein Hotel, dachte ich, noch immer völlig verwirrt. Natürlich ist das Hotel fertig, sonst könnten doch keine Leute darin wohnen. Ich war überwältigt von der prächtigen Innenausstattung. Fünf Fahrstühle! Ein so pompöses Gebäude hatte ich noch nie betreten. Wir fuhren in den dritten Stock. Mitten in unserem Zimmer stand ein großes Bett. Völlig benommen zog ich mich aus, und kaum hatte ich mich niedergelegt, da war ich auch schon eingeschlafen.
Adams Versuch, tags darauf mein Gepäck in Vitry abzuholen, war ein Fiasko. »Die Eigentümerin kann nur Anspruch auf ihren Koffer erheben, wenn sie pflichtgemäß hierher zurückkehrt«, lautete die Nachricht, die Adam aus Vitry mitbrachte – zusammen mit meiner kleinen Reisetasche, die er mit Lilkas Hilfe herausgeschmuggelt hatte. »Ich fürchte, du wirst deine Sachen nie wiedersehen.« »Das Schlimmste ist«, erklärten meine Verwandten, »daß wir jetzt nicht das geringste Beweisstück haben, aus dem hervorgeht, wer sie wirklich ist. Sie kann sich nicht im Hotel anmelden, sie bekommt keine Lebensmittelkarten, und falls sie aus irgendeinem Grund von der Polizei angehalten wird, deportiert man sie.«
»Warum erzählt ihr der Polizei nicht einfach die ganze Geschichte?« fragte Yves. »Dann geben sie ihr bestimmt einen Ausweis und holen vielleicht sogar ihr Gepäck in Vitry ab.« »Ich darf niemandem sagen, *wie* ich nach Frankreich gekommen bin«, erklärte ich. »Die Ausreisegenehmigung ist nämlich schon zum zweiten Mal benützt worden. Soviel ich weiß, sind wir alle illegal hier.«
»Erst mal sollten wir ihre Kleider herausholen«, sagte Simone. Ich war hin und her gerissen zwischen der Freude darüber, daß ich meine Fotos und Tagebücher, die in der kleinen Reisetasche waren, wiederhatte, und der Verzweiflung darüber, daß ich Mutters

Briefe und den kleinen Anhänger nie wiedersehen würde, weil sie in meinem großen Koffer waren. Der Anhänger war aus Silber – ein kleines Herz mit einer Taube aus blauem und weißem Emaille darauf, die einen goldenen Ölbaumzweig im Schnabel hielt. In dem Anhänger bewahrte ich ein »M« auf, das ich aus Mutters letztem Brief ausgeschnitten hatte. Ihre Unterschrift. Mutter hatte diesen Anhänger als kleines Mädchen getragen, und wie durch ein Wunder hatte er den Krieg heil überstanden.

Im Hotel »Terminus Est« weinte Marina dem Empfangschef etwas vor und schaffte es, sich in kaum verständlichem Französisch derart verwirrend über mein Identitätsproblem auszulassen, daß der Arme nie wieder wagte, nach meinem Ausweis zu fragen. Beschwichtigt durch einen wöchentlichen »pot au vin« – ein Trinkgeld –, änderte er, ohne zu murren und ohne einen Anhaltspunkt zu haben, alle paar Tage meinen Namen sowie alle weiteren Angaben zu meiner Person und zu dem Verhältnis, in dem ich zu Marina stand. Offiziell existierte ich nicht. Gemeinsam mit Marina sprach ich bei sämtlichen jüdischen Organisationen vor – vergeblich. Zunächst erklärte man uns, ich müßte sofort nach Vitry zurückkehren. Gelegentlich drohte man uns sogar mit der Polizei, bis wir darauf hinwiesen, daß diese vermutlich weit mehr an dem interessiert wäre, was ich zu berichten hatte. Etwas später fixierte man uns ganz verwundert: In Vitry seien doch gar keine Kinder eingetroffen. Noch nie! Von einem Sammeltransport aus Polen wollte niemand etwas gehört haben. Und ein Koffer war natürlich auch nicht da.
Wir wußten bereits, daß die Kinder nicht mehr in Vitry waren. In der zweiten Woche nach meiner Ankunft in Paris war Halina bei Maurice erschienen, um sich von mir zu verabschieden. Ich ging mit ihr ins Hotel, wo sie ein Bad nahm. Später kamen auch Ilja, der hübsche Georgier, und Marek, den wir ebenfalls in unserem Waggon kennengelernt hatten. Am 17. Dezember sollten sie die Reise nach Palästina antreten. Sie brachten mir ein Geschenk: einen kleinen Schneemann mit schwarzem Zylinder und großer roter Nase, der eine winzige rote Kerze hielt. Ich zündete sie an, dann fuhren wir alle vier mit dem Finger durch die Flamme, küßten einander und wünschten uns gegenseitig viel Glück für die Zukunft. Ich wünschte ihnen eine sichere Landung im Gelobten Land, sie

wünschten mir ein glückliches Leben in Australien. Wir tauschten Fotos aus. Ilja sang ein russisches Lied, das furchtbar traurig klang. Genau wie in unserem Eisenbahnwaggon saßen wir jetzt mit verschränkten Armen in dem kalten Hotelzimmer. Nach einer Weile verabschiedeten sich die drei.
Wieder wäre ich am liebsten mit ihnen gegangen. Jetzt war der richtige Moment. Ehe ich in Paris neu anfing – mit der Schule und der Arbeit und dem Französischlernen. Bevor ich hier Fuß fassen würde. Ich brauchte niemanden um Erlaubnis zu bitten. Niemand hatte das Recht, mich hierzubehalten.
Doch ich ging *nicht* mit. Statt dessen wartete ich auf Marina und ging dann mit ihr zum Boulevard Barbès, um bei Maurice und Simone zu Abend zu essen.
Allmählich überwand ich mein anfängliches Befremden. Maurices Wohnung, klein, vollgestopft und – was ich sehr verwunderlich fand – ohne Badezimmer, wurde für mich ein zweites Zuhause.

»Drei kleine Zimmer«, schrieb ich in mein Tagebuch. »Häßliche alte Möbel. Man kann sich kaum bewegen. Ein winziges Hinterzimmer, vollgestopft mit Pelzen, auf dem Fußboden Stapel von noch nicht zugeschnittenen Fellen, an der Decke Schienen, an denen reihenweise Pelzmäntel hängen. In der einen Ecke ein Klappbett für Yves, wenn er zu Hause übernachtet. Der Pelzgeruch verschlägt einem den Atem, und weil Motten hereinfliegen könnten, darf das Fenster nicht geöffnet werden. Es geht sowieso bloß auf einen düsteren, muffigen, schachtähnlichen Hinterhof hinaus, aus dem nur Ruß hereindringt. Und dabei wirkt das Haus so ansehnlich und gepflegt; an einem großen Boulevard gelegen, Wohnung im ersten Stock, Vordereingang. Das Treppenhaus wird von der Concierge peinlich sauber gefegt und gewachst, die Treppe hat sogar einen Läufer, und an der untersten Stufe ist ein Emailleschild: ›Bitte Füße abstreifen!‹ Aber in der Wohnung gibt es keine Waschgelegenheit außer einem kleinen Waschbecken in einer Nische des winzigen Flurs und einem Kaltwasserhahn in der engen, keilförmigen Küche. Und hier wohnen Maurice und Simone schon so lange, wie sie verheiratet sind!
Und abrackern müssen sie sich auch. Um sieben Uhr aufstehen, wenn es noch ganz dunkel und sehr kalt ist. (Wegen des Mangels an Heizmaterial wird die Zentralheizung, genau wie bei uns im Hotel,

bis zum Nachmittag nicht einmal lauwarm.) Dann ein hastiges Frühstück, und um acht Uhr sind die beiden drunten im Laden. Es ist ein Pelzgeschäft, im Winter ist ›Saison‹. Der Laden ist von acht Uhr morgens bis acht Uhr abends geöffnet, die Mittagspause ist kurz, und es ist üblich, daß Kunden und Lieferanten während der Essenszeit und an Sonntagen herauf in die Wohnung kommen.
In der kleinen, eiskalten Werkstatt hinter dem Laden steht Maurice, einen grünen Augenschirm umgebunden, an dem langen Tisch und schneidet mit einer Rasierklinge unangenehm riechende Felle zu. Madame Blanche, seine einzige ›ouvrière‹, näht die Teile mit einer Maschine aneinander, die sehr merkwürdig aussieht. Sie hat zwei waagerecht angebrachte Räder, zwischen die man die Lederränder schiebt, wobei man das Fell auf der Innenseite sorgfältig glattstreichen muß – dann steppt eine Nadel, die sich senkrecht bewegt, die Teile zusammen.
Vorn im Laden, in dem ringsum große Spiegel sind, empfängt Simone die Kundschaft, nimmt Maß und erledigt die Anproben. In jeder freien Minute näht sie Mantelfutter ein oder näht Knöpfe, Etiketten, Haken und Ösen an und schaut immer wieder auf die Uhr, damit sie noch rechtzeitig in die benachbarten Läden flitzen kann, um Lebensmittel, oder was sie sonst noch dringend im Haushalt braucht, zu besorgen. Maurice erhebt jedesmal Einspruch, wenn Simone weggeht. Dann kommt es zu einer heftigen, unverständlichen Auseinandersetzung. Ich bin immer gern bereit, mit Simone zum Einkaufen zu gehen.
Meist ist es bloß ein Katzensprung weit, wo jeder jeden kennt und so ziemlich das gleiche Leben führt – ›an den Ladentisch gekettet‹. Simone stellt mich als ihre ›kleine Verwandte, gerade erst aus Polen angekommen‹ vor, dann flüstert sie den Leuten rasch etwas zu. Alle sehen mich verwundert an und schütteln den Kopf: ›*Oh là là, Madame, ah, bon Dieu, bon Dieu, bon Dieu …*‹ Manchmal schenken sie mir Süßigkeiten, als ob ich noch ein Kind wäre.
Wir haben hier eine *boulangerie*, eine *charcuterie*, eine chemische Reinigung (mit Wäscherei), eine *crémerie* und ein Geschäft mit dem fabelhaften Namen ›Marchand des Couleurs‹. ›*Quelle vie, Madame, quelle drôle de vie!*‹«

In jenen kalten, dunklen Wintertagen überkam mich die Langeweile wie ein lähmender Nebel. Es gab einfach niemanden, mit

dem ich reden, und nichts, was ich tun konnte. Ich saß entweder in unserem Hotelzimmer herum, wo ich, die Füße an den lauwarmen Heizkörper gestemmt, stundenlang auf den Platz vor der Gare de l'Est hinuntersah, oder ging zu Maurice in den Laden, wo ich wieder herumsaß und mich verzweifelt bemühte, die Gespräche, die dort geführt wurden, zu verstehen. Zuweilen half ich beim Einkaufen und bei der Hausarbeit. Solange er in Paris war, hatte Adam lange Spaziergänge mit mir gemacht und mir berühmte Sehenswürdigkeiten gezeigt, doch als sein Urlaub zu Ende ging, war er nach England zurückgekehrt. Von Zeit zu Zeit rannten Marina und ich verschiedenen jüdischen Wohlfahrtsorganisationen von neuem die Tür ein, in der vergeblichen Hoffnung, mein Gepäck wiederzubekommen. Manchmal (aber leider viel zu selten) ließ sich Marina polnische Bücher von ihren Freunden leihen, die in allen möglichen schäbigen Pariser Hotels wohnten und auf Einreisevisen in dieses oder jenes Land warteten. Ich verschlang jedes dieser Bücher in ein paar Stunden. Wenn wir, was selten vorkam, nicht bei Maurice zu Abend aßen, kaufte Marina eine halbe Baguette, zwei Eier oder eine Portion marinierten Hering, dann schmuggelten wir unsere Einkäufe ins Hotel, wo es streng verboten war, in den Zimmern zu essen. Die Eier kochten wir in einem Glas Wasser – mit einem Tauchsieder, mit dem wir uns auch unzählige Tassen schwachen Tee zubereiteten. Nur gelegentlich zersprang dabei ein Glas. Die Essensabfälle nahmen wir am nächsten Tag mit auf die Straße und warfen sie in einen Abfallkorb.
Ich erzählte Marina von meinen heimlichen Hoffnungen und Plänen, und es verletzte mich tief, wie sie darauf reagierte. Der Arztberuf sei nichts für Frauen, erklärte sie. Eine Frau könnte nicht gleichzeitig praktizieren und Ehefrau und Mutter sein. Bestenfalls könnte sie, wenn sie das große Glück hätte, einen Arzt zu heiraten, in seiner Praxis mithelfen. Aber natürlich könnten nicht alle Mädchen so viel Glück haben. Marinas erster Mann war Arzt gewesen. Er war im Warschauer Ghetto umgebracht worden. Von ihm hatte Marina – die Musik und Geschichte studiert hatte – genug über Medizin gelernt, um bei Gesprächen so viele Fachausdrücke einfließen zu lassen, daß sie manchmal selber für eine Ärztin gehalten wurde. Sie beklagte meine mangelhafte Schulbildung, und um mir klarzumachen, wieviel ich versäumt hatte, überschüttete sie mich geradezu mit lateinischen Zitaten.

Ihrer Ansicht nach war dies ein weiterer Grund, warum ich nie Medizin studieren könnte: Latein sei für dieses Studium unerläßlich, und dafür fehle mir ganz einfach jede Voraussetzung. Um diese Tatsache zu unterstreichen, leierte sie eine lange Reihe Grammatikregeln und Ausnahmefälle herunter, als handelte es sich dabei um Zauberformeln. Ich war am Boden zerstört.

War Marina einmal in Fahrt gekommen, dann ließ sie sich kaum mehr bremsen. Ich konnte nur versuchen, ihren Redestrom auf ein anderes Thema hinzulenken – zum Beispiel auf das Ballett. Sie hatte von ihrem fünften Lebensjahr bis zum Schulabschluß Ballettunterricht bekommen und war mit der Ballettschule aufgetreten. Obzwar sie niemals vorgehabt hatte, Tänzerin zu werden – für ein Mädchen ihrer Herkunft war das kein anständiger Beruf –, zählte das Ballett noch immer zu ihren Hauptinteressen. Daß sie so schlank war und den Eindruck machte, als hätte sie überhaupt keine Hüften, führte sie auf das ständige Korsett-Tragen und auf ihre tänzerische Ausbildung zurück. »Aber meine Beine nicht«, fügte sie jedesmal hinzu und zeigte ihre strammen Waden und kräftigen Fußgelenke. »Das kommt alles vom Tennis.« Worauf sie ausführlich von Tennispartien an herrlichen Nachmittagen vor dem Krieg erzählte. Sie hatte ein unbeschwertes, paradiesisches Leben geführt.

Der Krieg hatte alles zerstört. Ihre Eltern, ihre Schwestern und Schwäger, ein kleiner Neffe und schließlich auch ihr Mann waren umgekommen. Nur Marina hatte überlebt – in einem Versteck im »arischen« Teil Warschaus, mit blondgebleichten Haaren (die sie auch jetzt noch hatte), meist in irgendeinem Café arbeitend und in ständiger Angst, entdeckt, verhaftet und umgebracht zu werden. Die ungeheure Anstrengung, die es gekostet hatte, unter solchen Umständen zu überleben, hatte ihrer Gesundheit, insbesondere ihren Nerven, derart zugesetzt, daß sie jedesmal, wenn sie über die jüngste Vergangenheit sprach, in Tränen ausbrach. Hatte sie einmal zu erzählen angefangen, dann konnte sie nicht mehr aufhören, bis alle Anwesenden – und natürlich auch sie selber – völlig erschöpft waren.

Schon bald stand ihre Meinung über mich fest: »Völliger Mangel an Sensibilität«, erklärte sie ihren Freunden in meiner Gegenwart, und alle sahen mich entsetzt an. »Merkt nichts von dem, was um sie herum vorgeht. Nichts berührt sie. Man könnte meinen, für sie hätte es gar keinen Krieg gegeben. Wärt ihr nicht froh, wenn ihr auch so sein könntet? Dann könnte man unbeschwert durchs Leben spazieren... Ich selber bin, leider Gottes, viel zu sensibel...« Worauf ein so heftiger Tränenausbruch folgte, daß ihre Freunde sich sofort um sie scharten.

»Und das alles, weil ich nicht über den Krieg sprechen will«, schrieb ich in mein Tagebuch. »Keine zehn Pferde kriegen mich jetzt noch dazu, ein Wort darüber zu sagen. Bestimmt nicht in Gegenwart Marinas und ihrer Kumpel. Und *wie* sie ständig versucht, etwas aus mir herauszukriegen! Warum will sie es überhaupt wissen, wenn doch jedes Wort über den Krieg sie sofort zum Weinen bringt? Es gibt eben Dinge, die zu persönlich und zu schmerzlich sind, als daß man darüber sprechen könnte. Aber Marina ergeht sich in Einzelheiten, bei denen ich aufschreien könnte. *Das* beweist, glaube ich, Mangel an Sensibilität. Sie bringt andere zum Schaudern vor lauter Entsetzen und Verlegenheit. Dann fängt sie zu weinen an, und wir alle haben nichts Eiligeres zu tun, als sie zu trösten. Und sie hört nie auf, bevor nicht alle anderen genauso unglücklich sind wie sie selbst.«

Zuweilen gab es auch glückliche Stunden. Wir sahen uns den Film *Fantasia* an. (Maurice, Simone, Yves und ich.) Noch Tage danach lebte ich wie in einem Traum aus Musik und Farbe. Ein andermal lud mich Marina in die Opéra ein. Wir sahen das Ballett *Les Sylphides*. Mädchen schwebten wie Puderquasten über die Bühne, die Gesetze der Schwerkraft schienen aufgehoben. In der Nacht beschwerten sich unsere Hotelnachbarn, als Marina versuchte, das Spektakel für mich zu wiederholen.

Auf Maurices Drängen hatte ich an meinen Onkel geschrieben, von meinem Pech (mit dem Koffer) berichtet und um Hilfe gebeten. Nach wie vor besaß ich nur das Kleid, in dem ich durchgebrannt war und das ich tagtäglich trug. Marina lieh mir etwas von ihrer hauchzarten, stickereiverzierten Unterwäsche, die ich kaum anzufassen wagte. Weil das Wäschetrocknen in unserem kalten Badezimmer tagelang dauerte, brauchte ich dringend etwas Eigenes zum Anziehen.

Die Antwort meines Onkels war für mich wie ein Donnerschlag: Er glaubte mir kein Wort. Für ihn bestand kein Zweifel daran, daß mir der Koffer gestohlen worden war, als ich gedankenlos die Tauben unter dem Dach des Stationsgebäudes begafft hatte. Er habe mich mit völlig neuer Garderobe ausgestattet und werde das nicht noch einmal tun!

Ich las den Brief bei Maurice am Eßtisch und brach in Tränen aus. Die Familie war wie vom Donner gerührt. Die stürmische Auseinandersetzung in Französisch, zu der es kam, als der Brief für Simone übersetzt worden war, konnte ich nicht verstehen, doch tags darauf wurde ich in ein Geschäft mitgenommen, wo man mir das Nötigste kaufte. Erleichtert gab ich Marina die geborgten Sachen zurück. Unterdessen schrieb Simone, die immer noch wütend war, meinem Onkel einen französischen Brief. Am nächsten Tag sprachen Marina und ich erneut bei einer jüdischen Organisation vor, wo man mich als Flüchtling registrierte und mir tausend Francs gab.

Weihnachten stand vor der Tür. Ich hatte meine letzten paar Francs für Postkarten an meine Freunde in Polen ausgegeben und besaß wieder einmal keinen roten Heller. Ein trauriges Weihnachtsfest würde das werden! Seit Jahren das erste, das ich nicht feiern würde. Ich hatte keine Weihnachtslieder zu hören und noch fast keinen Festschmuck zu sehen bekommen. In Polen bereiteten sich jetzt alle auf die hohen Festtage vor.

In der Woche vor Weihnachten fanden es meine Verwandten an der Zeit, wegen meines illegalen Status etwas zu unternehmen. Der Empfangschef des Hotels machte wieder Schwierigkeiten, und Marina hatte es satt, ihn zu bestechen. Schlotternd vor Angst machten Simone und ich uns auf den Weg zur Präfektur der Ile de la Cité. Gemeinsam mit zahlreichen anderen angstvollen Menschen warteten wir stundenlang auf Bänken in kalten, staubigen Korridoren. Als wir endlich an die Reihe kamen, führte man uns in ein kleines Büro, in dem ein Mann an einem großen Schreibtisch saß und mir eine Unmenge Fragen stellte. Da ich sie natürlich nicht verstand, wollte Simone an meiner Stelle antworten, doch nun wurde ein anderer Mann, der gebrochen Polnisch sprach, als Dolmetscher zugezogen.

Warum ich nach Frankreich gekommen sei? Um mit meinen Verwandten zusammenzusein. Wie ich hergekommen sei? Da mir eingeprägt worden war, kein Wort über den Sammeltransport verlauten zu lassen, erklärte ich, daß ich, wie so viele andere auch, die polnisch-tschechische Grenze illegal überschritten hätte. Daraufhin wurde eine große Landkarte geholt und auf dem Schreibtisch ausgebreitet. »Zeigen Sie uns, wo.« Zum Glück wußte ich, an welcher Stelle viele polnische Flüchtlinge die Grenze überschritten. Etliche Reisende, die ins Ausland wollten oder von dort kamen, hatten in Zabrze Station gemacht und, weil sie bei uns im Heim nichts zu befürchten hatten, offen über die Route gesprochen. Ich deutete auf die entsprechende Stelle, dann erzählte ich, daß ich ohne Fahrkarte in den Zug gestiegen sei, mich immer, wenn es brenzlig wurde, unter den Sitzen versteckt hätte, auf diese Weise nach Deutschland gelangt und schließlich in Frankreich angekommen sei. Ich beschrieb die Route, die ich mit dem Sammeltransport gefahren war. Alles paßte recht gut zusammen. Entgegen Simones bösen Vorahnungen wurde ich nicht verhaftet, sondern aufgefordert, mich am übernächsten Tag wieder in der Präfektur zu melden.

Als wir zum zweiten Mal hingingen, warteten neben mir mehrere Italiener, die ebenfalls illegal über die Grenze gekommen waren. Auch sie sprachen kein Wort Französisch. Wir warteten – wieder stundenlang – in einem kleinen Raum. Simone war draußen im Korridor geblieben. Würde ich sie jemals wiedersehen? Maurice war überzeugt, daß man mich direkt von der Präfektur aus deportieren würde.

Dann erschienen mehrere Beamte, die alle gleichzeitig redeten. Sie waren ziemlich gereizt, weil keiner von uns verstand, was sie sagten. Wir wurden gewogen und gemessen, dann wurden unsere Fingerabdrücke genommen. Bevor wir uns auf die Waage stellten, mußten wir die Schuhe ausziehen. Eine Italienerin verstand diese Anordnung falsch und begann sich zu entkleiden. Die französischen Polizisten umringten sie, fuchtelten mit den Armen und versuchten, ihr Einhalt zu gebieten. Es nützte aber nicht viel. Als die Frau endlich begriff, hatte sie bloß noch ihren Schlüpfer an. Sie wurde puterrot und brach in Tränen aus, während alle anderen, auch ihre Landsleute, lachten.

Die Franzosen behandelten die Italiener überhaupt sehr grob, stießen sie herum und brüllten sie an. Zu mir hingegen waren sie sehr freundlich. Sie strichen mir übers Haar, schnitten Grimassen und blinzelten mir zu, damit ich mich nicht vor ihnen fürchtete. Als sie unsere Fingerabdrücke genommen hatten, säuberten sie mir sogar mit irgend etwas Glitschigem die Hände – eine höfliche Geste, deren sie sich gegenüber den Italienern nicht befleißigten. Ich wünschte mir sehnlich, verstehen zu können, was sie sagten. Als ich wieder zu Simone hinausgegangen war, wies man uns an, nächste Woche nochmals in der Präfektur vorzusprechen.

Paris, Dienstag, 24. Dezember 1946

Heiliger Abend, aber in dieser Stadt merkt man wenig davon. Hin und wieder geht jemand vorbei, der einen Weihnachtsbaum nach Hause trägt. Einige Läden sind weihnachtlich dekoriert, aber Schnee gibt es hier nicht, bloß Matsch und diesen feuchten, durchdringenden, eiskalten Wind. In Polen ist bestimmt hinter fast jedem Fenster ein Christbaum zu sehen. Hier – nichts. Ein Tag wie jeder andere.
Marina hat einen Brief von ihrer Tante in Melbourne bekommen. Sie reist im Januar ab. Und ich? Wieder in ein Heim?
O Gott! Die Glocken läuten! Mitternacht! Noël... Allen eine fröhliche Weihnacht, auch wenn ich nicht mehr daran glauben kann.

In den folgenden Tagen bekam ich Briefe und Karten aus Polen, mit Waffelstückchen vom Weihnachtsmahl. Vergebens versuchte ich, Simone die Bedeutung dieser Waffeln zu erklären. Wann, ach wann würde ich mich endlich verständlich machen können! Ich kam mir wie eine Taubstumme vor. Dieses Minderwertigkeitsgefühl war unerträglich. Ich hielt es nicht mehr in der Werkstatt aus. Obwohl es eiskalt war, machte ich einen langen Spaziergang. Ich lief sehr schnell – den Weg zum Montmartre hinauf. Droben, vor der Kirche Sacré-Cœur, klammerte ich mich an die Balustrade, schützte mein Gesicht vor dem schneidenden Wind und blickte, während mir die Kälte und der Zorn das Wasser in die Augen trieben, auf die graue Stadt hinunter. Das war die Welt, von der ich noch vor kurzem in Zabrze geträumt hatte. Und nun hatte sich gezeigt, daß sie unerreichbar war. Genau wie jenes unbekannte Mädchen geschrieben hatte. Aber nicht mehr lange, schwor ich mir. Ich würde diese Schranke niederreißen.
Ich kehrte ins Hotel »Terminus Est« zurück, wo Marina sich wie üblich mit ihren Freunden unterhielt. Tränenströme wechselten

unglaublich rasch mit hektischem Gelächter ab. Ich saß in einem Winkel und wollte nichts damit zu tun haben.

Der ganze Boulevard Rochechouart, von der Kreuzung Boulevard Barbès über die Place d'Anvers bis zur Place Pigalle, und der ganze Boulevard de Clichy wurden ein einziger Rummelplatz. Auf der Fahrbahn waren Buden errichtet, und jede hatte ein besonderes »spectacle« zu bieten. Man konnte Ungeheuer und Ringkämpfer bestaunen, es gab Schießbuden, Geisterbahnen, einen »Liebestunnel«, alle möglichen Karussells, Schiffsschaukeln und außerdem viele verlockende Schleckereien. Lautsprecher dröhnten, die Besucher drängten sich und rempelten einander an. Auf den Gehsteigen ging es dagegen recht alltäglich zu, wenn auch etwas betriebsamer als sonst. Da gab es Kinos, Cafés, Restaurants und Nachtclubs, die meist recht anrüchig wirkten und Fotos von nackten Mädchen ausgestellt hatten.

Yves und ich schlenderten den Boulevard entlang und blieben vor jeder Bude stehen, bloß um zu schauen. Ich hätte zu gern eines dieser großen bunten Bonbons probiert, die an einem Stäbchen steckten, oder ein paar Nüsse oder die riesigen Pfannkuchen, die im Freien gebacken wurden, oder mir eine Tüte geröstete Kastanien gekauft – aber wir hatten beide kein Geld. Yves legte mir den Arm um die Schultern. Das behagte mir nicht. Ich genierte mich, obwohl die anderen Leute genauso herumliefen – manche Paare küßten sich sogar in aller Öffentlichkeit! Wärmer war es natürlich schon, wenn er den Arm um mich legte, und sicherer fühlte ich mich auch. Manche Männer, die ich auf dem Boulevard sah, jagten mir schreckliche Angst ein. Immer wenn ich einen Moment allein war, flüsterten sie mir im Vorbeigehen etwas ins Ohr und versuchten sogar, mir unter den dicken Wintermantel zu greifen. In solchen Momenten war ich dann froh, daß ich kein Französisch konnte.

Es war schon ziemlich spät. Yves begleitete mich zum Hotel. Ich wollte ihm unser Zimmer und das prächtige Bad zeigen. Als wir den Fahrstuhl nehmen wollten, sprach uns ein Portier an. Ich verstand nicht, was er sagte, aber allem Anschein nach hatte er etwas dagegen, daß ich Yves mit hinaufnehmen wollte. Yves wurde feuerrot, dann begann er, dem Portier sehr nachdrücklich etwas zu erklären, aber schließlich ließ er mich allein hinauffahren. Er machte einen schrecklich verlegenen Eindruck.

Paris, Freitag, 27. Dezember 1946

Ich schaue, ehrlich gesagt, lieber nicht in den Spiegel. Mein Haar läßt sich einfach nicht mehr bändigen. Wenn ich es flechten will, sträubt es sich wie Draht, und eine Stunde später muß ich mich schon wieder frisieren. Haarnadeln halten nicht – mein Haar ist einfach zu buschig. Ich habe festgestellt, daß mein linkes Ohr absteht und mein rechtes anliegt. Meine Zähne sind viel zu groß und stehen vor, aber für eine Spange – falls sich überhaupt jemand die Mühe machen würde – ist es schon viel zu spät. Meine Figur ist nicht zu beschreiben. Ich habe überhaupt keine. Ich wollte, die Frauen würden lange, lose Kleider tragen, wie Zelte, bis zum Boden hinunter. Vielleicht wäre mir dann wohler in meiner Haut. Und Marina, die so sicher auftritt und so talentiert ist, sorgt natürlich dafür, daß ich nur noch unzufriedener mit mir bin. Sie wirft mir vor, ich sei nicht feminin genug und kein bißchen modebewußt. Aber wo soll ich denn etwas über Mode lernen? Mode ist doch bestimmt etwas, das man erst lernen muß.
Marina sagt, in Australien sind alle Leute ganz verrückt auf Sport, besonders auf Tennis, Schwimmen und Reiten. Seit ich das gehört habe, schwant mir wieder Schlimmes. Aber vielleicht lassen sie mich trotzdem einreisen.

Paris, Samstag, 28. Dezember 1946

Gestern habe ich nicht mehr ans Abendessen gedacht und die Kartoffeln und den Kochtopf anbrennen lassen. Um noch etwas zu retten, habe ich kaltes Wasser in den Topf gegossen, damit die Kartoffeln, die noch ziemlich hart waren, weiterkochen könnten. Es hat furchtbar gezischt und gespritzt, der siedend heiße Dampf hätte mir das Gesicht verbrannt, wenn ich nicht vor Schreck zurückgesprungen wäre – und ausgerechnet in diesem Moment kam Maurice herein. Ich war entsetzt und auf einen Wutausbruch gefaßt, aber zu meiner Überraschung lachte er nur.
Maurice ist der einzige, der sagt, daß ich zur Schule gehen und die Matura machen soll. (Hier heißt das »bachot«.) Andrerseits zwingt er Yves dazu, Kürschner zu werden. Wo Yves doch unbedingt Arzt werden möchte! Sicher, er hat schlechte Noten. Die schlechtesten, die man überhaupt bekommen kann. Er sagt, für die

Schule interessiert er sich nicht – nur für die Medizin. Ständig kauft oder leiht er sich medizinische Lehrbücher. Aber Maurice ist unerbittlich. Nur für Yves hat er sein Geschäft aufgebaut – sagt er – und nur seinetwegen rackert er sich zwölf Stunden am Tag ab. Damit Yves eines Tages das Geschäft übernehmen kann und seine Eltern ihre wohlverdiente Ruhe bekommen. Worauf Yves erwidert, lieber würde er sich umbringen. Und das glaube ich ihm auch.

Paris, Sonntag, 29. Dezember 1946

Wieder in der Präfektur gewesen (gestern) und wieder stundenlang im Korridor gewartet. Wieder Fragen beantwortet. Wieder ein riesiges Formular, das ausgefüllt werden muß. Jetzt brauchen sie jemanden, der beschwört, wer ich wirklich bin. Aber einsperren werden sie mich vielleicht doch nicht.

Es gibt Probleme wegen Marinas Schiff, das Saigon anlaufen soll, aber dort ist Krieg – es ist also nicht sicher, ob sie überhaupt mit diesem Schiff fahren kann. Onkels Abreise aus Polen war für gestern geplant, vielleicht ist er morgen hier. Er wird sicher in der Gare de l'Est ankommen, direkt gegenüber unseren Fenstern. Alles schön und gut, aber ich habe starke Zweifel. Es sähe Onkel so gar nicht ähnlich, auch wirklich zu tun, was er gesagt hat.

Alle streiten sich unentwegt darüber, was ich tun soll. Schule? Französisch lernen? Eine Taschnerlehre? Schneiderin werden? Ich wollte, ich wäre erst zwölf Jahre alt oder schon zwanzig.

Das Wetter ist plötzlich umgeschlagen. Es ist warm und regnerisch. Strahlender Sonnenschein wechselt mit Schauern ab, als ob es schon Frühling geworden wäre.

Marina sagt, ihr Onkel in Australien will nichts mit Einwanderern zu tun haben, schon gar nicht mit Juden – obwohl er doch selber Jude und erst kurz vor dem Krieg nach Melbourne gekommen ist. Seine Freunde sind samt und sonders Engländer und Australier. Marina meint, er muß ein außergewöhnlicher Mensch sein, denn die Australier seien bekannt dafür, daß sie, genau wie die Engländer, nichts für Ausländer übrig haben und sich kaum je mit ihnen anfreunden.

Simone sagt, daß Marina in Melbourne bestimmt wieder heiraten wird und mich dann wohl kaum bei sich haben möchte. Als ich

Marina darauf ansprach, war sie so empört, daß ich mich mindestens fünfmal bei ihr entschuldigen mußte. Trotzdem hat sie es mir noch nicht verziehen. Sie schwört, daß sie nie mehr heiraten wird.
Marina kann manchmal sehr schwierig sein. Sie hat an allem, was ich sage, etwas auszusetzen und lacht mich aus, bis ich schließlich gar nichts mehr sage. Dann behauptet sie, ich sei eingeschnappt, was ein Zeichen von Undankbarkeit sei. Nach all den Sorgen, die ich ihnen hier bereitet, nach all den Ausgaben, die ich verursacht hätte... Ich kann einfach nichts recht machen!

Paris, Dienstag, 31. Dezember 1946

Onkel ist nicht gekommen. Da er auch nicht geschrieben hat, tappen wir völlig im dunkeln. Gestern und heute haben Marina und ich stundenlang auf dem Bahnhof gefroren, während wir auf »seinen« Zug warteten. Höchstwahrscheinlich wird nun auch Marina ihre Abreise verschieben müssen, weil ihr Schiff für den französischen Truppentransport nach Saigon requiriert werden soll.
Was für ein Jahr das gewesen ist! Angefangen hat es für mich ganz alltäglich, in meiner schönen Heimatstadt Kalisch, und zu Ende geht es für mich hier in Paris. Für das neue Jahr habe ich nur einen einzigen Wunsch: daß es mir die Ausreise nach Australien bringt. Und bis dahin ein bißchen Ruhe und Frieden. Es macht mir nichts aus, hart zu arbeiten, aber ich möchte wieder zur Schule gehen und alles lernen, was ich versäumt habe. Ich möchte weder Schneiderin werden noch das Taschnerhandwerk erlernen. Ich habe diese verfluchten sechs Kriegsjahre doch nicht überstanden, um dann mein Leben lang die Launen bornierter Damen zu befriedigen!
Gerade hat draußen jemand so gepfiffen, wie Papa in Warschau gepfiffen hat, wenn Mutter oder ich ans Fenster kommen sollten. Ich bin aufgesprungen und habe hinausgeschaut, aber es war natürlich bloß ein Passant... Ach, Papa, bleib doch bitte noch eine Weile bei mir! Bis ich irgendwo ein Zuhause gefunden habe. Ich habe solche Angst davor, was das neue Jahr bringen wird.

Das neue Jahr begann mit einer Einladung bei Maurice. Auch Adam und Marina waren da. Es gab wieder Austern, aber diesmal

versuchten die anderen erst gar nicht, sie mir schmackhaft zu machen. Aus dem Fleisch quoll das Blut wieder über den ganzen Teller, doch ich lernte allmählich, wenigstens ein bißchen davon zu essen, ohne mir anmerken zu lassen, wie schwer es mir fiel. Ich machte Fortschritte.
Zum Abschluß gab es Champagner und *marrons glacés,* die ich noch nie gegessen hatte und widerlich fand. Wir umarmten und küßten einander, Marina und Simone waren in Tränen aufgelöst. Erst lange nach Mitternacht ging ich mit Marina ins Hotel zurück. Auf den Straßen herrschte reger Betrieb. Autos hupten, überall torkelten Nachtschwärmer herum. Man hatte uns vorsichtshalber gesagt, daß wildfremde Leute uns möglicherweise küssen würden – das sei hier üblich, und man dürfe sich nicht dagegen wehren, weil das nicht nur als schlechtes Benehmen gelte, sondern auch Unglück bringe. Aber wir wurden von niemandem aufgehalten und kehrten ungeküßt ins Hotel zurück.
Am nächsten Morgen stand ich lange am Fenster und schaute zur Bahnhofshalle hinüber. Mehrere Eisenbahner kamen heraus. Sie umarmten sich, küßten einander immer wieder auf beide Wangen und schüttelten sich die Hand. Es schneite leicht, die Flocken waren wie ein Gazevorhang, und die ganze Szene sah unwirklich aus, wie ein Ballett.
Zu Neujahr bekam ich von Maurice, Simone und Yves einen wunderschönen grünen Füllfederhalter. Und von Marina ein Fotoalbum. Ich freute mich sehr, aber es beschämte mich, daß ich ihnen nicht mal eine Kleinigkeit kaufen konnte.
Marina bat mich unentwegt, an Onkel zu schreiben und mich zu erkundigen, wann er endlich kommen würde. Ihr Drängen machte mich stutzig, und allmählich kam mir ein Verdacht: Marina interessierte sich für meinen Onkel. Sollte ich *deshalb* zu ihr nach Melbourne kommen? Damit dann auch mein Onkel nachkäme? War ich der Köder?
Wenn es sich so verhielt, mußte ich sie warnen: Die Sache würde schiefgehen. Bloß um bei mir zu sein, würde Onkel bestimmt nicht nach Melbourne kommen. Du liebe Güte!
Aber ich wußte nicht, wie ich dieses Thema möglichst taktvoll zur Sprache bringen sollte. Da Marina sich immer so viel Mühe gab, uns glauben zu machen, daß sie sich dem Andenken ihres Mannes verpflichtet fühle und daß für eine intelligente, gebildete Frau die

Ehe ohnehin eine Erniedrigung bedeute, würde sie vielleicht schon eine Andeutung in dieser Richtung als schwere Kränkung empfinden...

Freitag, den 3. Januar, erhielt Marina die Nachricht, daß ihr Schiff tatsächlich für den Truppentransport nach Saigon benützt werden sollte. Für sie bedeutete das eine lange Verzögerung. Sie beschloß, Freunde in Italien zu besuchen. Da Yves mittlerweile ins Internat zurückgekehrt war, sollte ich in seinem Zimmer – dem mit den vielen Pelzen – einquartiert werden.

Und arbeiten sollte ich jetzt auch – in Herrn Burstins »Atelier«, wo Damenhandtaschen und Gürtel angefertigt wurden.

Marina begleitete mich zu meinem künftigen Arbeitgeber. Wie Maurice war auch Herr Burstin vor dem Krieg aus Polen eingewandert und mit einer Französin verheiratet. Er hatte eine kleine Werkstatt und bisher noch keinen Lehrling. Um Maurice einen Gefallen zu tun, erklärte er sich bereit, mich kostenlos auszubilden.

»Wenn du ein nützliches Handwerk erlernst, kannst du wirklich unabhängig werden«, sagte Marina. »Vielleicht eröffnen wir gemeinsam eine Werkstatt – in Australien.«

»Soll ich denn nicht mehr zur Schule gehen?«

»Wozu denn? Schau mich an! Ich habe an der Warschauer Universität *zwei* akademische Grade erworben. Ich wollte, ich wäre statt dessen Damenschneiderin geworden.«

Das einzig Erfreuliche an diesem Tag war, daß ich von der Präfektur eine Aufenthaltsgenehmigung für sechs Monate und die mir zustehenden Lebensmittelkarten und Bezugsscheine erhielt. Ich war wieder legal! Der Mann, der mir das kostbare Dokument übergab, las aus einer Akte eine lange Rede vor, schüttelte Simone die Hand und tätschelte mir die Wange. »Tu das nie wieder!« ermahnte er mich, und ich versprach, es nie wieder zu tun. Simone sagte immerzu: »*Merci, Monsieur, merci mille fois, merci infiniment, merci toujours*« – bis wir draußen waren.

5

Montag, den 6. Januar, fing ich bei Herrn Burstin zu arbeiten an. Von acht Uhr morgens bis sechs Uhr abends. Ich saß in dem muffigen Raum, den er als »Atelier« bezeichnete, und klebte mit einem übelriechenden Leim Lederteile aneinander. Ein Topf mit diesem gräßlichen Zeug stand brodelnd auf dem kleinen eisernen Ofen in der Ecke. Auf einem hohen Hocker am Arbeitstisch sitzend, stanzte ich Löcher in Ledergürtel und versuchte, an den Längsrändern mit einer erhitzten Messerklinge gerade Linien zu ziehen. An diesem ersten Arbeitstag tat mir nachmittags der Arm so weh, daß ich ihn kaum mehr bewegen konnte. Und plötzlich liefen mir die Tränen herunter. Zum Glück war Herr Burstin weggegangen. Ich legte den Kopf auf den verschmutzten Arbeitstisch und schluchzte. Marina hatte gut reden, wenn sie mir bei jeder Gelegenheit einhämmerte, daß die Pariser Mode und eine Lehrzeit in Paris mir zu meinem Glück verhelfen würden. Nur *dafür* (so sagte ich mir immer wieder) konnte ich diesen ganzen Krieg doch nicht überstanden haben...

Zur Feier meines ersten Arbeitstages führte mich Marina zum Abendessen aus. Ich ließ mich überreden, eine ganze Portion Miesmuscheln zu essen. Zu meinem Erstaunen fand ich sie delikat. In der Nacht jedoch schreckte ich aus einem Alptraum hoch. Tausende von amerikanischen M.P.-Jeeps waren vorwärts und rückwärts über mich hinweggerollt. Vor Schmerzen stöhnend, stand ich dann plötzlich in einem Klassenzimmer, in dem an jedem Pult eine Mona Lisa saß. Das volle, gelbliche Gesicht mit dem süßlichen, geheimnisvollen Lächeln bewegte sich vor mir auf und ab, bis mir schwindlig wurde. Reihenweise Mona Lisas, eine genau wie die andere und alle fast durchsichtig... Ich stand auf und übergab mich, dann weinte ich mich wieder in den Schlaf.

Am nächsten Tag bekam ich einen Brief von Margareta. »Laß Dich von keinem dazu drängen, zur Arbeit zu gehen«, schrieb sie mir. »Wenn Du einmal damit angefangen hast, wirst Du nie mehr zur Schule gehen, und dann kannst Du Dir die Universität aus dem Kopf schlagen. Stell Dir vor, wie Dir in ein paar Jahren zumute sein wird, wenn wir uns alle wiedersehen!«

Jetzt war es mir fast schon recht, daß sich zwischen meinen Freundinnen und mir allmählich eine Kluft auftat.

Paris, Montag, 13. Januar 1947

OPEJ, die jüdische Organisation, an die sich Simone um meinetwillen gewandt und die mir vor einigen Wochen tausend Francs gegeben hat, scheint sich für mein weiteres Schicksal zu interessieren. Sie will mich einer Eignungsprüfung unterziehen lassen, um mir dann eventuell eine Berufsausbildung zu ermöglichen. Ich habe keine Ahnung, was damit gemeint ist. Jedenfalls aber habe ich mich dank der erneuten Hilfsbereitschaft dieser Organisation in der Alliance Française einschreiben können. Endlich werde ich Französisch lernen.
Zu meiner großen Erleichterung hat Herr Burstin erklärt, er könnte vorläufig auch ohne mich auskommen. Die Zeiten seien schwierig, und im Ledergeschäft sei jetzt die »tote Saison«. Vielleicht im Frühjahr...
Meine Stimmung hat sich sehr gebessert, obwohl ich aus dem »Terminus Est« in das winzige, mit Pelzen vollgestopfte Zimmer bei Maurice umziehen muß. Bevor ich ausziehe, werde ich noch einmal ein ausgiebiges Bad nehmen.
Gestern abend, als ich auf die Métro wartete, sah ich plötzlich Lilka und Anna auf dem Bahnsteig gegenüber stehen. Ich rief zu ihnen hinüber, sie riefen zurück. So laut, daß es im ganzen Bahnhof zu hören war, schrie ich ihnen die Adresse von Maurice zu, worauf die beiden mir ebenso lautstark ihren Besuch ankündigten. Dann kam der Zug, und Marina, die über unseren Radau wütend war, zerrte mich hinein.

Als ich zum ersten Mal in die Alliance Française ging, begleitete mich Marina bis zur Tür des Klassenzimmers. Wir hatten uns verspätet, die Tür war bereits geschlossen. Mich befiel eine an Panik grenzende Scheu. Ich brachte es einfach nicht fertig, diese Tür zu öffnen, einer fremden Schulklasse und einer Lehrerin gegenüberzutreten, der ich nicht erklären konnte, weshalb ich zu spät kam. »Wir sollten lieber gehen und morgen wiederkommen«, flüsterte ich. Marina riß die Tür auf, schob mich hinein, rief der Lehrerin etwas Unverständliches zu, lachte nervös und knallte die Tür zu. Ich wankte blindlings zum nächsten freien Stuhl und starrte bis zum Ende der Unterrichtsstunde unentwegt auf meine im Schoß zusammengekrampften Hände.

Am Abend besuchten mich Lilka und Anna bei Maurice und blieben zum Essen. Sie waren zur Zeit gemeinsam mit anderen jungen Leuten, die alle auf die Abreise nach Palästina warteten, auf einem Bauernhof nahe der Pyrenäen einquartiert. Es war eine Art Vorbereitung auf das Leben im Kibbuz. Den meisten Jugendlichen, die in Frankreich Verwandte hatten, war es gelungen, sich heimlich abzusetzen. Was meinen Koffer betraf, so wußten Lilka und Anna nur, daß man ihn ins Büro des Heimleiters gebracht hatte.
»Lilka hat sich verändert«, schrieb ich in mein Tagebuch. »Sie ist stark geschminkt, raucht wie ein Schlot und hat zugenommen.« Im Flüsterton vertraute sie mir an, daß sie sich wahnsinnig in jemanden auf dem Bauernhof verliebt habe, ihn aber wegen einer »Tragödie« nicht heiraten könne. Näheres wollte sie mir nicht erzählen.
Marina mißfielen beide. Lilka, so erklärte sie, segle offenbar unter falscher Flagge. Sie sei in Wirklichkeit etliche Jahre älter als sechzehn, außerdem färbe sie sich die Haare. Ich widersprach. In Zabrze hatte ich Lilka oft die Haare gewaschen, und mir war dabei nie aufgefallen, daß der Haaransatz dunkler gewesen wäre. Mein Schamgefühl hinderte mich daran, hinzuzufügen, daß ich Lilka auch schon nackt gesehen hatte und daß sie am Körper ebenfalls blond behaart war.
Marina über Anna: »Die sollte wirklich bald heiraten. Sie hat so breite Hüften – sie braucht einen Mann und Kinder.« Diese rätselhafte Bemerkung wollte sie nicht näher erläutern. Sie nickte nur und hüllte sich – ausnahmsweise – in Schweigen. Das einzige, was ich darüber noch von ihr zu hören bekam, war: »Eines Tages wirst du verstehen, was ich meine.« Ich kam zu dem Schluß, daß »breite Hüften« und »großer Busen« zu den vernichtendsten Ausdrücken in Marinas Wortschatz zählten. Sie bezeichneten etwas Vulgäres und unaussprechlich anstößige Gelüste. Beides paßte ganz und gar nicht zu unserer sanften Anna.
Zu meiner zweiten Unterrichtsstunde in der Alliance Française ging ich allein, war pünktlich dort und stellte, zu meiner Beruhigung, schon bald fest, daß die anderen Schülerinnen offenbar auch nicht besser Französisch konnten als ich. Die Lehrerin, eine ältere Frau, hager und grauhaarig, sprach langsam und deutlich. Zu meiner Freude konnte ich fast jedes Wort verstehen.
»Ich habe mir fest vorgenommen, so gute Fortschritte zu machen,

daß ich dortbleiben darf, auch wenn ich wieder bei Herrn B. arbeiten muß«, schrieb ich in mein Tagebuch.

Maurice allerdings war skeptisch. Er hatte mir ein winziges polnisch-französisches Wörterbuch gegeben und mir empfohlen, jeden Tag eine Seite auswendig zu lernen. »Das genügt. So habe *ich* Französisch gelernt, als ich hierher kam – und schau mich jetzt an! Ich kann mich mit den gebildetsten Leuten dieses Landes unterhalten. Wenn man erst mal die Wörter versteht, kommt der ganze grammatikalische Kram ganz von selbst dazu.«

Ich konnte das nicht so recht glauben, wagte aber nicht, Zweifel an seiner Behauptung zu äußern. Er war ein so netter, freigebiger und amüsanter Mensch. Ich war in puncto Wohnung und Lebensunterhalt völlig auf ihn angewiesen. Freigebig war er auch gegenüber meinen Freundinnen. Für Lilka und Anna zum Beispiel bereitete er eines seiner »speziellen« Diners zu, und es freute mich, daß sie allem, was er servierte, tüchtig zusprachen, auch dem blutigen Fleisch.

Ich hatte ihn um Rat wegen meines unglückseligen Wintermantels gebeten, unter dem sich nach wie vor mein Kleid hochschob, und Maurice hatte gebrüllt vor Lachen. »Dieser Schneider hat bestimmt nichts von Pelzen verstanden. Er hat die Felle verkehrt herum eingenäht, und weil die Haare in die falsche Richtung verlaufen, schiebt der Pelz dein Kleid hoch. Da bleibt nichts anderes übrig, als die Felle richtig herum einzunähen.« Er versprach, die Sache in Ordnung zu bringen, sobald er Zeit dafür hätte, und erzählte mir, daß ihm, als er noch ein Anfänger in diesem Gewerbe war, der gleiche Fehler unterlaufen sei, und zwar bei einem Mantel, den eine Tänzerin der »Folies Bergère« bestellt hatte. Eines Tages, als gerade viel Kundschaft im Laden war, kam sie in ihrem neuen Mantel herein. »Monsieur, sehen Sie mal, was Sie angerichtet haben!« Sie machte den Mantel auf. Ihr Kleid war bis zu den Achselhöhlen hinaufgerutscht, und darunter war sie splitterfasernackt.

Paris, Dienstag, 14. Januar 1947

Ein verrückter Tag. Mein Wecker ist stehengeblieben. Es ist ein alter Wecker, den Simone irgendwo entdeckt hat; er ist nie richtig gegangen. Weil ich Angst hatte, zu verschlafen und zu spät zum

Unterricht in die Alliance zu kommen, schlief ich fast die ganze Nacht nicht. Ich wachte im Stockdunkeln auf und sah aufs Zifferblatt: 7 Uhr 30! Entsetzt sprang ich aus dem Bett. Es wunderte mich allerdings ein bißchen, daß meine Verwandten noch schliefen. In ein paar Minuten war ich fertig. Ich wollte gerade weggehen, als Simone aus dem Schlafzimmer kam. »Um Himmels willen, wo willst du denn hin? Die Métro fährt doch um diese Zeit noch nicht.« Ich sah auf Simones Uhr. Es war erst vier. Zurück ins Bett.

Unruhig döste ich bis sieben Uhr vor mich hin. Stand auf, ging weg. Fuhr zur Alliance. Wieder eine Überraschung: Alles war dunkel, die Rolläden waren heruntergelassen. Ging wieder in die Métrostation, wo es wenigstens warm und trocken war, und betrachtete eine Weile den Stadtplan – obzwar ich nicht gern allein herumstehe, weil dann immer irgend jemand versucht, sich mit mir zu unterhalten. Ich hatte kein Geld, um in ein Café zu gehen; aber das hätte ich ohnehin nicht gewagt. Schließlich kehrte ich zur Schule zurück. Immer noch geschlossen. Ich läutete. Mußte lange warten, dann öffnete eine fette, schlaftrunkene Dame im Morgenrock die Tür, ohne die Sicherheitskette auszuhängen, nuschelte etwas, das ich nicht verstand, und machte wieder zu. Ich ging zurück zur Métro, wo ich eine Uhr entdeckte. Es war erst acht. Dann lief ich auf dem Boulevard Raspail auf und ab, bis neun Uhr, als der Eingang endlich aufgesperrt wurde.

Die Lehrerin möchte mich in eine höhere Klasse überweisen, aber das habe ich abgelehnt. Mir gefällt es hier, es tut so gut, wirklich zu verstehen, was gesagt wird. Ich glaube nicht, daß ich es in einem Kurs für Fortgeschrittene schaffen würde. Und ich möchte einfach nicht in eine neue Gruppe. Bisher habe ich noch mit niemandem in meiner Klasse gesprochen, obzwar wir einander zulächeln und dank der Namensverlesung wissen, wie die anderen heißen.

Zu Hause fand ich zwei Briefe vor, einen von Agatha, einen vom Onkel. Er hat es nicht eilig, Polen zu verlassen. Nächsten Monat könnten wir ihn hier erwarten. Vielleicht.

Agathas Brief ist voller erhebender Gedanken: *Sursum corda,* rät sie mir, und *nil desperandum.* Ja, ja, auch ich habe früher einmal *Gaudeamus igitur* gesungen, aber ich finde nicht, daß es zur Zeit viel Grund zum Fröhlichsein gibt.

Paris, Freitag, 17. Januar 1947

Ich habe einen nagelneuen Wecker, der bestimmt das ganze Haus aufweckt, wenn ich ihn das nächste Mal einstelle. Er klingt wie Feueralarm. Simone braucht ihn nicht. Sie ist jeden Morgen auf, wenn's noch dunkel ist. Schlotternd vor Kälte zieht sie sich an, dann kümmert sie sich, noch ganz schlaftrunken, ums Frühstück. Ich kleide mich wegen der gräßlichen Kälte unter der Bettdecke an, tauche einen Finger ins eiskalte Wasser und streiche mir damit übers Gesicht, dann fahre ich mit dem Kamm durch meine Vogelnestfrisur und flitze in die *boulangerie* gegenüber, die zu dieser Tageszeit strahlend beleuchtet ist, wie ein Königsschloß. Ein ganz erstaunlicher Laden ist das, mit vielen Spiegeln und weißgrauem Marmor. Immer muß man dort Schlange stehen. Ich kaufe eine Baguette – knusprig, warm und kanariengelb, weil Maismehl dafür verwendet wird –, dann renne ich heim. Hinter den meisten Fenstern brennt schon Licht. Der Kaffee wird in einer braunen Teekanne serviert. Es gibt darüber einen komplizierten Familienwitz, den ich bisher noch nicht verstanden habe. Wir trinken aus Porzellanschalen, Maurice und Simone tunken ihr Butterbrot hinein. Dann gehen sie in den Laden hinunter. Ich spüle das Geschirr, räume die Wohnung auf und sause los, in die Alliance. Einigermaßen warm und behaglich fühle ich mich erst, wenn ich in der Métro bin. Da könnte ich stundenlang sitzen, die warmen Gerüche einatmen, lesen oder bloß vor mich hindösen. Jeden Morgen wache ich mit Kopfschmerzen auf. Das kommt von dem Zeug, das Maurice zum Schutz gegen Motten auf die Pelze streut. Ob es sie wirklich umbringt, oder ob sie bloß Kopfweh davon bekommen?

Paris, Montag, 20. Januar 1947

Gestern abend fand wieder ein Familien-Diner statt, diesmal zur Begrüßung von Maurices jüngerem Bruder, der mit seiner Frau aus Deutschland eingetroffen ist. Die ganze Aufregung und die Vorfreude auf seine Ankunft sind mir entgangen, bloß weil ich nicht verstanden habe, was geredet wurde! Jack ist einige Jahre jünger als Maurice. Sie sind sechs Brüder und sechs Schwestern gewesen, Maurice und Anna (Adams Mutter) waren die Ältesten.

Jack sieht ein bißchen wie Humphrey Bogart aus: klein, schlank, dunkle Haare, engstehende Augen und ein schiefes Lächeln. Er hat vorstehende Zähne und – obwohl er kein wirklich gutaussehender Mann ist – sehr viel Charme. Lena, seine Frau, ist eine sehr schlanke Blondine, gut einen Kopf größer als er. Ihre Haare sind so hell, daß sie fast weiß wirken, aber gefärbt sind sie ganz bestimmt nicht. Sie hat große blaue Augen, eine Stupsnase und einen kleinen Mund. Sie ist schüchtern, bescheiden und überglücklich, in Paris und endlich wieder mit ihrem Mann vereint zu sein. Die beiden waren mir sofort sympathisch.

Lena und Jack haben bei Kriegsausbruch geheiratet und sind kurz darauf getrennt worden. Jack, Anna, Georg (Annas Mann) und Adam wurden nach Sibirien deportiert. Irgendwie ergab es sich dann, daß nur Jack in die Sowjetarmee eingezogen wurde. Als Kriegsverletzter wurde er zur Erholung in den Süden geschickt. Er floh, schlug sich in Richtung persische Grenze durch und schloß sich dann der von General Anders befehligten polnischen Armee an. Er kämpfte in Italien und Nordafrika, wurde nochmals verwundet und traf in einem ägyptischen Lazarett Anna wieder, die dort als Krankenschwester arbeitete. Georg, der ebenfalls an diesen Feldzügen teilgenommen und außerdem in Monte Cassino gekämpft hat, überstand den Krieg unversehrt.

Lena, die in Polen geblieben war, zog nach Warschau, wo sie sich kümmerlich durchschlug, meist als Kellnerin. Wegen ihrer blonden Haare wurde sie nicht für eine Jüdin gehalten, obzwar sie schon einmal verhaftet wurde. Die polnische Polizei, die herausfinden wollte, ob Lena als »arisch« einzustufen sei, forderte sie auf, das Vaterunser zu beten, und stellte ihr knifflige Fragen, zum Beispiel: »Wie viele Knöpfe hat eine Priestersoutane?« Außerdem schnitt man ihr eine Haarsträhne ab, die dann untersucht wurde. Als man nichts nachweisen konnte, wurde Lena freigelassen.

Nach Kriegsende hielt sich Jack, gemeinsam mit Anna, Georg und Adam, in England auf. Es gelang ihm, durch das Rote Kreuz Verbindung mit Lena aufzunehmen, aber bis vor kurzem hatte sie keinerlei Möglichkeit, Polen zu verlassen. Erst Anfang des Jahres ergab sich für sie eine Gelegenheit, nach Deutschland zu gelangen. Und dann war es endlich soweit: Nach acht Jahren waren sie und Jack wieder beieinander. Und in Paris! Maurice hatte ihnen eine kleine, auf halber Höhe des Montmartre gelegene Wohnung be-

sorgt. Das war vor zwei Monaten. Seitdem hatten sich die beiden nicht mehr blicken lassen. »Sie müssen einander erst wieder richtig kennenlernen«, sagte Maurice. Und Simone sagte lachend: »Paris ist die Stadt der Liebenden.«
Das Diner war herrlich. Ausnahmsweise wurde die Unterhaltung auf polnisch geführt, weil weder Lena noch Jack Französisch kann. Später war die Stimmung gedrückt, weil die meisten, von denen wir sprachen, tot sind. Und wie wird die Zukunft aussehen? Jack könnte nach England zurückgehen, aber das möchte er nicht. England, erklärte er uns, sei ein kaltes Land, dessen kalte Einwohner auf Ausländer herabsähen. Sie seien von einem Überlegenheitsgefühl ganz eigener Art durchdrungen – fälschlicherweise allerdings, wie sie den vielen Ausländern, die überall auf der Welt an ihrer Seite gekämpft hatten und jetzt von ihnen verächtlich und mißtrauisch behandelt wurden, nur zu deutlich bewiesen hätten. Aber wohin auswandern? »Trinken wir auf unser Wiedersehen in Australien! Nächstes Jahr in Melbourne!« Wir tranken einander zu.
»Na, Maurice, und du?« Maurice hob sein Glas. »Warum nicht? Ich auch! Die ganze Familie in Melbourne!« – »Ohne mich!« sagte Simone, die zumindest diese paar Sätze verstanden hatte.

Meine neuentdeckten Verwandten waren genauso kinobegeistert wie ich, also gingen wir drei gleich am nächsten Tag in einen alten Vorkriegsfilm mit Marta Eggerth: *The Unfinished Symphony [Leise flehen meine Lieder]*. Die Handlung war uns unwichtig – Hauptsache, wir waren beieinander.
Täglich verstärkten sich die Gerüchte, daß bald ein neuer Krieg ausbrechen werde. »Rußland gegen Amerika – wegen Polen«, erklärte Jack. »Und diesmal wird niemand in Europa davonkommen – wegen der Atombombe.«
Seit ich bei meinen Verwandten wohnte, bekam ich die heftigen Auseinandersetzungen mit, die sie fast täglich miteinander hatten und die mich um so mehr erschreckten, als ich immer noch nicht ergründen konnte, worum es dabei ging.
Die meiste Zeit verbrachte ich jetzt bei Lena, in ihrer winzigen Wohnung. Das frisch getünchte Zimmer war sonnig und sehr warm. Es befand sich im fünften Stock (kein Fahrstuhl) eines jener Häuser, die mit ihrem abblätternden gelben Verputz so aussahen,

als ob sie von einer Hautkrankheit befallen wären. Aber durch die beiden hohen, schmalen Fenster strahlte die Sonne, und der kleine eiserne Ofen, auf dem Lena kochte, verbreitete viel mehr Wärme als die Zentralheizung in Maurices Wohnung. Lena hatte aus einem Stoffrest, den sie an einem Marktstand gekauft hatte, Vorhänge genäht. Simone steuerte eine große Tischlampe bei, die, ebenso wie das Bügeleisen und der Radioapparat, an der Deckenlampe angeschlossen werden mußte. Lena borgte sich eine uralte Nähmaschine und hoffte, Aufträge für Heimarbeit zu bekommen. Jack versuchte, in Paris Arbeit zu finden. Ohne Arbeitserlaubnis und Französischkenntnisse waren die Aussichten schlecht, doch nichts konnte Jacks Zuversicht dämpfen, nichts konnte der Liebe, die ihn mit Lena verband, etwas anhaben.

Ich sah Lena fasziniert zu, wenn sie – Jacks Rasierspiegel vor sich auf dem Tisch – ihr Gesicht zurechtmachte. Für ihre normalerweise fast unsichtbaren Wimpern und Augenbrauen benützte sie schwarze Tusche, die sie mit Spucke flüssig machte und mit einem Bürstchen sorgfältig auftrug, sowie einen schwarzen Stift, mit dem sie sich kühngeschwungene Bögen über die Augen malte. Sie war so kurzsichtig, daß sie, sobald sie die Brille abnahm, um Augen-Make-up aufzulegen, mit der Nase an den Spiegel stieß.

Dann bürstete sie ihr seidenweiches Haar, bis es sich, wie ein Heiligenschein, duftig um ihren Kopf bauschte, tupfte sich ein paar Tropfen »Jean-Marie Farina« hinter die Ohren und schminkte sich die gespitzten Lippen mit einem blaßrosa Lippenstift. Mit den stark schattierten Augenlidern klimpernd, überprüfte sie dann das Ergebnis. Jetzt konnte sie der Welt gegenübertreten. Ich betrachtete sie mit unverhohlener Bewunderung. Die Idee, mich zu schminken, war mir noch nie gekommen, aber ich bewunderte die Kunstfertigkeit, die es erforderte, einen Durchschnittstyp wie Lena in fast so etwas wie einen Filmstar zu verwandeln.

Im Kino am Boulevard Barbès sahen wir drei uns einen Abenteuerfilm mit Douglas Fairbanks jr. an. Zu meiner ungeheuren Überraschung stellte ich fest, daß Douglas Fairbanks, den ich in Zabrze in *Gunga Din* gesehen hatte, kein Schwarzer (wie in diesem Film), sondern der weiße Mann mit dem Schnurrbart war. Wieder einmal war ich hin und her gerissen, nämlich zwischen Fairbanks, Flynn und Howard, und jeder neue Film, in dem einer von ihnen spielte, verschlimmerte mein Dilemma. Lena amüsierte sich dar-

über. In wen ich verliebt sei, wollte sie wissen. »Hab' ich dir eben erst gesagt...«, maulte ich. »Nein, du Schäfchen, ich meine doch im wirklichen Leben.« Ich war entgeistert. Mich in einen Mann zu verlieben – diese Vorstellung war einfach lachhaft. Keiner, der mir jemals begegnet war, hatte auch nur die entfernteste Ähnlichkeit mit den schneidigen, mutigen, schlagfertigen und zartfühlenden Kinohelden. Wie könnte ich mich jemals für einen Mann interessieren, der ihnen nicht das Wasser reichen konnte?
»Ist es Adam?« bohrte Lena weiter. Ich konnte sie davon überzeugen, daß ich nicht in Adam verliebt war.
»Oder vielleicht Yves?« Sie ließ nicht locker. Ich beteuerte ihr, ich hätte meinen französischen Cousin doch nur flüchtig kennengelernt. Lena wollte einfach nicht glauben, daß ich keinen Liebeskummer hatte. In meinem Alter nicht verliebt zu sein – das sei nicht normal.

Paris, Freitag, 31. Januar 1947

Auf einmal kommen alle so ganz nebenbei auf mein Alter zu sprechen. In meinem Alter – meint Marina – sei man schon zu alt für die Schule. Folglich müßte ich zur Arbeit gehen. Ich könnte nicht erwarten, daß mir jemand hilft oder mich finanziell unterstützt – weil die Leute sich dann Gedanken machen würden. Was für Gedanken?
In meinem Alter – meint Lena – müßte ich verliebt sein, am besten in den Mann, den ich einmal heiraten werde. Andernfalls würden es die Leute komisch finden. Wer sind sie eigentlich, diese Leute, die sich anscheinend so sehr für mein Leben interessieren und so erpicht darauf sind, Kritik an mir zu üben? Welches Recht haben sie auf mich? Und wer sagt, daß sechzehnjährige Mädchen dies und das tun müssen? Plötzlich bin ich fast schon zu alt, um Pläne zu machen und etwas Neues anzufangen. Aber die Zeit hat keine Grenzen, sie hört niemals auf. Es kommt nur darauf an, was man mit ihr machen und wie gut man sie nützen will – vorausgesetzt natürlich, man hat die Chance dazu. Aber wenn ich meinen Verwandten glauben soll, ist meine Zeit schon fast vorbei.

»Irgendwie warten wir alle darauf, daß die Vorsehung uns die Entscheidung abnimmt«, hatte ich tags zuvor geschrieben. »Glückliche Marina! Ihr kommen niemals Zweifel. Hat sie sich einmal etwas vorgenommen, dann tut sie's auch. Sogar Schiffe ändern ihren Kurs, um sie an ihr Ziel zu bringen.«

Die Vorsehung hatte mich offenbar erhört und griff ein. Jack wurde das australische Visum verweigert. Er war niedergeschmettert. Lena weinte. Allem Anschein nach hatten die beiden ihre ganze Hoffnung darauf gesetzt, in Australien ein neues Leben zu beginnen. Lena wollte nicht länger in dieser Wohnung bleiben. Ein Loch sei das! Wenn sie schon auf unbestimmte Zeit in Paris bleiben müßten, dann wollte sie eine anständige Wohnung haben, mit Küche, Bad, Warmwasseranschluß, Toilette und Zentralheizung. Sie sei doch nicht nach Paris gekommen, um in einem Elendsviertel zu hausen. Jack wandte ein, er hätte nicht einmal genug, um die jetzige Miete zu zahlen. Es kam zu einer heftigen Auseinandersetzung, und ich zog mich erschreckt in die Ecke zurück, in der Jacks Radio stand, das meist auf den Sender BBC eingestellt war. Das kleine Zimmer war von Musik durchflutet. Jemand sang *At the Balalaika*. Das Lied, dem ich in den Sommernächten des Jahres 1939, im Landhaus in Kreuzwege, so hingerissen gelauscht hatte. Auf der anderen Seite jener Schallplatte war das Lied *Harbour Lights*...

Plötzlich lag ich schluchzend auf dem Diwan. Jack und Lena hörten zu streiten auf und versuchten, mich zu trösten. Sie glaubten, ich hätte ihretwegen die Fassung verloren, aber ich weinte, weil dieses Lied alles, was ich vergessen zu haben glaubte, zurückgebracht hatte. Das alles lag ja erst acht Jahre zurück. So lange schon? Genau die Hälfte meines Lebens. Ich hatte versucht, es zu verdrängen, nie mehr darüber zu sprechen, nicht mehr daran zu denken, es ein für allemal aus meiner Erinnerung zu verbannen – und plötzlich brachte ein abgedroschenes, sentimentales Lied das alles mit solcher Intensität zurück, daß ich mich nicht mehr zur Wehr setzen konnte.

Paris, Samstag, 1. Februar 1947

Es ist wieder kalt geworden. In der Wohnung ist es den ganzen Tag über düster und eiskalt. Die Alliance ist für mich der einzige helle, freundliche, warme Aufenthaltsort, aber leider gehe ich nur dreimal in der Woche hin. Trotz der Kälte werden an den Straßenständen Blumen verkauft. Rote und rosa Nelken und herrliche Mimosen, meine Lieblingsblumen. Marina sagt, die Kombination von Rosa und Gelb verletze ihr ästhetisches Empfinden. Mich stört diese Mischung überhaupt nicht, aber ich habe eben, wie Marina mir oft genug sagt, keinen Schönheitssinn. »Sie kann nichts dafür, die Arme – so etwas muß einem angeboren sein«, hat sie ihren Freunden erklärt, als ob ich gar nicht im Zimmer gewesen wäre. »Aber bedauerlich ist es trotzdem. Zumal bei einer Frau.« Ihr sei (wie sie mir bei ihrer Abschiedsfeier sagte) nie zuvor ein so unweibliches Mädchen wie ich begegnet. Mir fehle der Sinn für exquisite Dinge – wie zum Beispiel die unzähligen Taschentücher, Krägen und Manschetten, die sie eigenhändig umsäumt und bestickt hat, und die von ihr selbst entworfenen, raffinierten Kleider, die sie sich vor ihrer Abreise von einer polnischen Schneiderin nähen ließ. An all diesen Falten, Biesen und Passepoils muß die Schneiderin wochenlang gearbeitet haben.

Kein Mann, so erklärte sie mir, würde sich nach einer Frau umdrehen, die so wenig Wert auf ihr Äußeres lege und so linkisch und ungraziös sei wie ich. Ein Mann erwarte von einer Frau, daß sie sein Dasein, dem es so oft an Schönheit mangle, verschöne. In dieser Hinsicht sei ich ein hoffnungsloser Fall. Unter Marinas schonungslos kritischen Blicken wurde ich mir meiner Unzulänglichkeit schmerzhaft bewußt. Doch obwohl sie ständig an mir herumnörgelte und ich mich von ihr gedemütigt fühlte, hörte ich nicht auf, sie zu bewundern. Ich sah ein, daß vieles, was sie an mir auszusetzen hatte, den Tatsachen entsprach, und ich hoffte, ihr eines Tages vielleicht ein bißchen ähnlicher zu werden.

»Wenn sie sich bloß nicht so abfällig über meine Freude am Lesen äußern würde!«, schrieb ich in mein Tagebuch. »Ich muß Zeit zum Schreiben und Nachdenken haben, doch Marina sagt, das sei eine ungesunde Einstellung, die zu Marasmus und Wahnsinn führen kann. Ich weiß nicht, was Marasmus ist, aber ich bin überzeugt, daß es mich wahnsinnig machen würde, wenn ich nicht mehr träumen und darüber schreiben dürfte.«

Paris, Samstag, 8. Februar 1947

Marina ist gestern abgereist. Wir haben sie zum Bahnhof begleitet. Auf dem Bahnsteig herrschte großes Gedränge. Als sich der Zug in Bewegung setzte, hatte ich das komische Gefühl, daß *ich* mich bewegte und alles um mich herum stillstand. Marina hat mir ihr Bügeleisen dagelassen, ein Paar Schuhe und einige Kleiderbügel. Sie und Simone und Lena waren in Tränen aufgelöst. Ich konnte einfach nicht weinen. Aber ich werde Marina vermissen. Ich weiß nicht, wann ihr Schiff in Port Said sein wird und wie lange die Fahrt nach Batavia, dem nächsten Anlaufhafen, dauert. Ich glaube, ich fange gleich heute an, ihr einen Brief zu schreiben. Seit Marina fort ist, kommt es mir wahrscheinlicher vor, daß auch ich abreisen werde. Wie schade, daß sie Onkel nicht mehr getroffen hat! Er hat lange nichts mehr von sich hören lassen. Ob er sich's wieder einmal anders überlegt hat?

6

Ein paar Tage später durfte ich mit Simone zum Einkaufen gehen. Zu meiner Überraschung kaufte sie nur Sachen für mich. Als wir später in einem Café saßen, teilte sie mir ganz beiläufig mit: »Wir fahren nächste Woche in Urlaub. Da du nicht allein in der Wohnung bleiben kannst, habe ich dich in einem sehr netten Internat angemeldet. Es ist ganz in der Nähe, gleich hinter dem Boulevard Barbès. Du kannst dort Französisch lernen und an allen Kursen teilnehmen, die dich interessieren – du brauchst also nicht mehr in die Alliance zu gehen. Du wirst morgen im Internat erwartet.«

Mir verschlug es die Sprache. Am Sonntag machten wir uns mit einem kleinen Koffer auf den Weg. Der erste Eindruck war schlimm. Ein altes graues Haus, entsetzlich kalt und nicht besonders sauber. Das Badezimmer war zugesperrt. Man dürfe zweimal in der Woche baden, erklärte man uns. Für Bäder müßte extra bezahlt werden. Die meisten Schülerinnen nähmen alle vierzehn Tage ein Bad.

Geleitet wurde das Internat von vier ältlichen Demoiselles, die alle schwarz gekleidet und körperlich behindert waren. Die eine lispelte und sabberte, die andere schielte, die dritte hinkte, die vierte war bucklig und ging am Stock. Es war ein katholisches Internat, das eine Hauskapelle hatte und regelmäßig von einem Priester besucht wurde. Ich war beunruhigt, weil ich nicht wußte, was Simone der Directrice bezüglich meiner Konfession gesagt hatte, und wie ich mich verhalten sollte. Ob man erwartete, daß ich zur Messe ging?

Nur zwei Schülerinnen waren in meinem Alter. Die anderen waren jünger. Die Kinder waren nett und laut und gaben sich alle Mühe, sich verständlich zu machen und mich zum Lachen zu bringen. Als ich in dem eiskalten Schlafsaal – in dem die Kopfenden der Betten so dicht aneinandergerückt waren, daß man sich kaum hindurchzwängen konnte – meine Habseligkeiten auspackte, guckten sie sich jedes Stück genau an und machten allerlei unverständliche Bemerkungen. Genau wie im Kloster, dachte ich.

Wieder in einer Anstalt! Plötzlich bin ich wieder eine Gefangene! Und diesmal kann ich nicht einmal mit den anderen reden.

In dem schmalen Bett wälzte ich mich schlaflos von einer Seite auf die andere. Statt eines Kopfkissens hatte ich hier nur eine harte

Rolle, eine Art Polster, an das ich mich nicht gewöhnen konnte. Und sämtliche Fenster waren geschlossen. Mein Versuch, das Fenster in der Nähe meines Bettes zu öffnen, rief entsetzten Protest hervor. Offenbar hielt man die Nachtluft für etwas schrecklich Gefährliches. Die Kälte, der Mief (und die Verzweiflung) hielten mich bis zum Morgengrauen wach.

Paris, Dienstag, 11. Februar 1947

Mein größter Wunsch: niemals jemandem verpflichtet zu sein. Möglichst bald unabhängig und selbständig zu werden. Lieber möchte ich allein leben als immer wieder woandershin abgeschoben werden, ohne daß man mich fragt, ob es mir recht ist oder nicht, ohne daß man mir vorher etwas davon sagt – wie es mir diesmal passiert ist, wie es mir passiert ist, solange ich zurückdenken kann. Ich möchte nicht so werden wie Jack und Lena, die in eine völlig ausweglose Situation geraten sind und tatsächlich nicht wissen, wo sie ihre nächste Mahlzeit hernehmen sollen. Ich muß lernen, auf irgendeinem Gebiet wirklich gute Arbeit zu leisten. Aber wie Maurice und Simone möchte ich auch nicht werden. Für sie besteht das Leben nur aus Arbeit. Was haben sie davon, daß sie in Paris wohnen? Ebensogut könnten sie in irgendeinem gottverlassenen Provinznest leben. Vielleicht wären sie dort glücklicher. Maurice ganz bestimmt. Er träumt vom Fischen und vom Ruhestand, den er, mit der Angelrute in der Hand, in einem Boot genießen möchte. Ich weiß nicht, ob er wirklich etwas von Booten und von Fischen versteht, aber ist es nicht traurig, daß er auf seinen Lebensabend warten muß, um endlich tun zu können, was er möchte? Und wenn er gar nicht so lange lebt?

Paris, Donnerstag, 13. Februar 1947

Wir sind gerade von einem Spaziergang durch den Alten Montmartre zurückgekommen. Wie schön und romantisch! Vor dem Hintergrund des strahlendblauen Himmels sieht die Basilika tatsächlich wie eine riesige Sahnetorte aus. In den Grünanlagen hat es, obzwar sie natürlich in dieser Jahreszeit kahl sind, von Kindern und Vögeln gewimmelt. Und es gibt in diesem Stadtviertel so viele faszinierende Läden: Gemälde, Porzellan, alte Möbel, Bücher und Stiche... Leider mußten wir in einer ordentlichen Zweierreihe spazierengehen und durften nicht stehenbleiben.

Meine Eignungsprüfung fiel etwas enttäuschend aus, nicht zuletzt für die junge Frau, die mir die Aufgaben stellte. Niemand hatte ihr gesagt, daß meine Französischkenntnisse mehr als dürftig waren. Die meisten Prüfungsaufgaben mußten deshalb fallengelassen werden, und ich verbrachte eine recht angenehme Stunde damit, Puzzles zusammenzusetzen, Bilder, in denen etwas fehlte, zu ergänzen und einen Weg durch Labyrinthe zu suchen. Zu meiner Verblüffung wies mich das Ergebnis als »außergewöhnlich begabt« fürs Malen und Zeichnen aus (und wohl auch fürs Zusammensetzen von Puzzles). Aber statt mich schnurstracks in die Kunstakademie zu schicken, riet mir die Examinatorin, als Lehrmädchen in einer Damenschneiderei zu arbeiten.
Im Internat stellte sich unterdessen heraus, daß der Französischunterricht bei der hinkenden Demoiselle pure Zeitverschwendung war. Sie gab mir ganze Kolonnen von Vokabeln zum Auswendiglernen, und wenn ich die Wörter nicht verstand, schrie sie mich derart an, daß ich in panischer Angst aus dem Klassenzimmer floh. Ich war die Älteste in der Klasse, aber ich kam nicht mit. Der Englischunterricht, den die schielende Demoiselle erteilte, war ein Abklatsch des Französischunterrichts: Wir mußten listenweise Grammatikregeln und Vokabeln auswendig lernen, von deren eigentlicher Bedeutung wir keine Ahnung hatten. Es tat mir leid, daß Simone alles im voraus bezahlt hatte, ausgerechnet sie, die sich jede Ausgabe zweimal überlegte!

Paris, Samstag, 22. Februar 1947

Es schneit wieder und es ist bitterkalt. So kalt, daß ich den Federhalter kaum mehr halten kann. Meine Füße sind geschwollen und jucken – es ist schier unerträglich, morgens die Stiefel anzuziehen. Marina hat's gut, sie kann sich in der Tropensonne aalen. (Sie hat mir aus Port Said geschrieben.) Heute nehme ich ein Bad. Daß ich darauf bestanden habe, zweimal in der Woche zu baden, scheint

hier großes Aufsehen erregt zu haben. Baden schadet, genau wie frische Luft, der Gesundheit.
Alle Mädchen hier haben Familie und verbringen fast jedes Wochenende zu Hause. Warum sie dann überhaupt in diesem gräßlichen Internat wohnen, ist mir schleierhaft. Im Kloster haben wir genäht, gestickt, uns im Singen und Tanzen geübt und natürlich auch das ganze Haus geputzt und geschrubbt – es gab also immer genug zu tun. Hier hat man Unterricht, das ist alles. Die armen Kinder!

Paris, Donnerstag, 27. Februar 1947

Völlig unerwartet hat mich Madame la directrice gefragt, ob ich bei der Sonntagsmesse in der Kapelle das *Ave Maria* von Gounod singen möchte. Ich fand das Angebot ungeheuer verlockend, lehnte aber trotzdem ab. »Warum denn nicht?« wollte sie wissen. Ich schlug in meinem Wörterbuch nach und antwortete: »Weil ich Jüdin bin.« Woher weiß sie überhaupt, daß ich singen kann? Ein Rätsel. Ob Simone ihr das erzählt hat?
Maurice ist zurückgekommen, Simone bleibt noch eine Woche im Süden, um den Sonnenschein zu genießen. Großzügig wie stets, hat er mir fünfhundert Francs geschenkt, die ich sofort für Briefpapier und zwei polnische Bücher ausgegeben habe.
Die Kriegsgerüchte verstärken sich wieder. Jack macht die düstere Prophezeiung, daß wir als erste nach Sibirien deportiert werden, wenn die Russen kommen. Australien wäre natürlich unsere Rettung, aber vermutlich kommt keiner von uns rechtzeitig dorthin. Ausgenommen Marina.

Paris, Sonntag, 2. März 1947

Jack und Lena haben mich abgeholt, um mich mit Jacks Bruder Charles (der ebenfalls Kürschner ist) und seiner Frau, Mimi, bekannt zu machen. Ich traute meinen Ohren nicht: Charles und Mimi leben schon fast so lange wie Maurice hier in Paris. Zu ihrem Pelzgeschäft läuft man vom Boulevard Barbès aus bloß zwanzig Minuten. Charles ist einige Jahre vor Kriegsausbruch nach Paris gekommen. Er hat, mit Maurices Hilfe, das Kürschnerhandwerk erlernt und sich dann in Mimi, eine junge Witwe türkischer Her-

kunft, verliebt. Eigentlich spanischer Herkunft, sagt Lena. Mimis Vorfahren sind während der Inquisition aus Spanien ausgewandert und ließen sich in der Türkei nieder, haben aber allem Anschein nach die Sprache und die Gebräuche von Generation zu Generation beibehalten und sich stets als Spanier gefühlt.
Charles' Eltern waren gegen diese Heirat, weil Mimi verwitwet war und ein paar Jahre älter ist als er. Charles mußte nach Hause zurückkehren. Doch schon bald kreuzte er wieder in Paris auf, heiratete Mimi und fuhr mit ihr nach Polen, wo sie im Handumdrehen die ganze Familie bezauberte.
Warum mir denn niemand gesagt habe, daß die beiden in Paris leben, wollte ich wissen. Weil Maurice und Simone nicht mit Charles und Mimi verkehren, erklärte Lena. Der Zwist hat den Krieg überdauert und ist mittlerweile so verwickelt, daß niemand mehr weiß, wie er angefangen hat und wer eigentlich schuld daran war. Von Zeit zu Zeit kommt es durch einen neuen Vorfall zu weiteren Mißhelligkeiten, wird durch eine Äußerung oder Geste, die als unverzeihliche Beleidigung empfunden wird, der Ärger weiter angeheizt. Ich finde das befremdlich.
Wir gingen in den Laden. Er liegt in einer ruhigen Straße, in der Nähe der Métrostation Anvers. Er ist kleiner als der Laden von Maurice und mit eleganten weißen Stilmöbeln ausgestattet. In den beiden Schaufenstern waren (im Gegensatz zu der chaotischen Fülle bei Maurice) nur je zwei Mäntel ausgestellt. Die Werkstatt war sauber und gut gelüftet. Wir setzten uns an einen wunderschön gedeckten Tisch, auf dem weder das Leinentischtuch noch die Blumenvase fehlte.
Charles, ein paar Jahre älter als Jack, ist ein zurückhaltender, distinguiert wirkender Mann. Auch er hat ein etwas schiefes Lächeln und vorstehende Zähne. Seine dunklen, welligen Haare sind an den Schläfen silbergrau. Mimi ist sehr klein, mollig, gepflegt gekleidet, geschminkt und gut frisiert. Sie hat große schwarze Augen. Wenn sie redet, blitzen die großen Ringe an ihren sorgfältig manikürten Fingern. Und die Ohrringe und Broschen funkeln, wenn dieses rundliche Persönchen im Zimmer herumhopst und pausenlos in gebrochenem, aber verständlichem Polnisch schnattert.
Auch dort wurde ich mit parfümgeschwängerten Umarmungen begrüßt und mit Fragen überschüttet. Die beiden waren hell em-

pört, als sie hörten, auf welche Weise mir mein Koffer abhanden gekommen war. Hätten sie das schon damals erfahren, dann hätten sie es bestimmt geschafft, ihn zurückzuholen! Jetzt sei es natürlich zu spät.

Mimi hat versprochen, mir etwas zum Anziehen herauszusuchen. Ich darf jederzeit zu ihnen kommen und zum Mittag- oder Abendessen bleiben. Und wenn Onkel eintrifft, soll ich ihn sofort zu ihnen bringen.

Ich bin mit gemischten Gefühlen ins Internat zurückgekehrt. Es ist wundervoll, eine neue »Familie« zu finden. Jetzt habe ich hier schon sechs Verwandte. Überall bin ich willkommen. Trotzdem – wie ist es möglich, daß in unserer gegenwärtigen Situation, nach allem, was wir im Krieg durchgemacht haben, zwei Brüder, die so nahe beieinander wohnen, überhaupt keine Notiz voneinander nehmen?

Claudine, die älteste Schülerin im Internat, hat mir *Les aventures de Sophie* geliehen. Ich habe das Buch in der polnischen Übersetzung gelesen, als ich noch ziemlich klein war, und jetzt stelle ich zu meiner Überraschung fest, daß ich es auf französisch fast mühelos lesen kann. Claudine hat es mit sechzehn Jahren zum ersten Mal gelesen. Sie ist seit Kriegsende im Internat und sagt, daß sie es mit achtzehn Jahren verlassen wird, um ihren Cousin zu heiraten, der ein Jahr älter und ebenfalls in einem Internat ist. Sie sei schon seit frühester Kindheit mit ihm verlobt. Ich dachte zunächst, ich hätte sie falsch verstanden, aber sie zeigte mir ihren Verlobungsring, den sie in ihrem Koffer aufbewahrt, und ein Foto ihres Zukünftigen. »Wie ist er denn?« fragte ich. Sie zuckte die Achseln. So gut kenne sie ihn eigentlich noch gar nicht. Sie hätten sich immer nur in den Ferien getroffen und sich bisher nicht viel zu sagen gehabt. Sie finde es gar nicht sonderbar, daß alles von ihren Eltern arrangiert worden sei. Sie vertraue voll und ganz auf deren Urteilsvermögen.

In jener Nacht hatte ich einen seltsamen Traum: Ich sollte allein nach Korsika gehen, um dort die Sommerferien zu verbringen. Ich machte mich auf den Weg, eine kerzengerade Landstraße entlang, und sah plötzlich auf der linken Seite das Trocadéro mit seiner weitläufigen Terrasse, verschiedene Statuen und die geschweiften Seitenflügel des Palais Chaillot. Und auf der rechten Seite – den alten Park von Kalisch. Ich bog nach rechts ab und entdeckte dort meine Schulfreundinnen, eine nach der anderen: Wie erwachsene Frauen gekleidet, sehr würdevoll, schritten sie auf den schattigen Wegen dahin. »Kommt mit!« rief ich ihnen zu. »Ich zeige euch etwas Wunderschönes!« Wir überquerten die Landstraße und gingen ins Trocadéro, wo merkwürdigerweise der Boden fußhoch mit goldenem, raschelndem Herbstlaub bedeckt war. Alle waren verblüfft und stießen erstaunte Rufe aus, und im nächsten Moment rannten wir hin und her, lasen Blätter und Kastanien auf, machten uns Halsketten und Kronen und schnitzten aus den Kastanien Körbchen, Tiere und Pilze, genau wie wir es als Kinder getan hatten. Dann ließ ich die anderen, ins Spiel vertieft, dort zurück, ging heimlich, still und leise zu der Straße hinüber, auf der ich hergekommen war und machte mich wieder auf den Weg – aber nicht nach Korsika. Ich ging nach Hause.

Das Wetter wurde besser, und wieder machten wir einen langen Montmartre-Spaziergang. Die Läden waren offen und quollen über, bis aufs Trottoir hinaus. Vor den Cafés standen Tische und Stühle, ein Schuster saß auf seiner Türschwelle, arbeitete und sang dabei aus voller Kehle. Es gab hier so viele Läden, die ich mir zu gern genauer angesehen hätte! Amerikanische Soldaten schlenderten durch die engen Straßen, überall waren Liebespaare zu sehen, die sich zärtlich küßten, und von der Sacré-Cœur-Terrasse aus konnte man ganz Paris überblicken.

Bei Maurice fand ich einen Brief von Schwester Zofia vor, auf den ich schon lange gewartet hatte. Ihr langes Schweigen (ich hatte ihr inzwischen mindestens dreimal geschrieben) erklärte sie damit, daß die Vorbereitungen für das Passionsspiel, das an Ostern aufgeführt werden sollte, sie völlig in Anspruch genommen hätten. Und jetzt, nach wochenlanger Plackerei und endlosen Proben, hatte man ihr untersagt, das Stück aufzuführen, »weil es anscheinend ein schlechtes Licht auf die Juden wirft, die diese Regierung unter ihre Fittiche genommen hat und gegen die man nichts sagen darf, auch wenn es noch so gerechtfertigt ist!« Was sie sonst noch schrieb, klang ebenfalls bitter ironisch und, wie mir schien, antisemitisch. Ich war über diesen Ausbruch, der Schwester Zofia gar nicht ähnlich sah, so entsetzt, daß ich ihr sofort eine Erwiderung schickte. »Es ist mir egal, wenn ich nie wieder von ihr höre«, schrieb ich am Abend in mein Tagebuch. »Ich habe es nicht nötig, mir jemals wieder derartige Bemerkungen anzuhören, und einen solchen Ton auch nicht. Jahrelang habe ich, demütig und von Schuldgefühlen gepeinigt, diese Märchen geschluckt: Die Juden haben Christus gemordet... Sein Blut komme über uns... Sie haben unseren Herrn gekreuzigt... Ich nehme das einfach nicht mehr hin. Ich habe Schwester Zofia klipp und klar mitgeteilt, was ich von dieser ganzen Geschichte halte und was wirklich dahintersteckt.«

Paris, Dienstag, 4. März 1947

Herr Burstin ist wieder in meinem Leben aufgetaucht und hat den Termin festgesetzt, an dem ich die Arbeit bei ihm wiederaufnehmen soll. Ein ziemlich harter Schlag für mich. Simone ist wieder da. Ich hoffe, daß ich in die Wohnung am Boulevard Barbès und in die Alliance Française zurückkehren darf. Letzte Nacht wieder ein sonderbarer Traum: Meine Freundinnen Margareta und Agatha besuchten mich in Paris, kamen mir aber merkwürdig reserviert und wortkarg vor. Erst als ich sie mit Fragen traktiert hatte, rückten sie mit der Wahrheit heraus: Ihre Eltern hatten ihnen verboten, mit mir zu sprechen, weil ich in Paris verdorben worden sei. Ich war so gekränkt und traurig, daß ich nichts darauf erwidern konnte – und dann bin ich aufgewacht. Von den Dächern ringsum drang das Gekreisch der Katzen in unseren Schlafsaal. Eine schrie wie ein Baby. Anfangs glaubte ich, daß irgendwo im Haus tatsächlich ein Baby schrie, und überlegte mir, welche unserer Demoiselles es in ihrem Bett versteckt haben könnte und warum – doch plötzlich kreischte das »Baby« direkt vor dem Fenster. Geräusche wie bei einer Balgerei waren zu hören, dann verebbte der Kampfeslärm allmählich über den Giebeln. Ich steckte den Kopf unters Kissen, stopfte mir die Finger in die Ohren und fühlte mich so unbehaglich und unglücklich, daß ich die ganze Nacht nicht mehr einschlafen konnte.

Paris, Dienstag, 11. März 1947

Ich arbeite bei Burstin und finde es gräßlich. Noch dazu will er mir nichts dafür zahlen und mir später auch keinerlei Zeugnis geben,

weil ich keine Arbeitserlaubnis habe und er mir ja bloß »einen Gefallen tut«.
Die Werkstatt ist trist und stinkt nach Leim, Färbemitteln und Leder. Herr Burstin redet kaum mit mir. Er zeigt mir, was ich tun soll, dann verschwindet er. Seine Frau ist den ganzen Tag nicht zu Hause. Simone sagt, sie führt ihr eigenes Leben, und ich dürfte Herrn B. nicht nach ihr fragen. Ich verstehe nicht, warum er mir, bloß weil ich (wieder einmal!) illegal bin, nichts bezahlen will. Maurice möchte sich zu diesem Thema nicht äußern. Er sagt immer nur, ich soll mir keine Sorgen machen – wenn ich bei Burstin ausgelernt hätte, würde er mich in ein richtiges Atelier schicken, wo ich nach einem Monat ein Diplom bekäme. Das klingt nicht überzeugend. Warum kann ich nicht sofort dort anfangen? Mimi und Charles sind verständnisvoll, wollen sich aber nicht einmischen. Sie sagen, mit Maurice und Simone hätten sie schon genug Unannehmlichkeiten gehabt.

Paris, Mittwoch, 19. März 1947

Onkel ist da. Er ist gestern angekommen. Ich nahm einen Tag Urlaub, um ihn in der Gare de l'Est abzuholen. Lena hatte versprochen mitzukommen, überlegte sich's aber im letzten Moment anders – wegen der eisigen Kälte. Ich habe also allein gewartet, über vier Stunden. Von der Bahnhofshalle aus konnte ich die Fenster von Marinas Zimmer im »Terminus Est« sehen. Sie dürfte vor ein paar Tagen in Melbourne eingetroffen sein. Das erste, was Onkel zu mir sagte, war: »Du bist gewachsen!« Vor dem Bahnhof blieben wir einen Moment stehen. Onkel hatte Tränen in den Augen. Sicher von dem eisigen Wind. Dann nahmen wir das Gepäck und gingen zur Métro hinunter.

Bei Maurice gab es eine große Willkommensfeier. Sie hatten sich seit 1939 nicht mehr gesehen, und inzwischen ist so viel passiert. Auch Jack und Lena waren da. Charles und Mimi hatten keine Einladung erhalten. Mir tat das sehr leid: Es wäre eine gute Gelegenheit gewesen, das Kriegsbeil zu begraben. Es gab wieder Austern und diesmal – Champagner. Onkel nahm seine alte, vor dem Krieg in der Schweiz gekaufte Omega-Armbanduhr ab und überreichte sie mir als Geburtstagsgeschenk. »Wenn du's dir später einmal leisten kannst, dir eine Damenarmbanduhr zu kaufen, kannst du mir die hier zurückgeben. Ich möchte sie als Erinnerung an alte Zeiten aufbewahren.« Ich war ganz benommen vor Freude. Meine erste Uhr! Sie ist sehr groß und hat ein breites Lederarmband, grüne Leuchtzeiger und einen roten Sekundenzeiger. Sie ist unglaublich schön.

Onkel hatte auch einige meiner Bücher mitgebracht, eine ganze Menge polnischen Wodka für Maurice und Pralinés für die anderen Familienmitglieder. Pralinés aus Polen! Nichts auf der Welt schmeckt *so* gut! Maurice und Simone lehnten allerdings dankend ab: Ihnen war ausländische Kost nicht geheuer.

Paris, Mittwoch, 26. März 1947

Ich bin ganz durcheinander. Jedesmal wenn ich mit Onkel zusammen bin, kommt es zu einer Debatte darüber, wie es mit mir weitergehen soll. Er meint, ich sollte nach Polen zurückkehren und dort die Schule absolvieren. Er sagt, wenn ich in Frankreich bliebe, könnte ich nicht mehr zur Schule gehen. Ich könnte kein Französisch und würde meinen Rückstand nie aufholen; außerdem habe er kein Geld. Daher müßte ich, falls ich hierbliebe, ein Handwerk erlernen.
Maurice, der mir allmählich völlig unrealistisch vorkommt, redet dann sofort von der Kunstakademie: Das wäre das Richtige für mich. Um dann Schneiderin zu werden oder Ledertaschen anzufertigen?
Alle halten es für selbstverständlich, daß ich nichts zu sagen habe, wenn es um meine Zukunft geht. Tag für Tag soll ich mit einem anderen Plan einverstanden und dankbar dafür sein, daß sie sich meinetwegen den Kopf zerbrechen.
Ich habe Marina einen verzweifelten Brief geschrieben. Sie ist jetzt meine einzige Hoffnung. Wenn ich nicht nach Australien auswandern darf, bleibt mir nichts anderes übrig, als mich umzubringen.
In Frankreich breitet sich eine Pockenepidemie aus, morgen werden wir alle geimpft.

Herr Burstin stellte keine großen Anforderungen an mich. Morgens gab er mir eine Aufstellung, die er hastig auf einen Fetzen Papier gekritzelt hatte: Soundsoviele Gürtel dieser oder jener Farbe verzieren und lackieren – dann verschwand er für den Rest des Tages. Ich arbeitete, bis mir die Arme weh taten. Ich saß in dem muffigen »Atelier« und sah durch die schmutzigen Fensterscheiben hinaus in den Frühlingstag. Bei dem Gedanken, daß ich mein Leben verplemperte und daß die Zeit immer kostbarer wurde, packte mich der Zorn. Die französische Sprache stellte mich vor unüberwindliche Schwierigkeiten. Hatte Marina recht gehabt, als sie sagte, ich hätte zum Lernen einfach nicht genug Grips? Dieser Gedanke ärgerte und entsetzte mich. Im hintersten Winkel der Werkstatt lag ein Stoß illustrierter Zeitschriften. Aufs Geratewohl schlug ich eine auf: Ein strahlend schönes Gesicht lächelte mich an. Der Name dieser Schönheit war Nyota Inyoka. Eine indische Tänzerin, die zur Zeit in einer Revue auftrat. Sie trug ein phantastisches Kostüm, und der Kopfputz auf ihren schwarzen Haaren war das reinste Brillantfeuerwerk. Um Hals und Arme hatte sie sich Blumengirlanden geschlungen. Auf ihrer dunklen Haut glitzerten Armreife, Spangen, Ohrgehänge und Halsketten. Ihre langen, geschweiften Hände hatten die längsten Fingernägel, die ich je gesehen hatte. Die großen dunklen Augen waren schwarz umrandet, und mitten auf ihre Stirn war ein Punkt gemalt. Sie schien ganz in Gold, Silber und Blumen eingehüllt. Die Hände wie beim Beten aneinandergelegt, lächelte sie mich so sanft und zuversichtlich an, als wollte sie sagen: »Keine Bange, es wird schon alles gut.«

Mit einem Pinsel bemalte ich ihre Lippen mit roter Farbe, und sie lächelte mir dankbar zu. Es war ein Schwarzweißfoto. Wie hinreißend sie in Farbe aussehen mußte! Neben ihr schönes Gesicht hatte Herr Burstin etwas gekritzelt, das zweifellos für jemanden wie mich bestimmt war: *noir 36, bordeaux 54, marron 30.*

Paris, Donnerstag, 27. März 1947

Gürtel, Gürtel, Gürtel! Ich habe eine Mordswut, wenn ich daran denke. Ganz zweifellos mache ich die Arbeit, für die er bezahlt wird, und bekomme dabei wunde Hände und Kopfweh.

Paris, Sonntag, 30. März 1947

So, damit hat sich's! Ich habe bei diesem verfluchten Burstin aufgehört! Letzten Freitag kam er am Spätnachmittag zurück, hatte eine Fahne und war auffallend freundlich. Er nahm keinen Anstoß daran, daß ich Zeitschriften las, statt zu arbeiten. Er erkundigte sich nach meinen Fortschritten im Französischen und erbot sich, mir hie und da Nachhilfestunden zu geben! Und ich Dummkopf strahlte ihn dankbar an und erklärte mich einverstanden. Wenn ohnehin so wenig Arbeit anfiel, warum sollte er mir dann nicht etwas Nützliches beibringen?

»Fangen wir doch gleich damit an!« sagte er und nahm mich bei der Hand. »Aber nicht hier, wo es so schmutzig ist.«

Zu meiner Verblüffung führte er mich schnurstracks ins Schlafzimmer. Obwohl es schon auf den Abend zuging, war das riesige Bett noch nicht gemacht. Naja, was soll ich lange drumherum reden – es kam zu einem kurzen, aber heftigen Handgemenge, das ich gewann. Am Ende lag er ganz ausgepumpt auf dem Bett und preßte die Hand ans Gesicht, dem ich hoffentlich einen Denkzettel auf Lebenszeit verpaßt habe. Ich rannte hinaus, als stünde das Haus in Flammen. Ich habe vergessen, meinen Mantel mitzunehmen, aber nichts wird mich dazu bringen, noch einmal hinzugehen.

Auf dem Weg zu Mimi konnte ich meine Fassung noch bewahren, aber sobald ich die Werkstatt betreten hatte, brach ich in Tränen aus. Zu meinem eigenen Erstaunen. Ich hatte keine Ahnung, warum ich weinte. Da Kundschaft im Laden war, kamen Mimi und Charles abwechselnd zu mir in die Werkstatt und versuchten herauszubekommen, was mit mir los war. Schließlich platzte ich damit heraus. Mimi ging zum Telefon und rief Simone an – zum ersten Mal seit Kriegsende. Es kam zu einer heftigen Auseinandersetzung. Mimi sprach so schnell, daß ich kein Wort verstand, aber allem Anschein nach gab sie Simone die Schuld daran, daß ich B. in die Klauen geraten war. Das Wortgefecht dauerte sehr lange. Am Ende knallte Mimi den Hörer auf die Gabel, dann kippten wir einen (ja, ich auch!), und danach ging ich ins Internat zurück – mit der strikten Anweisung, niemandem etwas von dem Vorfall zu sagen. Wie käme ich dazu!

Nun bin ich also ein freier Mensch. Ich hoffe bloß, daß jemand meinen Mantel dort herausholt.

7

Ostern und Pessach fielen in dieselbe Woche. Das Internat war fast leer. Zum Seder-Mahl luden Simone und Maurice auch Charles und Mimi ein, die ihnen jedoch eine Absage erteilten. Der alte Zwist flammte wieder auf.

Schließlich wurde der Beschluß gefaßt, daß ich in einem Vierteljahr nach Polen zurückkehren sollte, falls Marina mir in der Zwischenzeit kein australisches Einreisevisum beschaffen könnte. Ich hatte das entsetzliche Gefühl, versagt zu haben. Onkel hatte den Zeitpunkt nach eigenem Gutdünken festgesetzt, ohne sich mit jemandem zu beraten. Und obendrein sollte ich in den nächsten drei Monaten fließend Französisch sprechen lernen und mir wenigstens einige Englischkenntnisse aneignen, damit ich nach ein paar Monaten Paris etwas vorzuweisen hätte. Und dann sollte ich also zurück nach Kalisch und mich, so gut wie möglich, wieder in der Schule eingewöhnen. Kein Wort darüber, wie ich dort ganz allein zurechtkommen sollte. Hauptsache, ich war erst mal auf dem Weg. Das einzige Zugeständnis, das ich meinem Onkel abringen konnte (als handelte es sich dabei um den letzten Wunsch einer zum Tode Verurteilten), war, daß ich jetzt wieder in die Alliance Française gehen durfte. Und zwar zusammen mit Lena, die in der Anfängerklasse unterrichtet wurde, während ich in die zweite Klasse vorgerückt war.

Onkel hatte sich in einem Hotel am Boulevard Barbès einquartiert, nur ein paar Minuten von Maurices Wohnung entfernt. Es war düster, muffig und sehr schäbig. Die meisten Logiergäste waren Araber, und die Atmosphäre war äußerst *louche*.

Ich hatte Agatha und Margareta geschrieben, daß ich bald nach Polen zurückkehren würde. Um die gleiche Zeit erhielt ich einen Brief von Schwester Zofia. Unter Berufung auf einen Priester, den sie seit Jahren kenne und zu dem sie volles Vertrauen habe, versicherte sie mir, daß strenggläubige Juden kleine Christenkinder schlachteten, um das Blut für ihre Matratzen zu verwenden.

Auf dem Tisch, an dem ich diesen Brief las, lag ein ganzer Berg knuspriger Pessachmatzen. Ich nahm eine, ging damit ans Fenster, knabberte geistesabwesend (machten Matzen dick?) und beobachtete den dichten Verkehr auf dem Boulevard. Das ganze Leben war ein einziger großer Wirrwarr. Es gab einfach keine Möglichkeit,

andere zu verstehen, nicht einmal diejenigen, die einem am nächsten standen. Ihre Entscheidungen würden immer rätselhaft, ihr Verhalten immer unbegreiflich bleiben. Oder war vielleicht bloß *ich* unfähig, zu verstehen? War ich wirklich so schwer von Begriff? Wie sollte ich dann überhaupt weiterleben?
Ich preßte mein Gesicht an die Fensterscheibe und betete zu dem, der mir jetzt vielleicht zuhörte, mochte es der Gott der Juden oder der Gott der Christen sein: »O Gott, wenn es Dich gibt, laß mich bitte bald sterben!«

Paris, Montag, 7. April 1947

Eine wahre Lawine von Osterkarten ist aus Polen angerollt gekommen, was mich sehr beschämt hat, weil ich keine einzige Karte geschickt habe. Ich bin, glaube ich, schrecklich egozentrisch geworden. Das kommt daher, daß ich niemanden habe, mit dem ich reden kann. Das heißt, niemanden in meinem Alter. Onkel zum Beispiel scheint mich eher für einen Gegenstand als für ein menschliches Wesen zu halten. Ich weiß nicht, was man ihm über den Vorfall in Burstins Wohnung erzählt hat. Er spricht nie davon und fragt auch nicht, warum ich nicht mehr zur Arbeit gehe, obschon er das ganz offensichtlich mißbilligt. Aber er selber arbeitet ja auch nicht. Er »sieht sich nach Arbeit um«. Er hat an jedem Wort, das ich auf französisch sage, etwas auszusetzen, macht sich über meine Fehler lustig und erzählt sie jedem weiter, so daß ich gar nicht mehr wage, in seiner Gegenwart den Mund aufzumachen. Und darüber ärgert *er* sich.

Unter diesen Umständen löste Margaretas Brief, der so fröhlich und zuversichtlich klang, nur bittere Gefühle in mir aus – und Scham darüber, daß ich *so* reagierte. Sie berichtete von einem Fest, zu dem sie eingeladen war, und von einem neuen Kleid; vom Kalischer Park, wo jetzt alles grünte und blühte – und von ihren heimlichen Träumen, in denen sie sich in einem großen Haus wohnen sah, auf dem Land, aber nicht allzu weit von der Stadt entfernt. Sie würde Familie haben, einen Ehemann, gut aussehend, aber nicht allzu hübsch – hübsche Männer seien eitel und gerieten leicht auf Abwege. Er dürfte sogar häßlich sein – allerdings nicht allzu häßlich –, wenn er ansonsten ein gütiger, aufrichtiger, liebevoller

Mensch wäre. Nur wenige Kinder, aber um so mehr Tiere. Und einen Garten. Sie sei überzeugt, daß sie ihr Glück finden werde, befürchte jedoch, daß Agatha und ich zu anspruchsvoll und unnachgiebig seien. Sie fürchte, wir erwarteten zu viel vom Leben. Schneiderin zu werden sei doch gar nicht so übel. Mein Zeichentalent könnte mir da sehr zustatten kommen. Sie habe kürzlich einen Film gesehen, in dem der Held Chef eines großen Pariser Modehauses war. Er sei schwerreich gewesen und in den besten Gesellschaftskreisen verkehrt. Er selber hätte es gar nicht mehr nötig gehabt, zu arbeiten, aber irgendwo mußte doch auch er einmal angefangen haben. Na also – weshalb regte ich mich eigentlich so auf?

Agatha hingegen vertrat nach wie vor den Standpunkt, daß eine gute Schulbildung der einzig richtige Weg und die Tätigkeit eines Arztes der edelste Beruf überhaupt sei. Jetzt, da auch sie sich außerhalb Polens aufhalte (sie schrieb mir aus einem Displaced-Persons-Lager in Deutschland), sehe sie allmählich ein, daß nicht alles ausschließlich von uns selber abhinge. Trotzdem sei sie fest entschlossen, möglichst bald nach Polen zurückzukehren, das sie ja nicht freiwillig verlassen habe. Es sei ihr einziger Wunsch, für ein freies, unabhängiges Polen zu kämpfen, und zwar nicht vom Ausland aus, sondern daheim in Polen. Aber Agatha war ja keine Jüdin. Sie riet mir davon ab, nach Polen zurückzukehren. »Du wirst die Atmosphäre hier noch genauso erstickend und feindselig finden wie vor Deiner Abreise. Diesmal aber wirst Du allein sein. Hast Du dir das überlegt?«

Und ob! Ich konnte doch an nichts anderes mehr denken! Agatha hatte natürlich nicht nur das politische Klima – all diese Lügen und die Schrecken des Polizeistaates – gemeint, sondern auch den Antisemitismus, der genauso grassierte wie eh und je. Ich war dankbar für ihre Warnung.

Am zweiten Pessachabend kam ein Cousin Simones mit Frau und Baby zum Essen. Bevor aufgetragen wurde, setzte er sich ans Klavier. Er konnte wirklich sehr gut spielen, aber nie spielte er etwas zu Ende, sondern jedesmal begann er mittendrin mit einem anderen Klavierstück. Chopin, Schumann, Liszt, Schubert ... Am liebsten hätte ich seine Hände auf den Tasten festgehalten und gesagt: »Weiter! Nicht schon wieder etwas anderes ...«

Er hatte tiefliegende schwarze Augen, einen sehr schmalen Mund, der fast lippenlos wirkte, ein hageres Gesicht und einen gehetzten Blick. Seine Hände zitterten. Am Eßtisch fiel ihm ständig irgend etwas hinunter, er wollte mit niemandem reden, und wenn er angesprochen wurde, stierte er wie ein verängstigtes Tier. Seine nichtjüdische Frau, eine stille, blasse Blondine, beobachtete ihn besorgt, hob alles auf, was ihm aus der Hand fiel und wischte weg, was er verschüttete. Das Baby plärrte unentwegt.

Später erzählte mir Simone, ihr Cousin habe diese Frau aus Dankbarkeit geheiratet, weil sie ihm das Leben gerettet habe, als er sich während des Krieges in ihrem Elternhaus auf dem Land versteckt hielt. Mir leuchtete diese Erklärung nicht ein. Aus Dankbarkeit? Glaubte er denn, dem Mädchen damit einen Gefallen getan zu haben? Es mußte doch die Hölle sein, mit einem solchen Mann zusammenzuleben.

Onkel war mit einem neuen Plan herausgerückt: Er wollte mir zwei Jahre »geben«, um in Polen die Matura zu machen. »Wenn er mir bloß nicht immer solche Fristen setzen würde!« schrieb ich gereizt in mein Tagebuch. »Er ist nicht Gott und hat kein Verfügungsrecht über die Zeit. In zwei Jahren die Reifeprüfung zu schaffen ist für mich so unmöglich wie durch die Luft zu fliegen. Und das weiß er auch.«

Simone erzählte mir eine komische Geschichte. Als Maurice während des Krieges eine Zeitlang in Haft war, verbrachte sie die Abende meistens bei ihren Angehörigen und wurde dann von einem ihrer zahlreichen Cousins, Onkel und Brüder nach Hause begleitet. (Die meisten von ihnen wurden später umgebracht.) Oft tranken sie noch ein letztes Glas in dem Café neben der Kürschnerei. Dem Inhaber des Lokals, der Simone und Maurice seit Jahren kannte, fiel das natürlich auf. Als ihm Simone nach der Freilassung ihres Mannes die gute Nachricht überbrachte, blinzelte er ihr zu und erklärte: »Madame, Ihr Geheimnis ist bei mir in sicherer Hut. Sie können sich auf meine Diskretion verlassen!« Im ersten Moment begriff Simone gar nicht, was er damit meinte, dann aber bog sie sich vor Lachen. »Stell dir vor«, sagte sie zu mir, »der hat geglaubt, ich brächte Nacht für Nacht fremde Männer mit nach Hause, während mein eigener Mann im Gefängnis saß!« Das Komische daran war: Sie sagte das in einem solchen Ton, daß mir bis heute nicht klar ist, ob sie über die Vermutung dieses Mannes empört war oder ob sie sich geschmeichelt fühlte!

Paris, Donnerstag, 10. April 1947

Dieselbe Organisation, die dafür gesorgt hatte, daß ich eine Eignungsprüfung machen durfte, hat mit einer neuen Überraschung aufgewartet: Sie will mir den Zeichenunterricht an einer Kunstschule bezahlen! Ich bin überglücklich. Simone ist genauso begeistert wie ich. Wir werden eine Künstlerin in der Familie haben!

Paris, Montag, 14. April 1947

Gestern haben mich Mimi und Charles nach St. Cloud mitgenommen. Wir sind kilometerweit gelaufen und waren sehr erhitzt und müde. Nach Paris kehrten wir zusammen mit ein paar tausend anderen Parisern zurück, die anscheinend auch alle in St. Cloud gewesen waren. Mimi hatte mich eingeladen, bei ihr zu übernachten. Ich nahm ein Bad und wusch mir die Haare, dann setzte ich mich auf den Balkon und ließ sie in der untergehenden Sonne trocknen. Mimi hat ein sehr gutes Abendessen gekocht. Ich schlief auf dem Wohnzimmersofa. Die Wohnung ist im fünften Stock, die Fenster gehen auf die Avenue de Neuilly hinaus. Der Verkehr hörte die ganze Nacht nicht auf. Ich lag da, hörte dem Getöse zu und fühlte mich sehr glücklich: Zum ersten Mal seit meiner Ankunft in Paris hatte ich das Gefühl, hierher zu gehören.
Bei Simone war wieder ein Brief aus Polen für mich angekommen. Von Barbara, einer Schulfreundin. Auch sie rät mir dringend, nicht zurückzukehren. Sie schildert ausführlich, wie deprimierend das Leben in Polen ist, und schreibt, es sei wirklich ein Glück für mich, in Paris zu leben...
Lena tut sich in der Alliance sehr schwer. Sie beklagt sich darüber, daß sie die Tafel nicht einmal von der ersten Reihe aus sehen kann und daß ihr die anderen in der Klasse weit voraus sind. Vielleicht hat sie ganz einfach kein Talent für Sprachen.

Paris, Dienstag, 15. April 1947

Als ich heute in den Hof der Alliance kam, sah ich bei einigen anderen jungen Leuten ein Mädchen stehen. Sie sah mich auch und rannte auf mich zu. Es war Inka! Das Mädchen, das unseren Zug heimlich verlassen hatte, um sich von den Amerikanern nach Paris fahren zu lassen. Wir umarmten und küßten einander. Ich betrachtete sie voller Bewunderung: schick angezogen, bemalt wie eine Puppe, mollig und strahlend. Eine richtige Parisienne. Sie hat mir erzählt, daß sie mit ihren inzwischen ebenfalls aus Polen eingetroffenen Eltern in Paris wohnt.

Als ich ihr sagte, daß ich vielleicht schon bald nach Polen zurückkehrte, rief sie: »Ach, wenn ich doch auch zurück könnte! Wollen wir nicht tauschen?« Ich starrte sie ungläubig an. Sie war sich bestimmt nicht klar darüber, wie gut sie es hatte. »Ich kann dir jetzt nicht erklären, warum ich zurück möchte. Vielleicht später einmal...«

»Sie ist sicher in jemanden da drüben verliebt«, war Lenas Meinung. »Sag ihr, sie soll keine Dummheit machen. Kein Mann ist ein solches Opfer wert.«

»Was mich betrifft...«, verkündete sie ganz ungeniert, als wir mit der Métro nach Hause fuhren, »... ich habe während des ganzen Krieges nichts von Jack gehört, aber ich bin ihm immer treu geblieben. Nicht, daß es an Gelegenheit gemangelt hätte – das kannst du dir ja denken. War vielleicht blöd von mir, aber so bin ich nun mal. Wie alle Männer hatte *er* in dieser Hinsicht natürlich keine Skrupel... Jetzt fragt er mich ständig, wie es denn damals gewesen sei, ob ich in Warschau nicht vielleicht mit einem anderen... na, du weißt schon... Ich weigere mich, darauf zu antworten. Er soll glauben, was er will! Sein Leben lang wird er sich darüber den Kopf zerbrechen.«

Paris, Mittwoch, 16. April 1947

Die *directrice* des Internats lud mich, zwei unserer Demoiselles und eine ältere Schülerin zu einem Diskussionsabend im Gemeindesaal einer Kirche ein. Ich überlegte mir etwas verdattert, wie ausgerechnet ich zu dieser Ehre kam. Sie weiß doch, daß ich Jüdin bin. Allerdings weiß sie auch, daß ich Jahre im Kloster verbracht habe. Hoffte sie etwa, ich würde in den Schoß der Kirche zurückkehren? Das Diskussionsthema lautete: »Gottesliebe in einer säkularisierten Gesellschaft«. Was darüber gesagt wurde, fand ich so wenig anregend, daß ich mir lieber das Publikum betrachtete, das vorwiegend aus Frauen älteren Jahrgangs bestand. Zu schade, daß ich weder Bleistift noch Papier mitgenommen hatte! Eine Galerie von Gustave-Doré-Typen. Diese Chignons, diese Zähne, diese Kinnpartien, diese Nasen! Eine wahrhaft monströse Versammlung! Und wie hingerissen sie alle dem ausgesprochen gutaussehenden jungen Priester zuhörten, der über – Anbetung als menschliches Bedürfnis sprach. Ich fand das grausam und zugleich erbärmlich.

Paris, Donnerstag, 17. April 1947

Ich bin zur Zeit so rastlos. Ich wache frühzeitig auf, bei strahlendem Sonnenschein und Vogelgezwitscher. Ja, sogar im Zentrum von Paris singen die Vögel bei Tagesanbruch. Dann möchte ich aufstehen und rennen, immer weiterrennen, durch taufeuchte Wälder, hügelaufwärts, bergaufwärts, während mir der Wind durchs Haar bläst. Oder... barfuß durch warmes, feuchtes Gras. Ich möchte die Arme hochreißen und schreien und Luftsprünge machen und mich auf Teppichen aus Frühlingsblumen herumwälzen. Aber das muß ich mir jetzt wohl aus dem Kopf schlagen. Ich möchte gern etwas Faszinierendes, Lohnendes, Nützliches und Gutes tun. Aber auch das ist unwahrscheinlich.

Ich mußte meine Verwandten bei einem Spaziergang auf den Champs-Élysées begleiten, wo wir, nach einem endlos langen Schaufensterbummel, in ein Café gingen und Schokolade tranken. Da es noch zu kühl war, um im Freien zu sitzen, nahmen wir im verglasten Teil der Terrasse Platz. Ich saß da, gaffte und sagte kein Wort. Simone, Lena, Maurice und Jack redeten unentwegt. Die Tische ringsum waren dicht besetzt. Liebespaare, die einander ganz versunken in die Augen sahen. Mehrere ältere Männer und Frauen (ganz fürchterlich geschminkt und in den extravagantesten Kleidern, die ich je gesehen hatte) schwatzten lauthals miteinander, lachten und gestikulierten, rauchten, hüstelten und disputierten. Im ganze Café waren sie die Ältesten und Lebhaftesten. Eine einzelne Dame, elegant gekleidet, mit einem fabelhaften grünen Hut auf dem kupferroten Haar, beobachtete alles und jeden. Ihr Blick war ausdruckslos, ihr Mund zusammengekniffen, die Hände hatte sie im Schoß gefaltet. Vor ihr auf dem Tisch stand ein winzi-

ges Täßchen mit schwarzem Kaffee. Sie ließ es unberührt stehen, saß bloß da und beobachtete gelassen, was um sie herum vorging. Ob sie jemanden erwartete? Sie machte den Eindruck, als würde sie nie auf jemanden warten, sondern immer nur herumsitzen. Als wir gekommen waren, hatte sie schon an diesem Tisch gesessen, und als wir Stunden später gingen, saß sie immer noch da.
Im Kreis meiner redseligen Verwandten kam ich mir schrecklich überflüssig vor. Draußen war es schon ziemlich dunkel, Wind war aufgekommen, und ich brauchte gar nicht durch die Glasscheiben zu sehen, um zu wissen, daß dort draußen in den kalten, dunklen Straßen weiße Kastanienblüten in die Rinnsteine geweht wurden und unter die Schuhsohlen der Passanten und in die Tunnels der Métro. Mir war zumute, als wären sie mir aus dem Herzen gerissen und vom kalten Atemhauch des Schicksals in die Nacht hinausgeweht worden. Und mit ihnen ein Teil meiner Seele – der innerste und geheimste. In meinem Leben war kein Platz mehr für Träume. Wovon denn noch träumen, wenn das Leben mich in die gleiche Schablone zwängte wie Millionen andere unbedeutende, farblose Geschöpfe? Nur ich selber wußte, daß ich nicht in diese Schablone paßte und daß die Bürde, die ich zu tragen hatte, zu schwer war. Was sollte ich tun? Versuchen, mich anzupassen? Die Vergangenheit abschütteln, meine Träume begraben? Oder das alles mit mir herumtragen, nicht auf meine Verwandten hören und so wenig ins gängige Muster passen wie die Faust aufs Auge?

Paris, Sonntag, 20. April 1947

Heute ist der Himmel makellos blau. Keine einzige Wolke. Der Wind hat sich gelegt. Niemand denkt mehr an die Blüten von gestern. Für sie war es das Ende. Für andere – beginnt der Frühling gerade erst. Für mich ist Herbst. Nicht nur meine Kindheit, sondern – fast schon – meine Jugend neigt sich ihrem Ende zu. Ich werde sicher über vieles in diesem Tagebuch lachen, wenn ich es in zehn Jahren wieder lese. Ich kann nur hoffen, daß ich dann auch über *diese* Eintragung lache. Daß sich alles als Trugschluß herausstellt. Daß ich dann meine gegenwärtige Stimmung völlig vergessen haben werde, die Ängste und den Kummer, die mich dazu bewogen haben, diese Eintragung zu machen. Amen.

Tags darauf traf der langerwartete Brief von Marina ein. Sie war gut in Melbourne angekommen und tat ihr möglichstes, um Onkel und mich hinüberzuholen. Australien sei ein Paradies, von dem wir im alten, morschen Europa nur träumen könnten. Und sie selber sei die glücklichste Frau der Welt.

Die unmittelbare Folge dieses Briefes war, daß der Plan, mich schleunigst nach Polen zurückzuschicken, ad acta gelegt wurde und ich mich einverstanden erklärte, das Schneiderhandwerk zu erlernen.

Lilka kam nach Paris zurück und besuchte mich. Sie war sonnengebräunt und machte einen glücklichen Eindruck. Ich wurde mit Neuigkeiten überschüttet: Halina hatte auf der Überfahrt von Marseille nach Palästina einen Marokkaner geheiratet. Das Schiff war von den Briten abgefangen und nach Zypern geschickt worden. Sobel war mit dem letzten Kindertransport aus Zabrze in Vitry eingetroffen. Ein Mädchen, das mit diesem Transport gekommen war, hatte behauptet, mich aus der Zeit im Warschauer Getto zu kennen. Leider konnte sich Lilka nicht an den Namen dieses Mädchens erinnern. OPEJ, die jüdische Organisation, die mir schon mehrmals zu Hilfe gekommen war, hatte auch Kinderheime eingerichtet, die nicht religiös orientiert waren. Wenn man uns doch in eines dieser Heime aufnehmen würde! Dann könnten wir beide in der Alliance Française Kurse belegen.

Paris, Montag, 28. April 1947

Gestern war ein rundherum schöner Tag. Am Morgen ging ich mit Lilka zum Trocadéro, wo sie in wilde Begeisterung geriet, und ich ebenfalls. Zu aufgeregt, um langsam zu gehen, rannten wir hinunter zur Brücke, unter der wir tanzten und sangen und unsere belegten Brote aßen. Dann stürmten wir die Stufen auf der anderen Seite hinauf – immer zwei auf einmal – und rannten zum Eiffelturm. Wir nahmen den Fahrstuhl zur zweiten Plattform, wo wir eine Viertelstunde lang unentwegt im Kreis herumrannten, vor Vergnügen quietschten und Süßigkeiten vertilgten. Dann zurück zum Trocadéro, wo wir ganz plötzlich im Aquarium landeten. Ich kann gar nicht beschreiben, wie wir uns freuten und wie wir staunten! Vom vielen Laufen müde, schlenderten wir zwischen

großen, beleuchteten Wasserbehältern umher, vor deren Bewohnern wir Fischgrimassen schnitten.
Am Nachmittag gingen wir zur Place de l'Étoile. Hinauf auf den Arc de Triomphe, damit Lilka den Stern drunten auf dem Pflaster bewundern konnte. Dann durch die Avenue Foch zum Bois de Boulogne. Die Sonne brannte. Wir suchten lange nach einer Bank im Schatten. Schließlich ließen wir uns ins Gras plumpsen. Ich hatte eine polnische Lyrik-Anthologie mitgenommen, die mir einer von Marinas Freunden geschenkt hatte. Ich begann, daraus vorzulesen, und plötzlich brach Lilka in Tränen aus, und ich auch. Wir lagen unter einem Kastanienbaum und heulten. Wir waren müde und einsam und hatten Heimweh. Und wir konnten uns nicht mal ein einziges Tütchen Eis kaufen.
Lilka erzählte mir, in dem Heim, wo sie bis vor kurzem untergebracht war, sei es so gräßlich gewesen, daß sie fast verrückt geworden wäre. Sie habe kein einziges Wort Französisch gelernt.

Am nächsten Tag sprachen wir im Büro der OPEJ vor, wo jede von uns zweitausend Francs, einen Pullover und ein Paar Socken bekam. Zur Feier des Tages gingen wir ins Kino, um uns *Jane Eyre [Die Waise von Lowood]* anzusehen. Ich hatte vor langer Zeit das Buch gelesen, und als ich Mr. Rochester jetzt leibhaftig vor mir sah, war ich tief enttäuscht. Ich konnte einfach nicht verstehen, was ihr an *dem* gefiel.

Paris, Donnerstag, 1. Mai 1947

Der 1. Mai ist in Frankreich der Tag der Maiglöckchen. An allen Straßenecken werden sie korbweise feilgeboten. Jeder schenkt sie jedem. Auch ich habe einen Stengel Maiglöckchen bekommen – von Jack! Was für ein schöner Brauch!

Mein Onkel hatte endlich eingesehen, daß das Internat wirklich unmöglich war. Seit wir wärmeres Wetter hatten, waren die Zimmer voller Katzengestank. Das Essen, das noch nie viel getaugt hatte, war inzwischen so schlecht geworden, daß es eigentlich gar nicht mehr genießbar war. Und die Demoiselles, die sich sogar bei strahlender Frühlingssonne in dicke schwarze Umhängetücher hüllten, brachten immer weniger Verständnis für die ausgelasse-

nen Mädchen auf und schrien wie Pfaue, sobald eine von uns auftauchte. Es war nach wie vor verboten, die Fenster des Schlafsaals zu öffnen, in dem wir zu sechst schliefen – meist ungewaschen. Die Jüngste, die elfjährige Micheline, wurde krank. Ihre einzige Verwandte, eine Tante, arbeitete zwölf Stunden am Tag in einem Bistro. Micheline verbrachte dort jedes Wochenende und half beim Geschirrspülen. An ihrem zwölften Geburtstag sollte sie aus dem Internat in die Wohnung ihrer Tante umziehen und dann ebenfalls eine Ganztagsarbeit übernehmen. An jenem Sonntag war sie in der Kapelle ohnmächtig geworden, woraufhin man sie ins Bett gesteckt hatte. Ihr Gesichtchen war aschfahl, und sie hatte dunkle Ringe unter den Augen. Niemand erkundigte sich, ob sie etwas brauchte. Da es zu warm war, um zugedeckt im Bett zu liegen, sah ich, daß Micheline ganz schwarze Füße hatte. Und ihre Zehennägel waren so lang, daß sie sich nach unten krümmten. Als ich ihr die Nägel schneiden wollte, schrie die arme Kleine so jämmerlich, daß ich es schleunigst bleiben ließ.
In derselben Woche mußte ich wegen heftiger Kopfschmerzen einen Tag im Bett bleiben. Eine unserer Demoiselles brachte uns beiden eine Tasse »tisane«. Ich roch an meiner und goß das Zeug ins Klosett. Micheline trank ihre Tasse aus und mußte sich sofort übergeben.

In Jacks und Lenas gemütlichem kleinem Zimmer, das im Winter so warm und sonnig gewesen war, war es jetzt so heiß und stickig wie in einem Ofen. Kein bißchen Durchzug, nicht einmal wenn beide Fenster geöffnet waren. Die Wände speicherten tagsüber die Hitze, und nachts war im Zimmer die gleiche Temperatur wie mittags. Onkel empfahl mir, *L'Assomoir* von Zola zu lesen – daraus könnte ich ersehen, wie wenig sich seither für die Pariser Armen geändert hätte. In der Stadtbibliothek, in der Simone mich eingeschrieben hatte, blätterte ich in dem Buch, fand es sprachlich aber zu anspruchsvoll für mich.
Mein dringendstes Problem war zu diesem Zeitpunkt, wie ich meinem Onkel beibringen sollte, daß ich ein Paar Sandalen brauchte. Ich lief immer noch in den schweren Stiefeln herum, die ich aus Polen mitgebracht hatte, und bei diesem heißen Wetter waren meine Füße, an denen eben erst die Frostbeulen verheilt waren, geschwollen und voller Blasen.

Auf Onkels Vorschlag ging Lena mit mir zu der polnischen Schneiderin, die Marinas Kleider genäht hatte, und bat sie, mich als Lehrmädchen anzunehmen. Meine Verwandten waren von dieser Idee begeistert, mich dagegen erfüllte sie mit Widerwillen. Madame Jenia war nicht besonders angetan von dem Vorschlag, mich einzustellen. Wie sie erklärte, bekäme sie zwar mehr Aufträge, als sie bewältigen könnte, aber ein Lehrmädchen, das kaum wisse, wie man eine Nadel hält, wäre für sie eher eine Belastung als eine Hilfe. Sie erzählte uns von ihrer eigenen Lehrzeit in Polen. Von dem langen Arbeitstag, den strengen Anforderungen, die an sie gestellt worden waren, und dem hohen Lehrgeld, das sie für ihre Ausbildung bezahlen mußte. Da wir es uns nicht leisten konnten, ihr überhaupt etwas zu bezahlen, regte sich in mir ein Hoffnungsschimmer... Doch plötzlich lenkte Madame Jenia ein. Sie hätte ohnehin nicht vor, noch lange in Paris zu bleiben. In Kürze werde sie ihr australisches Einreisevisum erhalten, und es wäre ihr arg, enttäuschte Kundinnen zurücklassen zu müssen. Na schön – wenn ich meine Verpflegung mitbrächte und Punkt neun Uhr zur Arbeit erschiene... Sie könne noch nicht genau sagen, wie viele Stunden ich täglich arbeiten müßte. Sie selber arbeite eigentlich durchgehend, notfalls sieben Tage die Woche, und wenn ich wirklich etwas lernen wolle, wäre ich gut beraten, ihrem Beispiel zu folgen.
Mein Onkel, der mit dem Ergebnis dieses Gesprächs sehr zufrieden war, lud mich ins Kino ein. Wir sahen einen Film, in dem Dorothy Maguire ein heimatloses taubstummes Mädchen spielte, das in eine Horrorgeschichte verwickelt wird, die mir unklar blieb. Das Wetter in diesem Film war schauderhaft – Gewitter, Sturm, wolkenbruchartiger Regen. Als wir auf den Boulevard Rochechouart hinauskamen, goß es auch hier in Strömen.

Paris, Freitag, 16. Mai 1947

Ich habe mit der Arbeit bei Madame Jenia angefangen, in ihrem schäbigen kleinen Hotel in der Rue de Rome. Ich verbringe meine Tage damit, in einem kleinen, düsteren Zimmer, das von Madame Jenias Schwiegermutter bewohnt wird, Nähte zu versäubern. Das Zimmer geht auf einen schachtartigen Hinterhof hinaus. Die Toilette (in jeder Etage nur eine einzige) ist gleich nebenan, deshalb empfiehlt es sich, das Fenster auch bei heißem Wetter geschlossen zu halten. Madame Jenia und ihr Mann bewohnen ein größeres Zimmer, dessen Fenster auf die Straße hinausgehen. In diesem Zimmer werden die Kundinnen empfangen, und auch die Anproben finden dort statt. Manchmal werde ich hineingerufen, um das Nadelkissen zu halten oder beim Maßnehmen zu helfen. »Ein Lehrmädchen?« fragen die Damen und mustern mich neugierig. »Sie sieht noch sehr jung aus... Sie lassen sie doch hoffentlich nicht an mein Kleid, Madame Jenia – Sie wissen doch, daß ich mich nur auf Ihre eigene Arbeit verlasse...« Und dann wenden sie das halbfertige Kleid um und suchen nach irgendwelchen Mängeln. Sich vorzustellen, man müßte sein ganzes Leben damit verbringen, sich bei dieser Gesellschaft lieb Kind zu machen!

Wir arbeiteten illegal, weil weder Madame J. noch ich eine Arbeitserlaubnis hatten. Zum Glück war der Inhaber des Hotels hilfsbereit, das heißt – bestechlich. Er gab uns ein Zeichen, sobald ein Inspektor aufkreuzte. Dann stopften wir die Sachen, an denen wir gerade arbeiteten, flugs in die Betten, warfen ein Tuch über die Nähmaschine und holten unsere Teetassen. Wenn der Inspektor hereinkam, saßen wir am Tisch und tranken Tee.

Paris, Donnerstag, 22. Mai 1947

Weil Madame J. kein Französisch kann, erledige ich die Besorgungen, kaufe Nähmaterial und liefere die Kleider bei den Kundinnen ab. Auch wenn ich mich noch so sehr beeile – jedesmal werde ich ausgezankt, weil ich zu lange gebraucht hätte. Den Unterricht in der Alliance mußte ich vorläufig aufgeben, weil ich immer sehr lange arbeiten muß. Als ich das letzte Mal dort war, habe ich Inka getroffen. Sie kehrt nach Polen zurück. Dort ist ein junger – nichtjüdischer – Mann, der sie heiraten möchte. Sie liebt ihn sehr, aber ihre Eltern wissen nichts davon. Sie würden ihr die Rückkehr nie erlauben. Inka war auf dem Konsulat, um einen Paß zu beantragen. Aber was wird geschehen, wenn sie ihn bekommt?
In der Pause sah ich, wie sie einen gutaussehenden Amerikaner ansprach, den sie noch gar nicht kannte. »Hallo, wollen Sie mir

denn keine Zigarette anbieten?« fragte sie und klimperte mit den Wimpern. Der junge Mann wurde rot – ich weiß nicht, ob aus Verlegenheit oder aus freudiger Überraschung – und hielt ihr sofort die Packung hin. Inka zündete sich eine Zigarette an, blies ihm den Rauch ins Gesicht und plapperte in ihrem fehlerhaften Französisch frisch drauf los. Wie kann sie sich so benehmen, wenn sie wirklich in einen anderen verliebt ist?
Der Konflikt zwischen Maurice und Yves ist kürzlich wieder aufgeflammt. Onkel hat zu meiner Überraschung Yves' Partei ergriffen. Er hat versprochen, sich bei Maurice für ihn einzusetzen, vorausgesetzt, daß Yves bei seinen Prüfungen wirklich gut abschneidet. Ich frage mich, warum Onkel, wenn es um *meine* Weiterbildung geht, nicht meine Partei ergreift. Bin ich ihm weniger wichtig als Yves? Warum?

Paris, Montag, 9. Juni 1947

Vor einer Woche mußte Lena mitten in der Nacht ins Krankenhaus gebracht werden: Blinddarmoperation. Jetzt ist sie wieder zu Hause – noch blasser als zuvor. Onkel zieht sie auf: »Jetzt mußt du zweimal durchs Zimmer gehen, bevor ich dich überhaupt bemerke. Und wenn du seitwärts stehst, bist du überhaupt nicht mehr zu sehen.«
Wegen der drückenden Hitze haben mich Mimi und Charles am Sonntag in den Bois de Boulogne mitgenommen. Dort war es schattig, geheimnisvoll und friedlich. Das Licht der Lampen schimmerte durch den grünen Blättervorhang. Autos glitten fast lautlos vorbei. Wenn ich doch eine ganze Woche unter den Bäumen bleiben dürfte!

Paris, Montag, 9. Juni 1947

Die Bäcker und die Eisenbahner streiken, und wir warten jeden Moment darauf, daß die Métro den Betrieb einstellt. Wie schön – dann kann ich einen Tag bei Simone im Laden bleiben. Man kann doch nicht verlangen, daß ich zu Fuß in die Rue de Rome und zurück laufe.
Madame J. hat mir erlaubt, ein ganzes Kleid zusammenzuheften, was man, wie sie sagt, normalerweise erst nach einem vollen Lehr-

jahr tun darf. Trotzdem macht mir das Schneidern so wenig Spaß wie zuvor.
Neulich kam ganz unerwartet ein Brief aus Kanada, von einem Großonkel, der sich vor fünfzig Jahren dort niedergelassen hat. Er erklärt sich bereit, mich bei sich aufzunehmen. Onkel war sofort damit einverstanden. Ich jedoch habe große Bedenken. Was soll ich denn bei diesen alten Leuten (sie müssen über siebzig sein) – mit wem kann ich denn da drüben reden?

Viroflay, Samstag, 21. Juni 1947

Ich bin wieder in einem Heim. In Viroflay. Das ist ein Dorf an der Vorortstrecke, zwischen Sèvres und Versailles. Von hier aus braucht man eine Stunde bis zur Rue de Rome. Das Gebäude ist eine große Villa, zu der ein Garten gehört. Es muß früher ein privater Wohnsitz gewesen sein. Wir sind nur zwölf Mädchen in diesem Heim, die Hälfte davon Französinnen, dazu zwei Schwestern aus Ungarn, ein Mädchen aus Spanien, eines aus Rußland – und Lilka und ich.
Onkel hat mich letzten Montag hierhergebracht. In dieser fürchterlichen Hitze hat er meinen schweren Koffer auf der Schulter vom Bahnhof hierher getragen. Er hat sich bemüht, vergnügt zu sein, aber in Wirklichkeit waren wir beide sehr traurig. Ich glaube, daß wir einander in einem fort mißverstehen und nie die richtigen Worte finden, um unsere Gefühle auszudrücken. Wenn Onkel doch nur einsähe, daß ich ein völlig normaler Mensch bin, der vernünftigen Argumenten zugänglich ist und mit dem man offen sprechen kann! Nachdem er mich und Lilka hier untergebracht hat, müßte ich ihm eigentlich dankbar sein. Andrerseits scheint es ihn überhaupt nicht zu kümmern, wie es jetzt weitergehen soll. Australien, Kanada, Polen – ihm ist das egal, wenn ich ihm nur aus den Augen bin.
Hier ist es ganz nett. Sehr sauber. Offensichtlich hat sich jemand die Mühe gegeben, das Heim so einzurichten, daß man sich wie zu Hause fühlt. In den Schlafräumen sind rosa Bettdecken und Vorhänge. Das Bad (ständig warmes Wasser) darf jederzeit benutzt werden. Sämtliche Mädchen sind ungefähr in meinem Alter. Die meisten arbeiten in Paris, einige – darunter die Schwestern aus

Ungarn – gehen hier zur Schule. Es ist natürlich ein Heim der OPEJ.
Wir stehen gegen sechs Uhr auf und gehen kurz nach sieben weg. Vor Mitternacht geht hier niemand zu Bett, was ziemlich aufreibend ist. Die Mahlzeiten nehmen wir auf einer von wildem Wein und Winden überwucherten Veranda ein. Die Heimleiterin, Frau Klein, ist eine ältere Dame, die oft auch für uns kocht, nicht weil das zu ihren Aufgaben gehört (hier gibt es eine Köchin), sondern weil es ihr Spaß macht. Sie steht beim Morgengrauen auf, um uns Croissants zum Frühstück zu backen. Alle Mädchen lieben sie und bekommen, bevor sie zur Arbeit fahren, von ihr einen Kuß auf die Wange. Ich glaube, es wird mir hier gefallen.

Viroflay, Sonntag, 22. Juni 1947

Inka hat ihre Haare strohblond gefärbt und sieht schauderhaft aus. Sie wird nicht abreisen. Ihr Vater hat ihren Paßantrag entdeckt und die Wahrheit aus ihr herausbekommen. Die beiden hatten eine schreckliche Auseinandersetzung, und nun muß Inka hierbleiben. Sie wird weiterhin in die Alliance gehen, bis sie den ganzen Kurs absolviert hat. Die Glückliche!
Wieder setzte eine Hitzewelle ein, die bis Ende Juni anhielt. Die meisten Mädchen verbrachten ihre Freizeit im Schwimmbad. Ich blieb im Heim, zog die rosa Vorhänge vor die offenen Fenster und genoß die ungewohnte Stille. Der Garten rings um die Villa war ein farbenprächtiges Blütenmeer. Wenn das Leben doch öfter so wäre wie jetzt, dachte ich.
Das Heim erhielt amerikanische Lebensmittelpakete, und wir durften jeden Tag eine ganze Dose Ölsardinen oder Frühstücksfleisch oder Corned Beef, ein großes Stück Brot und obendrein auch noch Schokolade mit zur Arbeit nehmen. Da ich eine ganze Dose allein nicht schaffen konnte, teilte ich sie jedesmal mit Madame J., was diese allerdings nicht davon abhielt, mir immer wieder hinzureiben, daß ich von Glück sagen konnte, kostenlos bei ihr in die Lehre gehen zu dürfen.
Madame J. bestand darauf, daß ich die Tür abschloß, wenn ich allein arbeitete. Eines Tages schlief ich vor lauter Hitze und Erschöpfung am Arbeitstisch ein. Ich wachte erst auf, als Madame J.,

ihre Schwiegermutter und der Hotelportier mich rüttelten und auf mich einschrien. Offenbar hatte ich so fest geschlafen, daß ich nicht gehört hatte, wie Madame J. an die Tür hämmerte. Dann hatte sie den Portier holen und aufschließen lassen müssen. Sie hatten geglaubt, ich sei tot.

Viroflay, Samstag, 28. Juni 1947

Mimi und Charles luden Jack, Lena, Onkel und mich zum Essen ein. Wie üblich war auch Mimis ungarischer Arzt da. Er ist ein melancholischer Mann, weder jung noch alt, mit einem breiten, dunklen Gesicht und weit auseinanderstehenden braunen Augen. Seine Zähne sind klein und kurz wie Kinderzähne. Ich bin mir nicht sicher, ob er tatsächlich in Frankreich praktizieren darf, aber jedenfalls kommt er oft zu Mimi, und sie konsultiert ihn wegen ihrer unzähligen Beschwerden. Nach dem Essen gingen wir in den Bois und legten uns unter einen Baum. Jack schlief sofort ein. Der Doktor flüsterte Lena zu, sie sollte sich neben ihn setzen – *»parce-que j'ai tant besoin de vous«*. Sie rückte hinüber und legte den Kopf in seinen Schoß. Mimi durchbohrte die beiden mit Blicken. Später hörte ich sie gereizt zu Charles sagen, es könnte ihr ja eigentlich egal sein, aber es wäre ihr doch lieber, wenn ihr Probleme im Zusammenhang mit ihrer Schwägerin und ihrem Freund erspart blieben.

Viroflay, Dienstag, 1. Juli 1947

Wie soll ich beginnen? Ich habe – nicht zum ersten Mal – festgestellt, daß ich, wenn etwas wirklich Erschütterndes passiert ist, nichts darüber schreiben kann. Das heißt: nichts, was über die Tatsachen hinausgeht. Also, das ist passiert: Am Sonntag habe ich *Pour qui sonne le glas [Wem die Stunde schlägt]* gesehen. Zum ersten Mal in meinem Leben habe ich im Kino geweint, und auch noch im Zug zurück nach Viroflay. Ich selber habe es erst gemerkt, als eine Frau mich fragte, was denn mit mir los sei, und ich nicht antworten konnte, weil mir die Stimme versagte. Im Heim ging ich sofort in das Schlafzimmer, das ich mit fünf anderen Mädchen teile. Zum Glück waren sie in dieser heißen Sommernacht noch draußen. Ich habe, glaube ich, die ganze Nacht geweint.

Am Morgen hatte ich verschwollene Augen und so heftige Kopfschmerzen, daß ich nicht aufstehen konnte. Frau Klein kam herauf, weil ich nicht zum Frühstück erschienen war, und ließ einen Arzt kommen. Wieder konnte ich nicht erklären, warum ich weinte. Er gab mir etwas, das mir dann endlich zum Einschlafen verhalf. Als ich heute früh – Dienstag – aufwachte, saß Onkel an meinem Bett. Er sah ganz hilflos aus, um nicht zu sagen verdattert. Ich war sehr überrascht, ihn hier zu sehen. Madame J. hatte, als ich am Montag nicht zur Arbeit kam, bei Maurice angerufen – deshalb war Onkel nach Viroflay gefahren.
Als er sah, daß ich aufgewacht war, stand er sofort auf und wollte gehen, aber ich griff nach seiner Hand, und da setzte er sich wieder. Wir begannen, über so ernste Themen wie Krieg und Tod zu sprechen und über Menschen, die fortgehen und nicht wiederkommen. Und darüber, daß man versuchen sollte, niemanden zu lieben und an niemandem zu hängen, weil es ja doch nur unerträglich weh tut, wenn diese Menschen sterben. Ich glaube, Onkel hat beinahe verstanden, was ich meinte, denn bevor er sich – Stunden später – verabschiedete, strich er mir übers Haar und sagte so unsicher, wie ich ihn noch nie erlebt habe: »Vielleicht war es doch nicht richtig, dich in diesen Film mitzunehmen.«
Doch, es war richtig, auch wenn es für mich das Schmerzlichste war, was ich jemals gesehen habe. So schmerzlich wie im wirklichen Leben, wie der wirkliche Verlust, der wirkliche Abschied, wenn man weiß, daß man diese Augen nie mehr sehen, diese Stimme nie mehr hören wird. Ich war dort, bei Ingrid Bergman, und habe lautlos geschrien, genau wie damals, als der Lastwagen mit meinem Vater davonfuhr und der Schneesturm alles um mich herum verschwimmen ließ und ich allein zurückblieb, auf einer stillen, öden Straße. Ich habe immer Angst gehabt, mich gehenzulassen. Zu viel über die Vergangenheit nachzudenken. Zuzulassen, daß ich von neuem den schneidenden Schmerz der Trennung, des unwiederbringlichen Verlustes empfände. Ich hatte das alles – so glaubte ich jedenfalls – tief und sicher im geheimsten Winkel meines Herzens begraben und einen großen, schweren Stein auf die Falltür gerollt, die hinabführt zum Unsagbaren. Arbeit, Lernen, Freunde, Gegenwart und Zukunft. Immer nur daran denken. Nie an die Vergangenheit. Das alles, so glaubte ich, würde begraben liegen, bis es in Staub zerfällt. Und ausgerechnet als ich es am

wenigsten erwartete (woher sollte ich wissen, wovon dieser Film handelt?), ist es hervorgebrochen und hat mein labiles Gleichgewicht erschüttert. Sobald ich zu weinen begonnen hatte, konnte ich nicht mehr aufhören. Noch jetzt laufen mir die Tränen herunter, aber es tut nicht mehr ganz so weh. Und ich bin ohnehin zu müde, um jetzt noch etwas empfinden zu können.

Wir waren zu sechst in dem rosa und weiß eingerichteten Schlafzimmer: Marta und Zuzi (die ungarischen Schwestern), Tamara und Annette (Französinnen), Lilka und ich. Marta hatte blonde Haare und spielte Klavier. Zuzi, dunkel wie eine Zigeunerin, spielte Geige. Beide nahmen in Paris Musikunterricht und übten täglich mehrere Stunden. Sie sprachen gut Französisch, außerdem Deutsch und Englisch, und gingen in Versailles zur Schule. Ihre Mutter wohnte in Paris. Sie hatten einen Bruder, der Cello spielte und ebenfalls in einem Heim in Frankreich untergebracht war. Ihr Vater, ein Universitätsprofessor, saß in Ungarn im Gefängnis. Die Familie wartete auf seine Freilassung und wollte dann in die USA auswandern. Die beiden Schwestern waren uns anderen gegenüber sehr zurückhaltend, unterhielten sich auf ungarisch und führten jeden Abend lange Telefongespräche mit ihrer Mutter.

Tamara, dick und blond und trotz ihres Namens Französin, trieb sich ständig bei diesen beiden herum, bediente sie und tat ihnen auf eine Art und Weise schön, die wir abstoßend fanden. Sie ging in dieselbe Klasse wie Zuzi, der sie die Bücher in die Schule und nach Hause trug.

Annette war die Hübscheste von allen. Sie war fünfzehn, hatte eine ganz schmale Taille (eine Figur wie eine Sanduhr), einen makellosen Teint, porzellanblaue Augen und dichtes kastanienbraunes Haar, das sie sich über der Stirn in Löckchen drehte. Sie duftete nach Eau de Cologne und hatte immer lackierte Fingernägel. Sie wartete ungeduldig auf ihren sechzehnten Geburtstag, weil sie dann zu ihrer Tante ziehen würde, die in Paris eine Parfümerie besaß. Die meiste Zeit verbrachte sie damit, sich im Spiegel zu betrachten und sich den Inhalt geheimnisvoller Porzellantöpfchen auf ihre Porzellanhaut zu tupfen. Sie war in sich und die Welt verliebt. Ihr einziges Bestreben war, alles und jeden hübsch aussehen und angenehm duften zu lassen. Obwohl wir anderen uns über

Annettes Getue und Selbstverliebtheit lustig machten, waren wir gern mit ihr zusammen, allein schon wegen der Duftwolke, die sie auf Schritt und Tritt umgab.
Lilka hatte vom ersten Tag an kein Hehl daraus gemacht, daß sie ihrer Ansicht nach eine Stufe über sämtlichen anderen Heimbewohnerinnen stand. Das hieß, daß sie auch mit mir möglichst wenig zu tun haben wollte. Sie tat so, als hätte sie mich erst vor kurzem kennengelernt, und zwar rein zufällig. Ab September wollte sie in Viroflay zur Schule gehen, deshalb lernte sie Französisch. Aus unerfindlichen Gründen fand sie sich mit ihren Lehrbüchern immer dort ein, wo gerade die meisten von uns versammelt waren oder wo die ungarischen Schwestern musizierten, und begann dann – laut! – zu lernen.
Zwei Filme versetzten mich dann wieder in eine fröhlichere Stimmung: *Swing Romance [Second Chorus]* mit Fred Astaire und Paulette Goddard und *L'amour vient en dansant [You'll Never Get Rich]*, ebenfalls mit Fred Astaire, dessen Partnerin diesmal Rita Hayworth war.

Paris, Sonntag, 6. Juli 1947

»Gestern erhielt Onkel einen Brief von Marina. Sie bittet ihn, mir zu erlauben, zu ihr nach Melbourne zu kommen. Lena sagt, in Wirklichkeit ginge es Marina nur um meinen Onkel. Es läge ihr bestimmt nicht viel daran, *mich* hinüberzuholen. Lena hat meine Minuspunkte aufgezählt: kein Geld, kein Englisch, keinerlei Fachkenntnisse. Das alles habe ich schon oft genug zu hören bekommen. Was soll ich denn tun? Im Heim dürfen wir bleiben, bis wir achtzehn sind. Dann schickt man uns einfach weg. Die französischen Mädchen brauchen sich wenigstens keine Sorgen wegen einer Aufenthaltsgenehmigung und Arbeitserlaubnis zu machen, aber für uns Ausländerinnen sieht die Sache ganz anders aus. Soll ich mich also für Kanada entscheiden oder mich nochmals an das polnische Konsulat wenden?«

»Manchmal ist es besser, ein Kind zu sein«, schrieb ich in mein Tagebuch. »Ohne Fragen zu stellen, *das* zu akzeptieren, was einem angeboten wird. Aber sobald einem die Augen geöffnet worden sind, ist es leider unmöglich, sie wieder zu verschließen. Der ganze

Prozeß des Erwachsenwerdens besteht vielleicht nur aus einer Folge unerfreulicher Enthüllungen, die wiederum eine lange Folge erschreckender Zukunftsaussichten eröffnen.

Wenn ich doch jemanden hätte, der älter, klüger und absolut vertrauenswürdig ist, und mit dem ich über das alles sprechen könnte! Einen Menschen, der mich versteht, sich nie über mich lustig macht, mich nie auszankt oder mir sagt, ich sei an allem selber schuld. Auch wenn das sehr oft stimmt. Aber einen solchen Menschen gibt es nirgends.«

8

Paris, Mittwoch, 9. Juli 1947

Ich hätte den Krieg nicht überleben dürfen. Zum Sterben hat es damals unzählige Möglichkeiten gegeben. Ich hätte meine Eltern nie verlassen sollen. Ich hätte Mutter nicht allein sterben lassen dürfen. Dafür werde ich jetzt bestraft. Jetzt stirbt man nicht mehr so leicht. Man muß es sich selber antun. Niemand würde es einem ohne weiteres antun, wie im Krieg. Jetzt muß ich mein Leben auf mich nehmen, mein unbeholfenes, unnützes Dasein, das mir und allen Betroffenen eine Last ist. Wenn ich plötzlich verschwände – was für eine Erleichterung wäre das für sie und für mich!

Am 14. Juli blieb ich zu Hause. Madame J. rief in Viroflay an und forderte mich auf, sofort zur Arbeit zu kommen. Frau Klein nahm mir den Hörer aus der Hand und erklärte meiner Arbeitgeberin in unmißverständlichem Französisch, was diese von ihr aus am Nationalfeiertag tun könnte... Ich hatte schon seit einigen Wochen keinen freien Tag mehr gehabt, weil viele von Madame J.s Kundinnen in Urlaub fahren und ihre neuen Kleider mitnehmen wollten.
Am Abend sahen wir uns das Feuerwerk an, das in Versailles stattfand und von unserem Dach aus gut zu sehen war. Einige Mädchen wollten nach Versailles fahren, Frau Klein jedoch befürchtete, daß ihnen etwas zustoßen könnte, und da sie Respekt vor ihr hatten, verzichteten sie auf den Ausflug.
Ich war erschöpft und deprimiert und wünschte mir nur noch, im Bett zu bleiben und tagelang zu schlafen. Das Leben war zu kostbar, um es mit Nähen zu verplempern. Mir war klar, daß mir eine Rolle aufgezwungen wurde, in der ich mich selber nicht mehr erkennen konnte. Ein einziges So-tun-als-ob. Das Gefühl, in eine aussichtslose und verlogene Situation geraten zu sein, war niederschmetternd.

Viroflay, Samstag, 19. Juli 1947

Drei Schiffe mit 4500 jüdischen Auswanderern warten vor der Hafeneinfahrt von Haifa auf Landeerlaubnis. Die Briten lassen sie nicht landen. Sie bestehen darauf, daß die Auswanderer nach Marseille, ihrem letzten Anlaufhafen, zurückkehren. Es ist nicht zu fassen!

Viroflay, Dienstag, 29. Juli 1947

Die drei Schiffe näherten sich Port-de-Bouc. Bevor sie in Haifa umkehren mußten, ist es zu verzweifelten Auseinandersetzungen gekommen. Wir können über nichts anderes mehr reden. Das Radio ist ständig eingeschaltet, und wir kaufen jede Zeitung, die wir auftreiben können. Die Auswanderer haben erklärt, sie würden sich lieber umbringen, als in Marseille von Bord zu gehen.

Viroflay, Donnerstag, 31. Juli 1947

Die drei Auswandererschiffe »Exodus«, »Empire Rival« und »Ocean Vigour« sind in Port-de-Bouc eingelaufen. Das Rote Kreuz versorgt sie mit Medikamenten, Milch und Babynahrung. Die Passagiere sollen gewaltsam an Land gebracht werden. Die Franzosen nennen diese drei Schiffe »Bateaux Cages«, und die Engländer haben an dieser Bezeichnung Anstoß genommen. Das ist der Gipfel der Heuchelei!

Während der letzten Julitage war ich ganz benommen. Ich verfolgte die Zeitungsmeldungen über die drei Schiffe und arbeitete täglich, auch am Wochenende, bis zum späten Abend. Als ich eines Tages ein Kleid bei einer Kundin ablieferte, bat sie mich, einen Moment auf der Treppe zu warten. Ich dachte, sie wollte mir etwas für Madame J. mitgeben, doch dann drückte sie mir ein Trinkgeld in die Hand. Ich gab es ganz impulsiv zurück und rannte wie von Furien gehetzt die Treppe hinunter. Wer von uns beiden verdutzter war, hätte ich nicht sagen können. Ich war den Tränen nahe, so gedemütigt fühlte ich mich. Trotzdem: Das Geld hätte ich dringend nötig gehabt. Ich war völlig abgebrannt, zumal mein Onkel in Urlaub gefahren war.

Malmaison, Sonntag, 3. August 1947

Als ich kürzlich einen ähnlichen Botengang erledigt hatte (diesmal gab ich das Paket schleunigst an der Tür ab und rannte weg), blieb ich mit dem Fahrstuhl stecken. Schauderhaft! Es war einer dieser Glas-und-Spiegel-Käfige, die in einem Schacht aus verschnörkeltem Schmiedeeisen hängen. Die gewachste, teppichbelegte Treppe wand sich korkenzieherartig um den Fahrstuhlschacht. *Un escalier en colimaçon* wird das hier genannt. Wahrscheinlich hatte ich die Innentür zu früh öffnen wollen – jedenfalls blieb der Fahrstuhl ein Stück über dem Erdgeschoß stehen. Die Außentür direkt unterhalb des Fahrstuhlbodens konnte ich nicht öffnen. Im Haus regte sich nichts. Eine Alarmklingel war nicht vorhanden. Zum Glück war es im Lift ziemlich dunkel und kühl, während draußen eine sengende Hitze herrschte. Es roch angenehm nach Bienenwachs. Ich saß auf dem Boden und wartete. Es dauerte sehr lange, bis ich endlich jemanden kommen hörte. Ich wurde ein bißchen nervös. War es ein Mann oder eine Frau? Jemand, dem man vertrauen konnte? Es passierten doch so viele schreckliche Dinge, und da saß ich nun in diesem Käfig – völlig wehrlos, falls ich einem Killer oder irgendeinem perversen Kerl in die Hände fiel. Ich rief: *»Monsieur, eh, monsieur?«* Ich wußte nicht, wie ich meine Notlage erklären sollte, doch der Mann verstand sofort, holte die Concierge – und ein paar Minuten später war ich befreit. Ich murmelte ein paar Dankesworte und stürmte hinaus, bevor man mir Fragen stellen konnte.
Madame J. ist am 1. August verreist, und wir sind nach Malmaison umgezogen.

Das Heim in Viroflay war vorübergehend geschlossen worden, weil die meisten Mädchen in die Sommerferien gefahren waren. Anna (aus Zabrze) wurde ebenfalls in dem Heim in Malmaison einquartiert. Es bestand aus zwei Häusern, dem Haupt- und dem Nebengebäude, dic in einem großen, verwilderten Garten standen. Beide Häuser waren unbeschreiblich verschmutzt. In jedem Winkel lagen haufenweise Lumpen und Unrat herum. Die Holzböden waren dreckverkrustet. Wir verbrauchten ein ganzes Paket Scheuerpulver, bevor wir uns in die Badewanne trauten. Überall wimmelte es von Wanzen, Flöhen und Küchenschaben, und

nachts schwirrten ganze Scharen von Stechmücken herum. Wir waren von Kopf bis Fuß mit Stichen bedeckt und wachten jeden Morgen mit geschwollenem Gesicht auf.
Die »Alteingesessenen« waren alles andere als freundlich: Eine Clique fast schon erwachsener Mädchen und Jungen (diese waren in der Überzahl), die meist nichts Besseres zu tun hatten, als ihr Radio in voller Lautstärke spielen zu lassen. Immer nur Dschungelmusik, leider Gottes! Da sie es nicht einmal nachts leiser stellten, konnten wir nur tagsüber ein paar Stunden schlafen – vorausgesetzt, daß die »Wilden« abgezogen waren, um Paris unsicher zu machen. Zum Glück waren wir im Nebengebäude und sie im Hauptgebäude untergebracht.
Da ich mir vor dem Umzug genug Lesestoff besorgt hatte, saß ich meistens mit einem Buch im Garten. Ich hatte gerade *Cyrano de Bergerac* gelesen und war begeistert vom Esprit und Stil dieses Theaterstücks. Was für eine Offenbarung die französische Sprache für mich geworden war!
In Paris sahen wir den Film *The Phantom of the Opéra* mit Nelson Eddy, Claude Rains und der jungen Schauspielerin Susanna Foster, die wie eine Lerche sang. Das Kino war ganz nahe bei Charles' Laden, aber auch Mimi und Charles machten Urlaub, und das Geschäft war geschlossen.

Malmaison, Montag, 4. August 1947

Hier in Malmaison steht ein Klavier, und obwohl es schrecklich verstimmt ist, übe ich jeden Tag, um nicht alles zu verlernen.

Malmaison, Dienstag, 5. August 1947

Als Vergeltung für den Tod der beiden britischen Sergeanten, die am 31. Juli bei Tel Aviv von der Untergrundbewegung »Irgun« gehängt wurden, ist es in London, Manchester und Liverpool zu antisemitischen Ausschreitungen gekommen. Synagogen wurden überfallen und Fabriken niedergebrannt. O Gott, fängt das jetzt wieder an?
Die jungen Burschen aus dem Hauptgebäude kommen herüber, um uns zu piesacken, vor allem nachts. Sie klettern durch die Fen-

ster herein und kippen unsere Betten um – zum Schabernack, nicht aus Bosheit –, aber wir wollen nichts mit ihnen zu tun haben. Ihnen leuchtet das nicht ein.
Big Charlie, ein blonder Hüne, ist ganz hingerissen von Annette. Neben ihm sieht sie wie ein Meißner Porzellanfigürchen aus. Sie fürchtet, die Sonne könnte ihrem Teint schaden, und Big Charlie schleicht sich immer wieder von hinten an sie heran und reißt ihr den Sonnenhut vom Kopf. Dann klettert er affenartig auf den nächsten Baum, wobei er den Hut mit den Zähnen festhält. Wir wissen nicht so recht, wie wir ihm beibringen könnten, daß Jungen, die in Shorts auf Bäume klettern, Unterhosen tragen sollten.

Malmaison, Sonntag, 10. August

Am Freitag gingen wir in die Oper und sahen *Die Zauberflöte.* Es war phantastisch. Wir waren zu siebt: Lilka, Marta, Zuzi, Denise, Simone, Anna und ich. Wir saßen auf dem Olymp, der hintersten Reihe der obersten (4.) Galerie, deshalb konnten wir die obere Hälfte der Bühne nicht sehen, aber das hat uns nichts ausgemacht. Die Musik, die Kostüme, der Gesang, die ganze märchenhafte Zauberwelt... Wir hatten kein Programmheft, ich weiß also nicht, welche Sänger auftraten, aber auch das hat uns nichts ausgemacht.
Die Königin der Nacht muß allerdings sehr nervös gewesen sein. Bei der großen Koloratur-Arie, als sie auf einer Wolke stand, versagte ihr beim höchsten Ton die Stimme. Und sofort fuhr das ganze Publikum hoch und machte »Aaah...«. Die Arme! Ich habe mir Gedanken darüber gemacht, wie sie es durchstehen und ob ihr hinterher jemand die Leviten lesen würde.
Um Mitternacht machten wir uns auf den Heimweg durch das dunkle, stille Paris. Wir mußten eine halbe Stunde auf unseren Zug warten. Wir setzten uns in ein Straßencafé und tranken zusammen eine Limonade. Aus einer Gasse tauchte eine Frau auf, groß und stattlich, aber schäbig gekleidet und mit einer Brille auf der Nase. Sie sprach jeden Mann, der vorbeikam, derart dreist und aufdringlich an, daß wir wie gelähmt an unserem Tisch saßen und gafften. Wir waren so verdattert, daß wir beinahe unseren Zug versäumt hatten.

Malmaison, Mittwoch, 13. August 1947

Früher muß es hier wunderschön gewesen sein. Direkt gegenüber hatte Napoleons Josephine ihr Schloß, in einem Park. Und das Haus und der Garten gehörten einem von Napoleons Generälen. Jetzt ist alles schrecklich vernachlässigt, aber in den alten Ruinen sind noch Spuren einstiger Schönheit zu entdecken.
Heute früh bin ich aus einem langen Traum aufgewacht, den ich vergessen hatte, sobald ich die Augen aufmachte, doch er war so voller Glückseligkeit, daß dieses Gefühl den ganzen Tag anhielt.

Angesichts der Schwierigkeiten, die das Leben in dem neuen Heim mit sich brachte, schlossen wir uns enger zusammen. Mit Ausnahme Lilkas. Marta, die während Tamaras Abwesenheit etwas auftaute und Vertrauen zu mir faßte, war ebenfalls der Meinung, Lilka sei für das Leben in einer solchen Gemeinschaft ungeeignet. Wir sprachen in Ruhe über meine einstige Freundin und konstatierten, daß sie etliche Charakterfehler hatte: Sie war selbstsüchtig, unzuverlässig und hochnäsig. Ich staunte über Martas Beobachtungsgabe.
In der Bibliothek hatte ich mir eine Gesamtausgabe der Theaterstücke von Molière ausgeliehen, die ich jetzt durchackerte. Eigentlich las ich Dramen nicht besonders gern, aber ich bewunderte die geistreichen Pointen und die Eleganz der Sprache, die mir von Tag zu Tag mehr Freude machte. Außerdem eignete ich mir ziemlich viel Pariser »argot« an – mit dem Ergebnis, daß man sich erstaunt nach mir umsah, wenn ich mit Simone beim Einkaufen war, und daß sie jedesmal hastig erklärte, ich wüßte gar nicht, was ich da sagte.
Nacht für Nacht fielen Sternschnuppen. Ich wollte mir jedesmal etwas wünschen, doch mir schwirrte der Kopf von undefinierbaren Sehnsüchten und Ängsten.

Ich besuchte Jack und Lena in Paris, und um frische Luft zu schnappen, gingen wir hinauf zur Sacré-Cœur-Kirche. Die Stadt flimmerte unter dem Hitzeschleier.
Jack erzählte mir von seinen Jugendjahren, den sorglosen Tagen daheim auf dem väterlichen Besitztum tief in der polnischen Provinz, von seinen Brüdern und Schwestern. Sie waren zu zwölft!

Eine richtige Rasselbande, die Zweikämpfe ausfocht, auf ungesattelten Pferden ritt, schwamm und segelte. Immer wenn ein Hauslehrer ihnen am Ende des Schuljahres schlechte Noten androhte, fuhren sie mit ihm in einem kleinen Boot bis zur Mitte eines Flusses, der breit und gefährlich war. Ließ sich der Hauslehrer dann immer noch nicht umstimmen, mußte er zum Ufer zurück um sein Leben schwimmen.

Als Charles mit Mimi nach Hause gekommen war, um sie der Familie vorzustellen, hatte Mimi zwei seiner jüngeren Brüder gebeten, ihr ein paar Worte Polnisch beizubringen, mit denen sie am Abend die Verwandtschaft begrüßen wollte. Die beiden versprachen, sich etwas Passendes einfallen zu lassen. Als der große Moment gekommen war, trat Mimi mit strahlendem Lächeln ins Zimmer und sagte: »Ihr könnt mich alle am Arsch lecken!« Ihre Aussprache war tadellos. »Von diesem Moment an hat Mimi zur Familie gehört«, berichtete Jack.

»Ich besaß nur ein einziges weißes Baumwollkleid«, erzählte Lena. »Wir waren noch nicht verheiratet, und Jacks Eltern wollten natürlich nicht, daß er mich zur Frau nahm. Weil ich zu arm war.« Der Ton, in dem sie das sagte, verriet eine gewisse Selbstgefälligkeit, wenn nicht sogar Genugtuung. Unter den gegenwärtigen Umständen mußte ihr das alles lächerlich vorkommen. »Jack hatte mich eingeladen, eine Weile dortzubleiben. Jeder in dieser Familie lud ständig irgendwelche Bekannte ein. Das Haus stand jedem offen. Man ging einfach hin, erklärte, man sei mit einem Sohn oder einer Tochter des Hauses befreundet, und schon bekam man ein Zimmer. Manche Leute blieben wochenlang da, ohne daß jemand wußte, wer sie eigentlich waren. Also, ich hatte nur dieses eine Kleid. Ich habe es jeden Abend gewaschen und jeden Morgen vor dem Frühstück gebügelt, um immer wie aus dem Ei gepellt auszusehen... Und ich hatte sehr langes Haar...«

»Du mußt reizend ausgesehen haben«, sagte ich mitfühlend. Wie konnte man denn gegen Lena etwas einzuwenden haben...

»Ein Leben war das damals! Der Fluß, die Boote, die Pferde. Mein Bruder hat die Feuerwehr inspiziert, hoch zu Roß, bloß mit seiner Badehose bekleidet, aber einen Messinghelm auf dem Kopf...«

»Und Erdbeerfelder hatten wir, kannst du dir das vorstellen? Wir haben immer einen Eimer Rahm mit hinausgenommen und Erdbeeren gegessen, bis wir nicht mehr konnten.«

»Und der übrige Rahm«, sagte ich, »wurde dem, der als letzter kam, über den Kopf gegossen.« Ich hatte diese Geschichten so oft im Warschauer Ghetto zu hören bekommen, wenn wir Jacks Eltern besuchten, die in einem winzigen Zimmer hausten. Entwurzelt und enteignet, nicht daran gewöhnt, in der Stadt und in einem einzigen Zimmer zu leben, voller Sorge um ihre Kinder, die in der ganzen Welt verstreut waren und in mindestens drei verschiedenen Armeen kämpften... Die beiden starben, wie meine Großeltern, bei der »großen Selektion«...

Malmaison, Dienstag, 19. August 1947

Die Passagiere der »Exodus« sind in den Hungerstreik getreten.
Hier bei uns hat der Preis für ein Kilo Brot (es ist immer noch schwefelgelb) die Rekordhöhe von vierundzwanzig Francs erreicht. Wie uns ein Arzt in einem langen Zeitungsartikel versichert, besteht trotz der seltsamen Farbe und des merkwürdigen Geruchs keine Gefahr, daß der Genuß dieses Brotes zu Pellagra oder angeborenem Schwachsinn führt.
Die Damenmode ändert sich. Endlich! Die wattierten Schultern und kurzen, geraden Röcke sind passé. Die Konturen werden fließender. Abgerundete, natürliche Schulterpartien, längere, glokkige Röcke. Da man aber zu solchen Röcken viel mehr Stoff braucht, bezweifle ich, daß sie sich durchsetzen werden.

Malmaison, Freitag, 22. August 1947

Man hat den Auswanderern auf der »Exodus« ein Ultimatum gestellt: entweder in Frankreich von Bord zu gehen oder nach Hamburg zurückzufahren. Die Engländer können doch nicht erwarten, daß diese Menschen, von denen die meisten wie durch ein Wunder die deutschen Konzentrationslager überlebt haben, nach Deutschland zurückkehren! Wissen sie denn nicht, was in Europa passiert ist? Oder stimmt es (wie hier alle behaupten), daß sie es sehr wohl wissen, aber keinerlei menschliche Gefühle haben und sich einfach darüber hinwegsetzen?

Malmaison, Samstag, 23. August 1947

Die »Exodus« fährt, von zwei Kriegsschiffen eskortiert, nach Hamburg zurück. Wenn sie dort einläuft, kommt es bestimmt zu entsetzlichen Szenen. Manche Leute sagen voraus, daß niemand das Schiff lebend verlassen wird.

Ab September sollte ich an einem Kurs in der Modefachschule teilnehmen, wo ich das Zuschneiden und Entwerfen von Kleidern lernen sollte. Ich stand der Sache skeptisch gegenüber. Daß ich etwas so Schwieriges und Geheimnisvolles erlernen könnte, hielt ich für ausgeschlossen. Andrerseits war mir alles recht, was mir dazu verhelfen konnte, zwei Nachmittage pro Woche nicht bei Madame J. arbeiten zu müssen. Ihr behagte das allerdings gar nicht. Sie hatte ihren Urlaub beendet und war schwanger. Die Mädchen in Viroflay wiesen mich darauf hin, daß schwangere Frauen schrecklich launisch und leicht erregbar seien. Man dürfte ihnen nicht widersprechen und keinerlei Ärger machen, weil das dem Kind schaden könnte. Ich sah den kommenden Monaten mit gemischten Gefühlen entgegen.

Viroflay, Dienstag, 2. September 1947

Bei einem schrecklichen Brand im »Select Cinéma« in Rueil sind 87 Menschen ums Leben gekommen und 29 verletzt worden.

Viroflay, Samstag, 6. September 1947

Heute vor fünf Jahren fand im Warschauer Ghetto die »große Selektion« statt. Großvater und Großmutter wurden abtransportiert, Tante Marysia – und so viele andere. Vater und ich standen auf einem großen Platz und warteten auf die Nummern, die man zugeteilt bekommen mußte, um im Ghetto bleiben zu dürfen. Für mich war keine Nummer da. Im letzten Moment gab mir ein Aufseher, der Vater kannte, die Nummer seiner eigenen Tochter. Heute, genau fünf Jahre später, habe ich wieder ein Stück Papier bekommen: einen Brief von Marina, mit der Nachricht, daß man mir die Landeerlaubnis erteilt hat – in einer Woche müßte sie hier eintreffen. Vielleicht liegt sie schon bei Maurice. Es ist ein merkwürdiges Zusammentreffen, denn wird mir durch diese Landeerlaubnis nicht in fast wörtlichem Sinne genehmigt, das alles hinter mir zurückzulassen und ein neues Leben zu beginnen – in einem neuen Land? Nur: Was soll ich dort? Ich kann kein Wort Englisch. O Gott, was soll ich denn in Australien tun?

Wie stets suchte ich Zuflucht im Kino. *La vie privée d'Elizabeth d'Angleterre [Günstling einer Königin].* Erroll Flynn als Essex. Aber leider Gottes war der alte Zauber verflogen. Ich wünschte mir nicht mehr, bei ihm dort oben zu sein, wenn er sich von einem Kronleuchter herabschwang oder mit Karacho durch geschlossene Fenster sprang. »Was ist mit mir los? Werde ich erwachsen?«

Mitte September war unsere Hausgemeinschaft tief betroffen über die Nachricht, daß Frau Klein das Rentenalter erreicht hatte und uns verlassen würde. Alle, auch sie selbst, waren in Tränen aufgelöst. Eine neue Heimleiterin wurde ernannt. Dreißig Jahre alt, dürr und dunkelhaarig, mit scharfer Stimme und einem sehr barschen Auftreten. Sie hieß Bella. Der Name, fanden wir, paßte zu ihr wie die Faust aufs Auge. Sie übte sofort Kritik an dem ganzen Heim, in dem ihrer Ansicht nach eine hoffnungslose Mißwirtschaft herrschte. Daß sie dies äußerte, als Frau Klein noch im Haus war, kreideten wir ihr als unverzeihliche Sünde an.

Wir gaben ein Abschiedsessen für Frau Klein und überreichten ihr einen im Garten gepflückten Blumenstrauß und einen Gewürzständer. Bella, die an dem Essen teilnahm, war anzusehen, daß sie vor Wut kochte.

Sie benützte kein Make-up, hatte kurzgeschnittene Haare und war Kettenraucherin. Mit dem ohnehin spärlichen Privatleben, das wir bisher noch gehabt hatten, war es mit einem Schlag vorbei. Ohne anzuklopfen platzte Bella bei uns herein und wollte wissen, womit wir gerade beschäftigt waren. Sie marschierte die Treppe hinauf und hinunter und sang dabei aus voller Kehle. Sie war Kommunistin, verkündete sie. Sie verabscheue kleinbürgerliches Benehmen. Sie sang die »Bandiera rossa« auf italienisch und die »Internationale« auf französisch und forderte uns zum Mitsingen auf. Zum Glück konnte keine von uns den Text. Sie kam zu uns ins Badezimmer und duschte gemeinsam mit uns. »Nicht schlecht für mein Alter, was?« Und dabei klatschte sie sich auf die mageren

Schenkel und musterte uns mit ihren dunklen Knopfaugen. Es behagte uns absolut nicht, daß sie sich so krampfhaft bemühte, unser Kumpel zu werden, unsere *copine* und *frangine.*
Sonntag, den 14. September, bekam Denise von Bella eine Ohrfeige, was einen Generalstreik auslöste: Wir ließen unser Frühstück unberührt auf dem Tisch stehen und Bella finsteren Blickes vor der Kakaokanne sitzen.

Viroflay, Freitag, 19. September 1947

Hier die Voraussage für den kommenden Winter: Weil Weißblech Mangelware ist, wird es keine Konserven geben. Wegen der Mißernte und der daraus resultierenden Mehlknappheit mußten die Spaghettifabriken bereits vor vier Monaten schließen. Wegen der Dürreperiode im Sommer ist Gemüse knapp geworden und wird in den kommenden Monaten noch knapper werden. Kartoffeln sind, weil von Beschlagnahme gemunkelt wird, in den Läden so gut wie nicht mehr zu bekommen. Der Preis für ein Kilo Beefsteak ist auf 400 Francs geklettert. Und die Fleischereien sind ohnehin mehrere Tage in der Woche geschlossen.
Da bleibt nicht viel übrig. Wir müssen dankbar sein für die Lebensmittel, die wir aus Amerika erhalten. Nestlé-Dosenmilch, an der ich mich gar nicht satt trinken kann, Kakao, Ölsardinen und große Dosen mit einem widerlichen Zeug, das fettig, salzig und zugleich süß ist und über dessen Verwendungszweck wir uns immer noch im unklaren sind. Es heißt *peanut butter.* Nach dem Abendessen bekommt jede von uns einen Löffel voll zum Schlekken. Zu Brot scheint dieses Zeug ebenso wenig zu passen wie zu Milch oder irgend etwas anderem. Aber es soll eine Menge Vitamine enthalten, deshalb müssen wir's essen.
Ich habe gerade einen Zeitungsartikel über einen Mann gelesen, der vor vier Jahren von einem entflohenen französischen Kriegsgefangenen in einem Wald bei Hamburg entdeckt wurde. Er konnte nicht mehr sprechen und hatte offenbar keine Ahnung, wer er war. Nach der Ankunft in Frankreich erinnerte er sich unter Hypnose an ein paar französische und deutsche Wörter, aber an nichts, was seine Identität betraf. Vom Krankenhauspersonal lernte er schließlich fließend Französisch, doch das Geheimnis um

seine Person ist bis heute nicht gelüftet worden. Vielleicht ist er gar kein Franzose? Ob irgend jemand schon einmal versucht hat, Polnisch mit ihm zu sprechen? Vielleicht ist es jemand, den ich kenne?

Am Sonntag, während des Mittagessens bei Lena und Jack, kamen wir auf unsere nächsten Verwandten zu sprechen. Was denn eigentlich mit Mimi los sei, fragte ich. Ob sie krank sei? Ein Herzleiden vielleicht? Wann immer ich sie besuchte, war ihr ungarischer Arzt zugegen, und wenn Mimi Beschwerden hatte, was oft der Fall war, setzte er sich neben sie, hielt ihre Hand und flüsterte ihr etwas ins Ohr, während Charles aufgeregt herumlief.

»Wenn du mich fragst«, sagte Lena, »es hat nichts mit ihrem Herzen zu tun. Es ist ihr Alter, das ist doch klar.«

Mir war das keineswegs klar.

»Sie ist etliche Jahre älter als Charles. Sie können keine Kinder haben. Und Charles hätte so gern Nachwuchs. Deshalb fürchtet Mimi, er könnte ... na, du weißt schon ... einen Seitensprung machen.«

»Warum können sie keine Kinder haben?«

»Ich weiß nicht, warum es früher nicht geklappt hat. Jetzt ist es jedenfalls zu spät.«

Ich sah sie entgeistert an. Mir war noch nie der Gedanke gekommen, daß man zu alt sein könnte, um ein Kind zu bekommen. Dann gab es also doch noch gewisse Dinge, von denen ich keine Ahnung hatte?

»Und noch etwas«, sagte Lena. »Wenn ich dir einen Rat geben darf ... An deiner Stelle wäre ich Charles gegenüber etwas vorsichtiger.«

Ich starrte sie mit offenem Mund an. »Was hab' ich denn getan?«

»Mimi ist sehr nervös und braust leicht auf. Und Charles ... naja, er ist eben ein Mann. Sieh zu, daß du nicht zu oft mit ihm allein bist.«

Ich war wie vom Donner gerührt. Lena konnte doch unmöglich glauben, daß ich und – Charles ...

»Er ist doch mein Vetter«, stammelte ich.

Ich sah, wie Jack mir über den Tisch hinweg zublinzelte, und hielt den Mund. Ich spürte, daß mir das Blut ins Gesicht stieg. Nein! Das war einfach *zu* schrecklich! War ich denn so naiv gewesen?

Oder steckte etwas anderes hinter Lenas Warnung?
»Das ist ja lächerlich«, erklärte ich.
»Wie du willst«, sagte Lena.
Auf der Heimfahrt jedoch fiel mir etwas ein, das sich in der vergangenen Nacht abgespielt hatte. Bei einem gemeinsamen Spaziergang im Bois hatte ich mir eine Blase gelaufen. Charles erbot sich, mir ein Pflaster zu machen. Auf dem Weg zum Kino kamen wir an seiner Wohnung vorbei. »Nicht nötig, daß ihr mit hinaufkommt«, sagte Charles zu Mimi und dem Ungarn. »Wir sind gleich wieder da.«
Droben führte er mich zu einem Lehnstuhl, hockte sich auf den Boden, hielt meinen Fuß auf den Knien und säuberte die inzwischen aufgeplatzte Blase. Als er vorsichtig ein Stück Pflaster auf meine Ferse klebte, wurde plötzlich die Tür aufgerissen, und Mimi stürmte herein. Wir sahen ganz verdutzt zu ihr hinüber. Das Haus hatte keinen Fahrstuhl, und Mimi war offenbar in aller Eile die Treppe bis zum fünften Stock hinaufgerannt. Ihr Gesicht war puterrot.
»Ich dachte... ich nehme lieber einen Schirm mit«, stammelte sie. »Es sieht nach Regen aus.«
Sie war ganz durcheinander und sehr verlegen. Charles ebenfalls. Aber er war auch sehr verärgert.
»Also wirklich, Chérie...«, sagte er unwirsch – während sie sich, immer noch außer Atem, auf den nächsten Stuhl fallen ließ und sich Luft zufächelte – »... nach all diesen Jahren...« Den ganzen Abend herrschte eine derart gespannte Atmosphäre, daß keiner von uns den Film genießen konnte.
Mit Simone und Maurice zusammenzusein, war dagegen eine wahre Erholung. Obzwar die beiden häufig aneinandergerieten, nannte Simone ihren Mann immer noch »mein Robert Taylor« und schlang oft ganz impulsiv die Arme um ihn, wobei er jedesmal rote Ohren bekam und so tat, als wäre ihm das alles sehr peinlich – aber seine Äuglein funkelten vor Vergnügen.
Ihn darf ich küssen und umarmen, so oft ich will, sagte ich mir. Bei Maurice und Simone durfte ich noch Kind sein. Mit ihren Streitigkeiten hatte ich nichts zu tun. Es ging dabei immer nur um finanzielle und geschäftliche Probleme. Daß die beiden nicht begreifen konnten, was ich vom Leben erwartete, kränkte mich nicht: Sie konnten ja nicht einmal ihren eigenen Sohn verstehen.

Auch mein Onkel zog diesen Haushalt, in dem es drunter und drüber ging, der schicken Atmosphäre am Boulevard de Neuilly vor. Er verbrachte fast jeden Abend bei Maurice. Das Essen, das er dort vorgesetzt bekam, war oft seine einzige Mahlzeit am Tag. Er hatte immer noch keine Arbeit gefunden und war völlig abgebrannt. Davon ließ er allerdings kein Wort verlauten – außer mir wußte es niemand. Ich fand das bewundernswert. Ich wußte, was es heißt, wirklich hungrig zu sein, und daß es zu einer Zwangsvorstellung werden kann, die alle anderen Gedanken verdrängt.

Viroflay, Samstag, 4. Oktober 1947

In Ägypten grassiert die Cholera. 160 Fälle an einem einzigen Tag.
Jacques Griffe kreiert ein herrliches, spitzenbesetztes »deshabillé« für Prinzessin Elizabeth. Rosette, die seit kurzem bei uns im Heim wohnt, ist Lehrmädchen bei Jacques Griffe. Sie hat es gesehen und redet unentwegt davon.
In Palästina wird es zu einem richtigen Krieg kommen.
Gestern abend habe ich im »Gaumont« den Film *The Best Years of Our Lives [Die besten Jahre unseres Lebens]* gesehen. Eigentlich hätte er das Publikum zum Weinen bringen müssen. Hat er aber nicht.

Viroflay, Montag, 6. Oktober 1947

Zuviel Arbeit bei Madame J. und zu wenig Zeit, um richtig Tagebuch zu führen. Zweimal in der Woche bin ich ab vier Uhr nachmittags in der Modefachschule am Boulevard de Strasbourg. Wir nehmen Maß, stellen Berechnungen an, zeichnen Schnitte und schneiden ballenweise steifen weißen Musselin zu. Wir müssen lange Ärmel zuschneiden, in einem Stil, der bereits völlig aus der Mode gekommen ist. Kurze Ärmel sind viel einfacher. Da braucht man bloß die Form des Armlochs zu berechnen. Bei langen Ärmeln muß man Spielraum für den Ellenbogen lassen, so daß die eine Seite länger als die andere ist, und auf der Innenseite sind zwei kleine Abnäher. Rosette (»aus dem Hause Jacques Griffe« – was wir so oft zu hören bekommen, daß es uns schon zum Hals heraus-

hängt) rümpft bloß die Nase, wenn ich sie etwas frage. Sie ist natürlich »haute couture«, auch wenn sie dort bloß die stumpfsinnigste, einfachste Arbeit machen darf und noch nie ein ganzes Kleid zusammengenäht hat, was sie vermutlich auch nie tun wird.
In der zweiten Unterrichtsstunde müssen wir lange Bahnen Musselin mit Stecknadeln an Kleiderpuppen befestigen und dann so drapieren und zuschneiden, daß ein Kleid daraus wird oder auch bloß ein Oberteil oder ein Rock. Wir lernen, ob der Stoff gerade oder schräg angeheftet werden und ob man ihn straffen oder lose herabhängen lassen muß. Das ist viel interessanter, als am Zeichentisch zu arbeiten – abgesehen davon, daß keine Frau existiert, die eine so unmögliche Figur wie unsere Kleiderpuppen hat. Bei denen hängt der Busen bis zur Taille herunter, und der Hintern ist herausgereckt wie bei den in Korsetts eingeschnürten Damen um 1900. Außerdem würden wir einer Kundin doch niemals Musselin anheften!
Madame J. nimmt ganz einfach Maß, sieht sich das abgebildete Kleid an, breitet den Stoff auf dem Tisch aus und schneidet ihn zu! Für mich ist dieses Handwerk bestimmt nichts. Ich habe ständig das Gefühl, in eine Schablone gepreßt zu werden, die meiner Natur zuwider ist. Neulich, als ich gerade auf die Métro wartete, sprach mich ein junger Mann an. »Sind Sie Schneiderin, Mademoiselle?« fragte er lächelnd. Ich warf ihm einen vernichtenden Blick zu. Da er einen ziemlich harmlosen Eindruck machte, rang ich mir ein »Warum?« ab, sah ihn aber vorsichtshalber noch abweisender an. Er streckte die Hand aus und entfernte ein Stück Musselin, das wie ein Schwanz an meinem Kleid hing. Vor Scham wäre ich am liebsten im Boden versunken.
Die Bahnfahrt von der Gare Saint-Lazare bis nach Viroflay dauert fünfundzwanzig Minuten. Meistens schlafe ich, während ich in dem überfüllten Waggon stehe. Zu Hause im Wohnheim gibt es dann die übliche Aufregung über dies und das. Soundso spricht nicht mehr mit Soundso, und eine andere wirft jemandem Schimpfwörter an den Kopf. Marta und Zuzi üben Klavier und Violine, und hin und wieder kommt Bella aus ihrem Zimmer im Obergeschoß und brüllt: RUHE!
Gegen acht Uhr wird zu Abend gegessen, oft liege ich um diese Zeit aber schon im Bett und mache mir nicht mehr die Mühe, auf-

zustehen. An Schlafen ist allerdings vor Mitternacht – oft auch noch später – gar nicht zu denken. Ich bewundere die Ausdauer und Vitalität dieser Mädchen. Morgens sind sie frisch und munter, nehmen sich eine Menge vor, strotzen vor Energie, haben strahlende Augen und sind gespannt darauf, was dieser Tag bringen wird. Für mich ist der Morgen immer die schlimmste Tageszeit. Da kann ich nie vergnügt sein – und trotzdem ... tagtäglich, wenn der Zug auf Saint-Lazare zufährt und ich die hohen, grauen Gebäude rings um den Bahnhof sehe, überkommt mich plötzlich ein Glücksgefühl: Das ist Paris! Paris! Mein Zug fährt in Paris ein! Wie ich diese Stadt liebe!

Viroflay, Freitag, 10. Oktober 1947

Lilka hat aus dem Zimmer, das sie zusammen mit Marta, Zuzi und Tamara bewohnt hat, ausziehen müssen, zweifellos deshalb, weil dieses Trio sich soviel Mühe gibt, unsere Bella einzuwickeln. Ein komischer Anblick: die musterhafte Vertreterin des Proletariats, umschmeichelt von unseren drei Intellektuellen und vor Behagen schnurrend. Lilka war fuchsteufelswild, zumal sie in unser Zimmer verlegt wurde und jetzt also mit drei so armseligen Arbeitstieren, wie Olga, Rosette und ich es sind, zusammenwohnen muß. Aus Wut über diese Erniedrigung knipst sie um elf Uhr nachts das Licht an und liest ihre Hausaufgaben durch – laut! Dabei kann natürlich niemand schlafen, aber unser Protest bringt uns nur vernichtende Blicke und abfällige Bemerkungen ein, die darauf hinauslaufen, daß Studieren zu geistiger Erleuchtung führe, wir dagegen unser Leben damit zubrächten, Kleider zu nähen. Tatsächlich aber verbringe ich jede freie Minute mit Lesen. Ich lese im Zug und in der Métro, blicke nie vom Buch auf, versuche die anderen Fahrgäste zu ignorieren und möchte vor allem, daß sie keinerlei Notiz von mir nehmen. Ich habe solche Angst davor, von Fremden angesprochen oder auch nur angesehen zu werden, daß ich manchmal gar nicht weitergehen kann, am nächsten Laden stehenbleibe und ins Schaufenster starre, ohne etwas wahrzunehmen – bis diese panische Angst sich gelegt hat.
Mimi hat angerufen und sich – zu meiner großen Erleichterung und Freude – erkundigt, warum ich so lange nicht mehr bei ihnen gewesen sei. Seit jenem Mittagessen bei Lena ist es mir peinlich

gewesen, Mimi und Charles zu besuchen. Mimi schien wirklich besorgt und verwundert über mein langes Fernbleiben. Ich versprach ihr, am Sonntag zum Mittagessen zu kommen.

Viroflay, Montag, 13. Oktober 1947

Das Mittagessen bei Mimi verlief ausgesprochen harmonisch. Jack erzählte herrliche Geschichten aus seiner Jugend, als die ganze Familie noch in Glinka wohnte. Wir haben viel gelacht, nach und nach aber sind wir alle traurig geworden. Die Geschichten waren komisch. Aber es war eben doch anders, als wenn irgend jemand Geschichten von früher erzählt, »als Opa noch ein kleiner Junge war«. Jack ist noch ein ziemlich junger Mann. Normalerweise wären seine Geschwister noch am Leben, und seine Eltern auch. Wir dachten daran, *wie* sie ums Leben gekommen sind – ermordet, verhungert, zu Tode gefoltert –, und keinem von uns war mehr nach Lachen zumute.
Um uns auf andere Gedanken zu bringen, erzählte Charles von einem Kabarett, das er kürzlich mit Mimi besucht hat. Dort trat eine fabelhafte spanische Tänzerin auf, die auf einem Tisch tanzte, in einem phantastischen Kostüm aus lauter Rüschen und Bändern, das eine lange Schleppe hatte und vorne geschlitzt war, so daß man ihre Beine sehen konnte. Mimi wollte uns das vorführen. Sie ging hinaus und kam nach einer Weile in einem japanischen Kimono zurück. Dann stieg sie auf den Teetisch und begann rasant zu tanzen. Zu diesem Kimono trug sie Stöckelschuhe und eine Mantille, die mit einem hohen Kamm befestigt war. Mitten im Tanz ging der Kimono auf, und siehe da: Abgesehen von drei an strategisch wichtigen Stellen placierten Blumen war Mimi splitterfasernackt. Alle brachen in Gelächter aus und klatschten Beifall, nur Charles nicht. Er war wütend! Er hob Mimi vom Tisch herunter und trug sie, während sie strampelte und protestierte, ins Nebenzimmer, wo sie heftig zu schluchzen begann. Charles kam zerzaust, mit rotem Gesicht und sehr verbiestert zurück, und der ungarische Arzt ging zu Mimi hinein. Lena sagte, die Tischplatte sei ruiniert.
In Paris steht ein Métrostreik bevor, der die Lahmlegung sämtlicher öffentlicher Verkehrsmittel nach sich ziehen wird. Dann kann ich nicht mehr zur Arbeit fahren. Hurra!

Viroflay, Donnerstag, 16. Oktober 1947

Die Métro, die Omnibusse und die Taxis streiken. Paris ist lahmgelegt. Morgen soll auch der Schiffsverkehr eingestellt werden, dann sind sämtliche Häfen blockiert. Wir haben uns die Haare gewaschen und sie mit »bigoudis« aufgewickelt. Außerdem haben wir unsere Kleider gewaschen und gebügelt, die Sachen der anderen begutachtet und Radio gehört. Um den Streik schert sich hier niemand. Bella bemüht sich heftigst, uns auf Vordermann zu bringen, aber wir weigern uns – bisher mit Erfolg.

Gestern hat sie eine neue Hausliste ausgefüllt. Wir mußten unsere Namen buchstabieren, Geburtsdatum und -ort sowie unsere Nationalität angeben. Wir sind wirklich eine bunt zusammengewürfelte Gesellschaft! Bella hat sich über unsere fremdländisch klingenden Namen geärgert, und wir waren sauer über ihre – unserer Ansicht nach typisch französische – Unfähigkeit, etwas, das ein bißchen anders klingt, richtig zu buchstabieren und auszusprechen. Tamara kam an die Reihe. Familienname: Schloimowitz. Nationalität: französisch. Bella blickte auf. »*Sans blague?*« fragte sie baß erstaunt. Wir kringelten uns vor Lachen.

Soeben ist im Radio gemeldet worden, daß arabische Truppen an der Grenze von Palästina zusammengezogen werden, um einen »Heiligen Krieg« auszufechten.

Viroflay, Sonntag, 19. Oktober 1947

Gestern abend bekam ich eine merkwürdige, bewegende Lebensgeschichte zu hören. Bisher habe ich noch nichts über Rebekka geschrieben, die vor einiger Zeit zu uns gekommen ist und ebenfalls aus Polen stammt. Sie ist in meinem Alter, korpulent und sehr unfreundlich. Das ist wahrscheinlich der Grund, warum ich sie bisher nicht erwähnt habe. Ihr linker Arm ist partiell gelähmt, und sie schielt ein bißchen. Und obendrein scheint es ihr tatsächlich Spaß zu machen, sich scheußlich anzuziehen. Dicke russische Pelzstiefel, herabhängende oder mit Sicherheitsnadeln aufgesteckte Rocksäume, unförmige Pullover. Und sie riecht schlecht!

Sie geht in Viroflay zur Schule, in dieselbe Klasse wie Lilka, die über ihr Aussehen entsetzt ist, möglichst wenig mit ihr zu tun ha-

ben will, aber von Mitschülerinnen gebeten wurde, mit Rebekka über ihr Aussehen und über Körperpflege zu reden! Damit ist sie allerdings auf taube Ohren gestoßen, denn für so bürgerliche Gepflogenheiten wie regelmäßiges Waschen und ordentliche Kleidung hat Rebekka nur Verachtung übrig.
Gestern erhielt sie einen Brief – woraufhin sie sofort in Bellas Zimmer hinaufstapfte. Dort kam es zu einer langen, lautstarken Auseinandersetzung. Leider bekamen wir nicht mit, worum es dabei ging. Am Abend jedoch begann Rebekka plötzlich zu reden. Nur Lilka, Anna und ich waren zugegen. Wir sprachen Polnisch. Dies ist Rebekkas Lebensgeschichte:
Sie war in Majdanek, Auschwitz und Ravensbrück. Vom dreizehnten bis zum fünfzehnten Lebensjahr wurde sie von einem Lager ins andere geschickt. Wir wußten bereits, daß sie in mindestens einem Lager gewesen war, denn auf ihrem Arm war eine Nummer eingeätzt. In Auschwitz war auf sie geschossen worden. Die Kugel war ihr in die Schulter gedrungen und hatte einen Nerv durchtrennt – daher der verkrüppelte Arm. Daraufhin wurde Rebekka in die Krankenbaracke gebracht, wo sie sich in einen Sanitäter verliebte. Ich hatte nicht gewußt, daß Männern der Zutritt zu den Frauenabteilungen der Lager gestattet war, aber offenbar ist das hie und da möglich gewesen. Er war mindestens zwanzig, also schon ein erwachsener Mann. Seine Verlobte war in einem anderen Lager untergekommen. Zunächst war Rebekka sich nicht klar darüber, daß sie sich in ihn verliebt hatte. Sie wußte nur, daß sie sich glücklich fühlte, sobald sie ihn kommen sah. Bald wartete sie nur noch darauf, ihn wiederzusehen. Nach ungefähr einer Woche fragte er sie, ob sie etwas für ihn empfände, worauf sie sagte, sie wüßte nicht genau, ob es Liebe sei. Eine Woche später zweifelte sie nicht mehr daran. Aber als er sie küssen wollte, wehrte sie sich. »Du brauchst keine Angst zu haben«, sagte er. »Ich werde dich nicht küssen, wenn du es nicht willst.« Sie genierte sich furchtbar. Als er sie nach einiger Zeit dann doch küßte, wunderte sich Rebekka, warum um diese Dinge eigentlich immer so viel Getue gemacht wird. Es war doch wirklich nichts dabei! Allmählich fand sie Gefallen daran, hauptsächlich deshalb, weil es bedeutete, daß er bei ihr war. Und bald war sie ganz außer sich vor Glück. Sie hielt das für eine Sünde, weil sie doch in Auschwitz waren, wo ringsum Menschen starben, während sie beide in einem Traum lebten.

Aber es dauerte nicht lange, bis die Sache problematisch wurde. Aron – so hieß der junge Mann – wollte... naja, er war eben ein Mann, und Männer können, scheint's, ohne so etwas nicht leben. Doch Rebekka wollte nicht. Sie liebte Aron so sehr, daß sie ihr Leben für ihn hingegeben hätte, aber sich ihm hingeben, das konnte sie nicht. Er wurde trübsinnig und mürrisch und ging ihr schließlich aus dem Weg. Sie war verzweifelt, konnte sich aber nicht überwinden, zu tun, was ihr zuwider war...

Sie wußte sehr wenig über diese Dinge, und er beschrieb ihr genau, wie es sich abspielt. Rebekka traf fast der Schlag, so peinlich war es ihr, sich so etwas anhören zu müssen. (*Mir* ist es schon peinlich genug, über so etwas zu schreiben. Warum müssen Männer immer... Frauen sind bestimmt nicht so. Ich bin jetzt siebzehn, wenngleich ich wie vierzehn aussehe, und bin felsenfest überzeugt, daß ich meinen Weg machen kann, ohne an Sex auch nur zu denken!) Also, Rebekka gab nicht nach. Sie nahm keine Lebensmittel mehr von ihm an, als ihr klargeworden war, daß es für eine Lagerinsassin bedeutete, sich einem Mann zu verkaufen, wenn sie auch nur ein Stück Brot von ihm annahm.

Als die Russen immer näher kamen, wurde das Lager evakuiert. Aron prägte Rebekka während der letzten paar Stunden im Lager seine Heimatadresse ein. Sie wußten, daß der Krieg bald zu Ende sein würde. Während der Evakuierung wurden sie voneinander getrennt. Nach dem Krieg schrieb ihm Rebekka mehrere Briefe, erhielt aber keine Antwort. Einige Monate später fuhr sie in seinen Heimatort, wo sie von seiner Schwester erfuhr, daß Aron vor ein paar Wochen an Typhus gestorben war.

Rebekka kehrte in ihren Heimatort zurück, wo sie noch einen Bruder hatte. Sie trat einer zionistischen Organisation bei, wurde in deren Jugendheim aufgenommen und kam dann nach Frankreich. Und nun brennt sie darauf, nach Palästina auszuwandern. Nicht wegen ihrer zionistischen Ideen, sondern wegen eines jungen Mannes, den sie in jenem Heim kennen und lieben gelernt hat. Er ist neunzehn, hat keinerlei Schulbildung und ist, wie Rebekka sagt, nicht besonders intelligent. Ein handfester, schweigsamer, zuverlässiger, zielstrebiger Idealist, dem die Chance, gegen die Deutschen zu kämpfen, versagt blieb, und der jetzt darauf erpicht ist, gegen andere zu kämpfen, sei es gegen die Araber, sei es gegen die Briten. Und Rebekka, die ganz offen sagt, daß er mit Aron gar

nicht zu vergleichen sei und daß Aron immer ihre große Liebe bleiben werde, ist bereit, ihr Leben mit diesem anderen zu teilen. Und trotzdem geht sie hier zur Schule und bemüht sich, Französisch zu lernen. Es heißt doch immer, Männer mögen keine Frauen, die klüger und gebildeter sind als sie selber – wie soll das also gutgehen?
Der bewußte Brief war von David, ihrer neuen Liebe. Er ist in Frankreich, in Marseille, wo er mit seiner Gruppe auf ein Schiff nach Palästina wartet. Rebekka möchte sofort mitfahren, hat aber kein Geld für die Bahnfahrt nach Marseille, und Bella will ihr keines geben, bevor das Hauptbüro sich nicht dazu geäußert hat, was einige Zeit dauern wird. Aber so lange kann Rebekka nicht warten. Sie fürchtet, daß David ohne sie abreisen könnte und sie ihn dann vielleicht nie wiedersehen wird.
»Mein Entschluß steht fest«, sagte sie. »Ich will David nicht verlieren. Was ich erlebt habe, war mir eine Lehre.«
Ihre Geschichte hat uns so beeindruckt, daß wir jetzt durchaus bereit sind, Rebekka gernzuhaben, ihre Eigenheiten in Kauf zu nehmen und uns sogar zu überlegen, wie wir das Geld für ihre Fahrkarte nach Marseille auftreiben könnten. Keine von uns hat das nötige Bargeld, und auch wenn wir alles in einen Topf werfen, würde es nicht reichen. Wir sind schrecklich spät zu Bett gegangen, ausnahmsweise einmal, ohne uns wegen irgend etwas in die Haare zu geraten.

Viroflay, Mittwoch, 22. Oktober 1947

Ende des Métro- und Omnibusstreiks. Zurück zur Arbeit. Verflixt noch mal!

Viroflay, Donnerstag, 23. Oktober 1947

In Ägypten breitet sich die Cholera immer weiter aus. Stündlich 23 Todesfälle.

Viroflay, Freitag, 24. Oktober 1947

Ende des Ballettstreiks in der Opéra. Serge Lifar wird wieder tanzen.

Viroflay, Sonntag, 26. Oktober 1947

Und so ist Rebekkas Geschichte ausgegangen: Am Dienstag hat Bella nachgegeben und Rebekka das Geld für die Fahrkarte nach Marseille geliehen. Rebekka fuhr ab und war am nächsten Tag wieder hier. Man hatte ihr nicht erlaubt, David wiederzusehen. Und nun erfuhren wir den Rest der Geschichte: Offenbar war Rebekkas Bruder gegen ihre Auswanderung nach Palästina gewesen. Er schickte sie nach Frankreich, in der Hoffnung, daß sie hier die Schule absolvieren und studieren würde. Er hat ein Vermögen ausgegeben, um sie hierherzuschicken. Sie kaufte sich massenhaft Schulbücher und versprach ihm hoch und heilig, in Frankreich zu bleiben. Das war der Grund, warum man ihr in Marseille nicht erlaubt hat, mit David zu sprechen. Worauf sie dem Leiter dieser Gruppe erklärte, wenn sie David wiedersehen dürfte, würde sie gemeinsam mit der Gruppe nach Palästina fahren. Am Tag nach ihrer Rückkehr zu uns rief sie der Gruppenleiter an und fragte, ob sie bei ihrem Entschluß geblieben sei. Wenn ja, könnte sie wieder nach Marseille kommen und nächste Woche mit ihnen abreisen.

Nachdem sie die ganze Nacht überlegt hatte, was sie tun sollte, packte sie am Freitag ihre Habseligkeiten ein und fuhr nach Marseille.

Ich werde das Gefühl nicht los, daß Rebekka einen großen Fehler gemacht hat. Wie konnte sie die Chance, sich hier in Frankreich eine gute Schulbildung zu erwerben, um eines Mannes willen aufgeben, der ihrer wahrscheinlich bald überdrüssig sein und sie verlassen wird! Ganz zu schweigen von dem Kummer, den sie ihrem Bruder gemacht hat... Das einzig Auffällige in dem Kruscht, den sie hier hinterlassen hat, ist ihr Tagebuch. Da steckt bestimmt eine Absicht dahinter. Kein Mensch läßt sein Tagebuch zurück, wenn er nicht *will*, daß es gelesen wird. Wir haben's gelesen. Auf jeder Seite, immer und immer wieder, hat Rebekka geschrieben: »Wie tief ich alle hier verabscheue und verachte. Was wissen *die* schon vom Leben! Alberne, hohlköpfige Flittchen!«

Kurz nach Rebekkas Abreise ging mit Lilka eine erstaunliche Veränderung vor sich. Sie stieß laute Seufzer aus, starrte geistesabwesend vor sich hin, und zuweilen konnte man sie nachts schluchzen hören. Sogar die ärgerliche Angewohnheit, ihre Lektionen laut zu lernen, hatte sie abgelegt. Schließlich fragte ich sie, was denn mit ihr los sei. Als ob sie bloß auf diese Frage gewartet hätte, platzte sie mit der Wahrheit heraus: Auch sie habe eine große, unglückliche Liebe erlebt. Ich erinnerte sie daran, daß ich bereits über den attraktiven Krakauer Arzt Bescheid wüßte, der beim Anblick ihres nackten Körpers in Ohnmacht gefallen war. Worauf sie mir einen – wie es in Romanen heißt – vernichtenden Blick zuwarf und mir beteuerte, sie habe diese kindische Episode schon längst vergessen, außerdem sei er ein alter Schmutzfink, der dem Arztberuf Schande mache. Sie hätte ihn in ernste Schwierigkeiten bringen können, wenn er ihr nicht so leid getan hätte...

Ihre »wahre« Liebe galt dem Leiter des Heims, in dem sie und Anna nach dem Aufenthalt in Vitry untergebracht waren. Er war Ungar, und die Ungarn sind ja bekanntlich furchtbar leidenschaftlich. Lilka verliebte sich auf den ersten Blick in ihn, war sich aber nicht klar darüber, was er für sie empfand – trotz der vielsagenden Blicke, die er ihr zuwarf, und trotz der Art und Weise, wie sich seine Stimme veränderte, sobald er mit ihr sprach. Lilka vertraute sich Anna an, die in ihrer unkomplizierten, direkten Art zu ihm ging und ihn danach fragte.

Lilka wurde ins Zimmer des Heimleiters gerufen, wo ihr der Unglückliche sein Dilemma erklärte. Was ihm soeben berichtet worden sei, habe ihn tief bewegt. Er stehe ihr natürlich alles andere als gleichgültig gegenüber, aber er sei ein Mann von Ehre. Er sei mit einem Mädchen verlobt, das sich gerade in einem französischen Sanatorium von einer Tb erhole. Sobald sie sich kräftig genug fühle, würden sie heiraten und nach Palästina auswandern. Wenn ihr irgendein Gerücht zu Ohren käme... Er sei der einzige Mensch, den sie auf der Welt habe, das einzige, wofür sie lebe.

Daraufhin erklärten sich Lilka und Anna bereit, in ein anderes Heim zu übersiedeln. Sie wurden vom Heimleiter persönlich zum Bahnhof gebracht, wo er Lilka einen Abschiedskuß gab. Vor lauter Kummer war sie zu benommen, um seinen ersten und letzten Kuß zu erwidern. In dem neuen Heim rückte sie dann auf Drängen der *directrice* mit der Wahrheit heraus und wurde von ihr gezwungen, sofort einen Brief an diesen Mann zu schreiben und ihm zu versichern, daß zwischen ihnen beiden alles vorbei sei. Ihre zeitweilige Gefühlsverwirrung, für die sie um Verzeihung bitte, erkläre sich daraus, daß sie sich einsam fühle und Heimweh habe. Sie werde ihm nie wieder Unannehmlichkeiten machen. Lilka zerfloß in Tränen, schrieb aber alles, was die *directrice* ihr diktierte. Andernfalls hätte man sie aus dem Heim verwiesen. Kurz darauf trafen ihre Eltern in Paris ein, und nun konnte Lilka zu ihnen ziehen. Aber immer wenn sie an Simon dachte und an den Schmerz, den sie ihm mit ihren feigen Lügen zugefügt haben mußte, brach es ihr fast das Herz. Doch sie hielt ihr Versprechen und schrieb ihm nie wieder. Ich war tief gerührt von dieser Geschichte und voller Bewunderung für meine unglückliche Freundin. *Ich* wäre bestimmt nicht imstande gewesen, ein solches Versprechen zu halten. An Lilkas Stelle hätte ich, sobald ich mich wieder frei bewegen konnte, an diesen Mann geschrieben und ihm erklärt, wie es in Wirklichkeit gewesen ist.

Der November begann mit einem Wunder: Madame Jenia gab mir 200 Francs. »Davon könnte man zwar nicht mal einen Kanarienvogel ernähren, aber ein Wunder ist es trotzdem«, schrieb ich in mein Tagebuch. »Ich weiß nicht, ob es sich wiederholen wird, aber... Ich bin in den Louvre gegangen und habe mich für eine Vortragsreihe über Kunstgeschichte eingeschrieben.«

»Hier läuft der Film *Now Voyager*. Der französische Titel *Une femme cherche son destin* ist viel verständlicher als der rätselhafte englische Titel. Wir haben uns den Film angesehen. Er gefiel mir sehr gut. Ich konnte mich beinahe selber in der Rolle der unscheinbaren, ängstlichen alten Jungfer sehen, die sich in eine attraktive, elegante Frau verwandelt. Aber wenn man so viel Geld hat, ist das natürlich gar nicht so schwierig... Ich weiß allerdings nicht, ob ich mich jemals in einen verheirateten Mann verlieben könnte. Wahrscheinlich nicht.«

»Am 13. November kam die Hiobsbotschaft: Unser Heim wird geschlossen. Also deshalb hat Bella so oft gesagt, wir wären armer Leute Kinder. Wir müssen nach Malmaison umziehen. Und da das Nebengebäude den Winter über geschlossen ist, müssen wir im Hauptgebäude bei den ›Wilden‹ wohnen. Wir sind entsetzt.«

9

Malmaison, Mittwoch, 19. November 1947

Ich weiß nicht, wie ich das bis zum Frühling aushalten soll. Das Leben in Malmaison ist wirklich unmöglich. Am Samstag sind wir hier eingezogen. Wir fanden vor: aus den Wänden gerissene elektrische Leitungen. Keine einzige Glühbirne ist mehr da, kein einziger Lichtschalter. Badezimmer: die gesamte Ausstattung zertrümmert, einschließlich der Wand- und Bodenkacheln; alle Wasserhähne abgebrochen. Fenster: sämtliche Scheiben eingeschlagen. Matratzen mit Rasierklingen aufgeschlitzt, ihre Eingeweide auf dem Boden verstreut. Keine einzige Bettstatt. Was damit passiert ist, weiß ich nicht. Keinerlei Mobiliar und nicht mal ein Nagel, an den wir unsere Kleider hängen könnten. Natürlich auch keine Heizung, und die Marmorkamine mit Backsteinen verbarrikadiert. In der Küche keine Lebensmittel. Die Köchin hat vor Entsetzen die Flucht ergriffen. Die Hausbewohner, eine Clique halbwüchsiger Burschen, die diese Scheußlichkeiten begangen haben, hatten sich in ihrem Schlafraum eingeschlossen und das Radio auf volle Lautstärke gestellt. Selbst wenn wir bereit gewesen wären, uns in der lähmenden Kälte auf den blanken Fußboden zu legen, wäre es bei diesem Lärm unmöglich gewesen, einzuschlafen.
Wir verbrachten die erste Nacht zusammengekauert auf ausgeweideten Matratzen, die wir in einer Ecke unseres Zimmers aufeinandergestapelt hatten. Beim Frühstück (jemand hatte Brot gebracht und Kakao gekocht) trafen wir mit den »Wilden« zusammen. Genauso sahen sie auch aus: ungewaschen, unrasiert, ungekämmt. Sie rochen widerlich, johlten, drängten sich vor und schubsten uns weg, bekleckerten sich und den Tisch und ließen keinen Bissen für uns übrig.
Wir wollten ein SOS-Telegramm nach Paris schicken, aber sonntags waren die Büros natürlich geschlossen. Und Bella hatte sich ausgerechnet diesen Zeitpunkt ausgesucht, um zu Verwandten zu zu fahren. Wir mußten es allein durchstehen.
Am Montag schafften wir es endlich, Paris zu alarmieren. Jemand erschien, um eine Inspektion durchzuführen. Es kam zu einer heftigen Auseinandersetzung. Wir weigerten uns, in diesem Haus zu bleiben, worauf man uns erklärte, wir müßten uns wohl oder übel

mit diesen »Unannehmlichkeiten« abfinden, bis alles repariert wäre. Worauf die Wilden verkündeten, dann würden sie wieder alles zertrümmern. Der Grund dafür: Um uns hier unterbringen zu können, hatte man mehrere ältere Jungen (alle, die achtzehn Jahre und älter waren) mir nichts, dir nichts hinausgeworfen – ohne Vorwarnung und ohne ihnen bei der Suche nach einer neuen Bleibe zu helfen. Soviel die anderen wußten, übernachteten die meisten dieser Jungen irgendwo im Park. Einige hatten noch keine Arbeitsstelle gefunden. Und sie besaßen keinen roten Heller. Auch wir fanden, daß man ihnen übel mitgespielt hatte, aber das war doch nicht *unsere* Schuld! Wir hatten ja gar nicht hier einziehen wollen!

Schließlich richteten wir uns in zwei Räumen ein. Ich entschied mich für das große Parterrezimmer, in dem vierzehn Betten standen und das vier Glastüren zum Garten hatte. Etliche Scheiben fehlten, und es war bitterkalt. Die Türen waren nicht zugesperrt, die Schlüssel dafür fehlten natürlich auch. Trotzdem zog ich diesen Raum dem kleinen Zimmer im ersten Stock vor, das neben dem Quartier der Wilden lag und in das Lilka, Anna, Simone und Fernande ihre Betten gezwängt hatten. Da Marta, Zuzi und Tamara das Heim nach jener ersten Nacht verlassen hatten, teilte ich das Parterrezimmer nur noch mit Annette, Rosette, Marceline, Denise, Odette und Jacquotte.

Das Badezimmer war immer noch ein Trümmerhaufen; es konnte nicht geheizt werden, wir hatten kein Warmwasser. Es bestand also keine Gefahr, dort mit den Wilden zusammenzutreffen. Niemand konnte vor zwei Uhr morgens einschlafen, weil das Radio erst um diese Zeit ausgeschaltet wurde. Und schon um sechs Uhr früh begann es wieder zu dröhnen. Ich schlief während der Bahnfahrt und hatte ständig Kopfschmerzen. Bei der Arbeit wurde ich in einem fort von der hochschwangeren und reizbaren Madame J. ausgezankt; ich mußte mich sehr zusammennehmen, um sie nicht ebenso anzuschreien. Ich träumte von heißen Bädern, ja sogar davon, mich irgendwo in aller Ruhe waschen zu können. Sich an einem eiskalten Morgen mit eiskaltem Wasser zu waschen war eine Tortur, die sich die meisten von uns ersparen wollten. Es gab keinen Raum, in dem wir unsere Kleidung waschen konnten, und als ich meine Sachen mit kaltem Wasser wusch, stellte ich hinterher fest, daß ich sie nirgends zum Trocknen aufhängen konnte.

Am Donnerstag, dem 20. November, hörte ich mir bei Mimi die Rundfunkreportage über die Hochzeit von Prinzessin Elisabeth an. Ihre Stimme klang so jung und so nahe, daß ich plötzlich das Gefühl hatte, dicht neben der Prinzessin in der Westminster Abbey zu stehen. »Sie ist nervös«, wisperte Mimi und wischte sich die Tränen aus den Augen. Alle waren gerührt, und erstaunlicherweise schien es mir auf einmal durchaus im Bereich des Möglichen zu liegen, daß auch ich eines Tages heiraten würde.

In der Woche darauf fand wieder ein Métrostreik statt, und für die nächste Zeit wurden weitere Streiks angekündigt. Diesmal graute mir vor dem Gedanken, nicht zur Arbeit fahren zu können, denn das hieß: in Malmaison eingesperrt zu sein, in dieser lähmenden Kälte, ohne jede Bequemlichkeit und in engem Kontakt mit den Wilden. Es war streng verboten, sich von vorbeifahrenden Autos mitnehmen zu lassen. Auf der Hauptstraße nach Paris, in die unser Feldweg einmündete, donnerten allerdings Tag und Nacht riesige amerikanische Lastwagen vorbei. Die Fahrer waren ausnehmend freundlich, hielten auch dann, wenn wir auf den Bus warteten, und fragten, ob wir mitfahren wollten. Einige Mädchen, allen voran Lilka und Anna, nahmen das Angebot grundsätzlich an, auch nachts. Ich nahm mir vor, beim nächsten Streik der öffentlichen Verkehrsmittel dieses Risiko ebenfalls einzugehen und mich dann mindestens ein paar Tage lang meinen Pariser Verwandten auf Gnade und Barmherzigkeit auszuliefern.

Am 23. September, einem Sonntag, unternahmen wir wieder einmal den Versuch, die Wilden kirre zu machen, aber leider Gottes wollten sie sich nicht zähmen lassen. Wir glaubten, ein simpler, primitiver Annäherungsversuch werde bei diesen simplen, primitiven Gemütern Anklang finden: Denise hatte vor kurzem ein Lebensmittelpaket aus Amerika erhalten, das wie üblich Schokolade, Kekse, Corned Beef, Ölsardinen und Kaugummi enthielt. Wir beschlagnahmten den ganzen Vorrat – allerdings erst nach einem heftigen Handgemenge mit Denise, die schrecklich habgierig war und keine Spur Gemeinschaftsgeist besaß. Einige von uns fielen von hinten über sie her, warfen ihr eine Wolldecke über den Kopf und zerrten sie zu Boden, wo sich drei Mädchen auf sie setzten, während die anderen ihren Koffer aufbrachen. In dem kleinen Zimmer in der ersten Etage rückten wir die Betten beiseite und breiteten die Leckerbissen auf dem Tisch aus. Dann schoben wir

unter der Zimmertür der Wilden ein Briefchen durch, in dem wir sie zu einem kleinen *casse-croûte* und einer Diskussion über unser künftiges Zusammenleben einluden.
Sie reagierten mit schallendem Gelächter und drehten das Radio noch lauter. Wir ließen uns nicht beirren und warteten. Nach einer Weile (uns kam es wie eine volle Stunde vor) öffnete sich die Zimmertür der Wilden, die ganze Bande kam herausgestürmt und stapfte drängelnd und johlend auf unsere Tür zu. An der Schwelle blieben sie stehen, knufften einander, kicherten wie blöd, beäugten uns und den Tisch und flüsterten miteinander. Wir taten so, als bemerkten wir das gar nicht, und baten sie herein. Nun taten *sie* so, als hätten sie das nicht gehört. Als dieses Theater schon viel zu lange gedauert und uns bereits ein sehr mulmiges Gefühl beschlichen hatte, steckte plötzlich jemand die Hand herein und knipste das Licht aus. Und nun brach die Hölle los. Wir wurden an die Wand bugsiert, dann fielen die Wilden über den Tisch her. Im Handumdrehen waren sie verschwunden. Einige Mädchen hatten Faustschläge abbekommen und waren mit dem Kopf an die Wand geknallt worden. Wir machten Licht. Der Tisch war leergefegt. Sie hatten ganz einfach das Tischtuch, das wir blödsinnigerweise ihnen zu Ehren aufgelegt hatten, zusammengerollt und alles mitgenommen. Sie verzogen sich in ihre Räuberhöhle und knallten die Tür zu – dann hörten wir nur noch wüstes Gejohle, höhnisches Gelächter und dieses infernalische Radio. Geknickt und erbittert gingen wir zu Bett. Männer! Wilde waren sie – alle miteinander!

Malmaison, Sonntag, 30. November 1947

Wie viel sich in einer Woche ändern kann! Also, zunächst entdeckten wir, daß die jungen Burschen, die das Haus verlassen mußten, tatsächlich im Park hausten. Wir luden sie zum Frühstück ein und teilten unser Brot, unsere Margarine und unseren Kakao mit ihnen. Ohne sie ausdrücklich darauf hinzuweisen, ließen wir sie wissen, daß im Schlafsaal im Parterre sieben unbenützte Betten stehen und daß die Türen nicht abgesperrt sind...
Jetzt kommen sie also, wenn wir zu Bett gegangen sind, herein, ziehen ihre Stiefel aus und kriechen unter die Bettdecken, oder richtiger gesagt, unter ihre Mäntel, denn auf diesen Betten liegen

bloß Matratzen. Morgens, bevor wir aufstehen, verkrümeln sie sich, und später kommen sie durch die Haustür herein, um mit uns zu frühstücken. Als Gegenleistung haben die Wilden alles im Haus repariert. Sie haben uns einen Kleiderschrank gezimmert, von Gott weiß woher einen sehr dekorativen Toilettentisch angeschleppt und obendrein den Kamin in Ordnung gebracht! Einige Mädchen frischen ihre Sommerbekanntschaften auf und erbieten sich, Socken zu stopfen und Hemden zu bügeln. Das Badezimmer kann wieder benützt werden (leider immer noch kein warmes Wasser), und einige Wilde waschen und rasieren sich jetzt vor dem Frühstück. Wie lange es wohl dauern wird, bis das Hauptbüro dahinterkommt, was hier los ist? Bella kommt nächste Woche zurück. Schade! Wir sind ganz gut ohne sie ausgekommen.
Ich lese gerade Tolstois *Katja*. Ich werde nie die Ansicht teilen, daß für eine Frau von 21 Jahren das Leben schon vorüber sei und daß man, sobald man Kinder hat, bloß noch für sie dasein müßte. So ein Blödsinn! Nur ein Mann kann so etwas schreiben!

Die letzten Novembertage mußten wir wegen eines Streiks der öffentlichen Verkehrsmittel zu Hause verbringen. In der bitteren Kälte, die in dem ungeheizten Haus herrschte, hockten wir, in Wolldecken gehüllt, in dem kleinen Zimmer im ersten Stock, lasen und unterhielten uns. Wir führten heftige Debatten über die erstaunlichsten Themen. Hat der Durchschnittsamerikaner eine bessere Schulbildung als der Durchschnittseuropäer? Lilka behauptete, ja, das habe er, und zwar dank der schier unglaublichen Freiheit, die in Amerika herrsche. Dort könne eben jeder studieren, was er wollte, und kein Mensch würde nach seinen Eltern und seiner Herkunft gefragt. Es spiele überhaupt keine Rolle, ob man eine Waise, ein Findelkind, unehelich geboren oder in irgendeinem Heim aufgewachsen sei. Wenn man wirklich darauf erpicht sei, ins College zu gehen, könnte man sich das Geld dafür als Putzfrau oder Kellnerin verdienen, und niemand würde deshalb auf einen herabsehen. Vielleicht, so sagte ich mir, trifft das alles auch auf Australien zu – dann hätte ich es nicht nötig, auch nur eine Minute damit zu verplempern, alberne, gräßliche Kleider für alberne, gräßliche Frauen zu nähen. Was allerdings den Vergleich zwischen einem Durchschnittseuropäer und einem Durchschnittsamerikaner betraf, so beruhte die ganze Debatte auf einer falschen

Voraussetzung. Was ist das, ein Durchschnittseuropäer? Den gibt es doch gar nicht.
Weil keine von uns rechtzeitig erfahren hatte, daß der Métrostreik am 2. Dezember zu Ende war, verschliefen wir alle.

Wir hatten schon lange nichts von Marina gehört, und wieder einmal war ich sehr beunruhigt. Was sollte werden, wenn ihr etwas zugestoßen war? Onkel konnte meine Angst nicht verstehen. Warum ich denn immer mit dem Schlimmsten rechne? Das sei in meinem Alter nicht normal. Ich war nahe daran, ihm zu antworten, ich hätte ja schließlich erlebt, daß jeder, aber auch jeder Mensch, den ich jemals so lieb gehabt hatte, spurlos verschwunden sei – umgekommen oder bestenfalls verschollen jenseits undurchdringlicher Grenzen... Für jemanden in meinem Alter war das vielleicht nicht normal, aber jedenfalls war es eine Tatsache. Und außerdem hatte mich die Erfahrung gelehrt, mein Herz nie mehr an jemanden zu hängen, denn immer wenn ich das getan hatte, kam unweigerlich die Trennung, und jede Trennung bedeutete einen unerträglich schmerzhaften Verlust.
Zum Glück beherrschte ich mich und schwieg. Mein Onkel sagte, Marina hätte sicher ihre Meinung geändert und wüßte jetzt nicht, wie sie mir beibringen sollte, daß sie nicht mehr vorhabe, mich nach Australien zu holen. Sobald ihr eine passende Erklärung einfiele, würde sie schreiben.
»Sie wird bestimmt heiraten«, fügte Lena hinzu, »und dann möchte sie dich natürlich nicht bei sich haben.« Ich fuhr nach Malmaison zurück und hatte wieder einmal das Gefühl, allen unerträglich zur Last zu fallen, am meisten mir selber.

Malmaison, Donnerstag, 4. Dezember 1947

Bei der Lektüre einer französischen Literaturgeschichte kam mir der Gedanke, daß sich mein eigenes kindisches Geschichtenerzählen nach einem ähnlichen Muster entwickelt hat. Als ich noch sehr jung war, hatten meine Geschichten Ähnlichkeit mit jenen, die im Mittelalter geschrieben wurden: Märchen voller Engel und Teufel, voller Phantasie und Romantik und mit einem Wunder, das immer sehr gelegen kam und alle Probleme löste. Als ich älter wurde, gab es in meinen Geschichten mehr Konflikte und weniger Wunder, mehr Wirklichkeitsnähe und weniger Glückseligkeit; und gute Taten wurden nicht unbedingt belohnt; und die Bösen wurden nicht unbedingt bestraft. Jetzt versuche ich einfach, mir meine eigene Zukunft vorzustellen. Ich fürchte, daß ich meine Phantasie mit mir durchgehen lasse und zu viele glückliche Zufälle erfinde, nur um vom Ausgang nicht allzu enttäuscht zu sein. Etwas in mir wehrt sich gegen den Gedanken, daß vielleicht überhaupt kein Glücksfall eintreten könnte. Daß ich mein Ziel vielleicht nie erreichen werde und Schneiderin bleiben muß oder es bestenfalls zu einem eigenen Laden bringe. Aber habe ich überhaupt das Recht, mehr zu erwarten? Zähle ich denn nicht zu jenen Verdammten, die das Schicksal überlistet haben und nun dazu verurteilt sind, im Lauf eines langen, schweren Lebens dafür zu büßen, daß sie überlebt haben, während so viele andere, ungleich wertvollere Menschen zugrunde gehen mußten?

Malmaison, Freitag, 5. Dezember 1947

Ich bin fester denn je überzeugt, daß Heiraten nicht der höchste Lebenszweck ist. Die Mädchen hier träumen nur vom Heiraten. Nie davon, was danach kommen könnte. Hochzeitsglocken – Schluß der Vorstellung! Man lebt doch bestimmt nicht nur dafür, zu lieben und geliebt zu werden. Man muß ein Ziel haben und echte Interessen, und man muß wißbegierig sein. Und das Leben lieben. Tue ich das? Manchmal bin ich so müde, so apathisch, daß ich keinen Finger rühren würde, um mein Leben zu retten. Wirklich nicht? Vielleicht könnte ein rechtes Wort zur rechten Zeit mich noch zu unerhörter Leistungsfähigkeit und Begeisterung anspornen.

Es ist so mühsam, sich immerzu abplagen zu müssen, nicht zu wissen, was morgen sein und ob man jemals etwas erreichen wird, niemals ein ermutigendes Wort zu hören, sondern immer nur kritische und spöttische Bemerkungen. Onkel hält das für die beste Methode, mich zu immer größerer Anstrengung anzuspornen. Wenn er es ein einziges Mal über sich brächte, etwas gutzuheißen, das ich getan habe oder tun wollte – ich glaube, ich würde vor Schreck in Ohnmacht fallen.

Lena sagt, nach einem Todesfall lesen die Leute immer die Tagebücher des Verstorbenen. Ich habe auf den Einband meiner sämtlichen Tagebücher geschrieben: NACH MEINEM TOD UNGELESEN VERNICHTEN!

Malmaison, Samstag, 6. Dezember 1947

Paris kann nur noch zehn Tage mit elektrischem Strom versorgt werden. Und was dann? Die Streikwelle hat wieder das ganze Land erfaßt. Ganz Frankreich trauert um General Leclerc, der bei einem Flugzeugabsturz in Algerien ums Leben kam.

Malmaison, Montag, 8. Dezember 1947

Heute früh ist Bella ungewöhnlich bald aufgestanden und zum Frühstück heruntergekommen. Unsere sieben Schlafsaalgenossen vertilgten gerade ihre Margarinebrote, und da wir, wie üblich, in Eile waren, um pünktlich wegzugehen, merkten wir zu spät, daß Bella die Häupter ihrer Lieben zählte. Ihr empörter Aufschrei brachte uns zum Verstummen. Eindringlinge im Haus! Fremde, die von uns abgefüttert wurden! Die sieben unbefugt Anwesenden stellten sich höflich vor und erklärten, wieso sie hier waren. Bella ließ sich sofort rumkriegen, rief das Hauptbüro an, verlangte Hilfe für die sieben und erhielt die Zusage, daß man umgehend etwas unternehmen werde. Wir gingen gutgelaunt zur Arbeit.
Die häufigen Stromsperren und der Mangel an Kerzen führen hier dazu, daß die Verbrüderung die Grenzen des Anstands überschreitet. Die Wilden haben alle Schäden im Haus repariert und lassen uns jetzt nicht mehr in Ruhe. Unsere Türen haben keine Schlösser, also kommt Sonntag morgens die ganze Bande in unsere Schlafräume gestürmt, packt die Matratzen und befördert uns auf den Fußboden. Nichts kann ihren Übermut bremsen. Bella scheint ihre Machtbefugnisse nicht mehr ausüben zu wollen. Sie hält sich die meiste Zeit droben in ihrem Zimmer auf, liegt auf dem Diwan, liest oder hört sich Schallplatten an. Hie und da lädt sie jemanden zum Plaudern ein. Sie gibt immer noch vor, unser Kumpel, unsere Kameradin oder Genossin zu sein, wird aber von den jungen Burschen wie ein altes Weib behandelt, das man sich vorsichtshalber

vom Leib halten sollte. Sie ärgern sich über Bellas aufdringliche Annäherungsversuche und darüber, daß sie herausbekommen möchte, ob sie irgendwelche Techtelmechtel haben, ob sie verknallt sind und schon mal ein Mädchen verführt oder sich zum mindesten gewünscht haben, so etwas zu tun. Was geht das Bella an? Würde sie dafür überhaupt Verständnis aufbringen?

Malmaison, Montag, 15. Dezember 1947

Heute ist Vaters Geburtstag. Was ich empfinde, kann ich nicht in Worte fassen. Also nur dies: Er wäre heute 49 geworden.

Gestern nachmittag war ich mit Charles, Mimi, Lena, Jack und dem Ungarn zusammen. Onkel ist auch gekommen. Alle haben komische Geschichten aus ihrer Jugend und aus den Kriegsjahren erzählt, bis Mimi plötzlich einen Schwächeanfall bekam und hinausgeführt werden mußte. Sehr schlimm kann es nicht gewesen sein, denn Charles kam kurz darauf zurück und ließ Mimi mit dem Arzt allein. Später gingen wir ins Kino, um uns *La dame de Shanghai [Die Lady von Schanghai]* mit Rita Hayworth und Orson Welles anzusehen. Danach brachte mich Onkel zur Bushaltestelle und unterhielt sich mit mir über alles mögliche. Er schien wirklich interessiert und hat mir keinen einzigen Rüffel erteilt. Und er ist damit einverstanden, daß ich im neuen Jahr nicht mehr bei Madame J. arbeite! Das ist die beste Nachricht überhaupt!

Malmaison, Donnerstag, 25. Dezember 1947

Weihnachten. Und was für ein Tag das gewesen ist! Gestern war ich bei Mimi und Charles, die in Urlaub fahren. Mimi hat mich mit Geschenken überschüttet. Vielleicht, weil sie sich wegen ihres lächerlichen Verdachts schämt? Wie soll ich ihr denn klarmachen, daß, jedenfalls von meinem Standpunkt aus, Charles kein Mann ist. Ich meine, kein Mann, in den ich mich verlieben könnte, wie zum Beispiel in Gary Cooper oder Erroll Flynn. Er ist mein Vetter! Aber Mimi glaubt wohl, weil sie in ihn verliebt ist, müßten es alle anderen auch sein.

Ich durfte einen Haufen Sachen einpacken, die sie nicht mehr trägt, und außerdem eine ganze Menge zu essen: Koteletts, Brot, Äpfel und 15 Sahnetörtchen. Das habe ich alles nach Malmaison mitgenommen. Nach dem Abendessen sind wir per Anhalter nach Paris gefahren, um uns den Disney-Film *Dumbo* anzusehen. Um Mitternacht kamen wir aus dem Kino, dann tranken wir in einem Café einen Obstpunsch. Auf dem Weg zum Bahnhof kamen wir durch ein Bordellviertel. Häuser mit verrammelten Fensterläden und roten Lampen über den Haustüren, Kabaretts, Spelunken, verdächtige Gestalten, die sich im Dunkeln herumtrieben, Getuschel, Krakeel, Polizei – brrr...

Im Zug boten wir allen Fahrgästen Süßigkeiten an und balgten uns mit Marcel, der so tat, als ob er betrunken und drauf und dran wäre, sich aus dem Fenster zu stürzen. Dann marschierten wir (weil wir den Bus verpaßt hatten) die drei Kilometer bis nach Hause, wobei wir die ganze Zeit tanzten und pfiffen. Um zwei Uhr waren wir daheim und machten uns sofort daran, Mimis Koteletts zu braten. Der Duft lockte einige Wilde an. Gierig schnüffelnd kamen sie herunter und durften mitessen. Ausnahmsweise kam so etwas wie echtes Familiengefühl auf. Um drei Uhr fanden wir, daß es höchste Zeit zum Schlafengehen war. Zum Geschirrspülen waren wir leider viel zu müde.

Heute nachmittag wieder in Paris, diesmal mit Rosette. Wir haben einen fabelhaften Film gesehen: *Cloak and Dagger [Im Geheimdienst]* mit Gary Cooper und Lilli Palmer. Auf dem Rückweg wollten wir eigentlich Napoleons Grabmal einen Besuch abstatten, aber weil das Wetter so scheußlich wurde, statteten wir lieber Maurice einen Besuch ab. Simone übergab mir einen Brief mit einer französischen Marke, und zwar einer *petit bleu*. Ich öffnete ihn ganz beiläufig, zwischen zwei Bissen *millefeuille* – und wäre beinahe erstickt. Er war von Sonja! Sonja Silber. Ich ließ das Gebäck fallen und rannte wie verrückt zur Métro. Sonja wohnte in einem Hotel an der Place de la République.

Das letzte Mal hatte ich sie im Warschauer Ghetto gesehen, als wir beide zwölf Jahre alt waren – im Sommer 1942. Es war der Anfang vom Ende gewesen: Das Ghetto wurde aufgelöst. Sonja, die Enkelin eines Rabbiners, sah rein »arisch« aus. Silberblondes Haar, blaßgrüne, mandelförmige Augen, lange, blonde Wimpern. Mutter sagte oft, Sonja werde bestimmt eine Schönheit werden.

Im Frühsommer 1942 ging Sonja »auf die andere Seite«, wo sie unter der Obhut einer gutherzigen polnischen Familie überlebte. Vergangenes Jahr kam sie – oh, dieser Zufall! – nach Zabrze in dasselbe Heim, das ich ein paar Monate zuvor verlassen hatte. Wenn wir doch nur zusammen dort gewesen wären! Wir hätten Herrn S. die Hölle heiß gemacht! Jedenfalls hat Sonja dort die Warschauer Tradition aufrechterhalten: Sie hat Weihnachtslieder gesungen, den Garderobenständer wie einen Weihnachtsbaum geschmückt und den hysterischen Sobel mit einem Lasso eingefangen, das aus einem Strang nichtkoscherer Würstchen bestand.
Genau wie ich glaubt sie an überhaupt keine Religion mehr und verabscheut jene Leute, die versuchen, andere mittels Argumenten oder, noch schlimmer, mittels Spötteleien zu irgendeinem Glauben zu bekehren.
Wir saßen aneinandergeschmiegt in einem riesigen Sessel unter dem Weihnachtsbaum in der Hotelhalle und erzählten, erzählten, erzählten.
Sobel hat sich bei Sonja bitter über mich beklagt. Wie es denn möglich sei, daß ein so intelligentes Mädchen ihn so gründlich mißverstehen konnte? Wir fanden beide, daß er der am gründlichsten mißverstandene Mensch auf der ganzen Welt sein mußte. Er hat Sonja verboten, in Paris Kontakt mit mir aufzunehmen, weil ihm zu Ohren gekommen sei, ich führe ein schrecklich ausschweifendes Leben, ließe mich ständig von Taxis herumfahren, äße in Restaurants und sähe über alte Freunde hinweg, die mir auf der Straße begegneten. Haargenau mein Leben, dachte ich.
Sonja ist mit einem kleinen Kindertransport aus Zabrze hier eingetroffen. Sobel reiste in einem ganz normalen Zugabteil. Sonjas letzte Kriegshandlung gegen unseren hochverehrten Heimleiter bestand darin, daß sie seinen Hut als Nachttopf für eines der Kleinkinder benützte und in der Nacht seine Kleider mit denen einer Frau vertauschte, die im angrenzenden Abteil schlief. Trotz dieser Missetaten geriet Sobel ihr gegenüber in Gefühlsduselei und versuchte, sie zu tätscheln, worauf sie ihm eine langte, daß es nur so klatschte und alle davon aufwachten. Nachdem sie den anderen Fahrgästen erklärt hatte, was vorgefallen war, ging Sonja in ein anderes Abteil, wo sie die letzte Etappe der Reise in Gesellschaft amerikanischer Soldaten hinter sich brachte, Kaugummi mampfte und ihr Englisch ausprobierte.

Sie wurde in das Jugendheim nahe der Pyrenäen geschickt, in dem damals auch Lilka untergebracht war. Sonja konnte sie nicht ausstehen. Lilka wollte die Neuankömmlinge um jeden Preis beeindrucken. Sie erzählte ihnen alles über sich selber, hielt sich aber nicht immer an die Wahrheit. Sie wollte unbedingt den Eindruck erwecken, »anders« als alle anderen zu sein. Und was ihre große Liebe zum Leiter des Heims betrifft... In Wirklichkeit ist *sie* um *ihn* herumscharwenzelt, und als es ihr endlich gelungen war, seine Aufmerksamkeit zu erregen, hat sie sich auf ein paar unbeholfene Bemerkungen seinerseits berufen und den Armen ganz einfach erpreßt, ihr Gefühle zu »gestehen«, die er ihr gar nicht entgegenbrachte.
Alle glaubten, der Heimleiter sei »wahnsinnig verliebt« in Lilka, und als er schließlich mit dieser Situation nicht mehr fertig wurde, erhielt er aus Paris die Genehmigung, Lilka in ein anderes Heim zu schicken. Er hing an seiner Verlobten und hatte nicht das mindeste Interesse daran, immer wieder Lilka über den Weg zu laufen, die sich, nur mit einem spärlichen Nachthemd bekleidet, mitten in der Nacht durch die dunklen Korridore tastete, um nach einem Buch zu suchen, das sie im Erdgeschoß liegengelassen hatte, oder um sich eine Kopfwehtablette zu holen, oder um ihn zu bitten, doch mal nachzusehen, warum ihr Bett so wacklig sei. In mir rief das alles deprimierende Erinnerungen wach. Ich war tief enttäuscht. Wieder einmal hatte ich mich dazu verleiten lassen, meiner unzuverlässigen Freundin zu trauen, und wieder einmal stand ich als die Dumme da.
Bald kamen Sonja und ich wieder auf die Zeit im Ghetto zu sprechen. Wir versuchten, uns an alles und jeden zu erinnern. An die kleinen Kinderfeste, die wir zusammen mit anderen aus unserer Clique veranstaltet hatten. Tosia, Yola, Njusia... Wie wir versuchten, Schokolade aus Kakao und Milch zu machen – leider vergebens, weil die Flüssigkeit nicht fest wurde. Wie wir so taten, als fände jedesmal eine Geburtstagsfeier statt, weil es uns unrecht schien, im Ghetto Einladungen zu geben, während andere verhungerten – und jedesmal war Sonja das Geburtstagskind, weil sie am besten angezogen war. Wie Njusias Vater uns etwas auf der Geige vorspielte und Tosia beim Zuhören weinte, und wie er uns beibrachte, auf dem Kopf zu stehen, und Sonjas Mutter uns auszankte, weil dabei unsere Schlüpfer zu sehen waren.

Wir erinnerten uns an die Zwillinge Maryla und Hela. Ich erzählte Sonja, daß die beiden abtransportiert wurden und ihr Vater sich aus dem Fenster stürzte. Sonja erinnerte mich an den Abend, als wir uns bei Tosia getroffen hatten, um auf das Gespenst zu warten. Tosia war überzeugt, daß es in der Wohnung spukte, und hatte Angst, allein im Hause zu bleiben. Wir warteten, bis es schon ziemlich dunkel geworden war, dann fiel uns plötzlich ein, daß wir fast schon die Sperrstunde verpaßt und obendrein das Abendessen versäumt hatten. Voller Angst, was wohl unsere Eltern dazu sagen würden (damals war es kein Kinderspiel, wenn man zur festgesetzten Stunde nicht zu Hause war), wollten wir heimrennen, als plötzlich mein Vater erschien. Ohne ein Wort zu sagen, beförderte er Sonja und mich schleunigst nach Hause, während wir beide unentwegt schluchzten. Mutter hatte geweint. Als sie hörte, daß ich die Sperrstunde ganz einfach vergessen hatte, knallte sie mir eine – so heftig, daß ich eine Woche lang einen blauen Fleck hatte. Und Vater sprach tagelang kein Wort mit mir. Damals fand ich, daß sie mich schrecklich teuer dafür bezahlen ließen, daß ich mit dem Leben davongekommen bin. Und Gespenster gab es ja gar nicht.
Sonja war zu Hause ganz ähnlich empfangen worden, und danach durften wir uns eine ganze Woche lang nicht mehr treffen. Irgendwie paßte diese übermäßig strenge Bestrafung zu den Ausschreitungen, die damals an jedermann begangen wurden. Für Milde, Geduld und gutes Zureden war in unserem Dasein kein Platz. Wir wenigen, die mit dem Leben davonkamen, sind aufgewachsen, ohne Nachsicht zu erwarten, und stets bereit, mit gleicher Münze heimzuzahlen. Wir werden keine nachgiebigen Partner oder Eltern werden. Es hat in unserem Leben zu viele Ausschreitungen gegeben.

Malmaison, Sonntag, 28. Dezember 1947

Sonja wird kurz nach Neujahr nach Palästina fahren. Sie hat eine Tante in Tel Aviv. Ihre Eltern, Großeltern und anderen Angehörigen sind im Ghetto und in Treblinka umgekommen. Wie meine Familie. Sonja weiß nicht genau, wo, wann und wie sie gestorben sind. Von den Meinen weiß ich das auch nicht. Ich weiß nur, daß Vater nach Majdanek gebracht wurde. Was mit Mutter geschehen war, werde ich nie erfahren. Manchmal, wenn ich meine Gedanken in jene Jahre zurückwandern lasse, wie bei dem Gespräch mit Sonja, habe ich das Gefühl, nicht weiterleben zu können. Für mich gibt es zu viel Vergangenheit. Sie reißt mich zurück. Habe ich ein Recht, zu leben, wenn sie alle tot sind? Bin ich mehr wert, als sie es waren? Ganz gewiß nicht. Also warum? Wie soll ich allein mit dem Leben fertig werden? Wer kann mir sagen, was ich tun soll? Ich brauche einen Menschen, auf den ich mich stützen kann, aber es gibt keinen und wird niemals einen geben, weil ich weiß, daß ich nie wieder volles Vertrauen zu jemandem haben kann, und lieben kann ich auch niemanden mehr, weil ich einen weiteren Verlust nicht ertragen könnte. Jeder Verlust, und wenn er noch so unwesentlich wäre, würde Salz in die offene Wunde streuen, die jener andere, große Verlust hinterlassen hat und die wohl niemals heilen wird.

Die Zeit heilt keine Wunden. Sie verwandelt den Schmerz in Bitterkeit und Haß. Ich hasse nicht, doch der Schmerz ist da und nagt an mir. Manchmal, wenn ich die Tür öffne, kommt er hoch und packt mich an der Kehle. Dann möchte ich mich übergeben. Ich möchte meine schreckliche Vergangenheit herauswürgen, meine vergiftete Kindheit, den Schmerz und dieses erdrückende Gefühl von Ungerechtigkeit und die Erkenntnis, daß man mich mit naiven Märchen aufwachsen ließ, als man mich lehrte, an Liebe und Mitgefühl, Gerechtigkeit und Frieden zu glauben, und mir erst danach gezeigt hat, wie das Leben wirklich ist. Fromme Lügen wird es in meinem Leben nicht mehr geben. Es gibt keine Gerechtigkeit. Für niemanden. Alles, was man mich damals gelehrt hat, war Lüge. Und ebendas ist so schmerzlich für mich. Warum haben sie mich angelogen? Und jetzt sind sie alle tot, und ich werde die Antwort niemals bekommen.

10

Der Dezember ging zu Ende, und mit ihm dieses seltsame, schwere Jahr. Ich sah die vielen Kinoprogrammhefte durch, als wäre das, was ich auf der Leinwand gesehen hatte, das einzig wirkliche Leben, das ich kannte. Mein eigenes schien bloß ein angstvolles Warten darauf zu sein, daß irgend etwas geschehen und ich dann erfahren würde, was für ein Leben mir bestimmt war.

Einst hatte ich auf das Ende des Krieges gewartet. Als es soweit war, wartete ich darauf, daß jemand zu mir zurückkäme; erst dann würde das wirkliche Leben beginnen. Niemand kehrte zurück, und ich wartete weiter. »Es ist, als wäre immer noch Krieg«, schrieb ich im ersten Nachkriegssommer in Kalisch in mein Tagebuch. »Während die anderen ihr Leben weiterleben, sitze ich herum und warte...«

Und nun wartete ich auf die Abreise nach Australien. Wenn ich erst mal dort wäre... Aber die Angst vor dem, was das Leben in Australien möglicherweise mit sich bringen würde, hielt mich davon ab, darüber nachzudenken. Statt dessen flüchtete ich mich in meine Träume. Nacht für Nacht kehrte ich in mein – wie ich glaubte – »wirkliches« Leben zurück, in dem ich emsig und glücklich und von unzähligen Freunden umgeben war. Oder waren es meine Angehörigen? Ich hatte das Gefühl, in dieses geheimnisvolle Dasein zu gehören – gleichsam in eine andere Dimension. Jede Nacht kehrte ich dorthin zurück, und jeden Morgen erwachte ich im grauen, kalten Dämmerlicht eines weiteren Tages im Exil. Hätte ich doch nur in jener anderen, wirklichen Welt bleiben dürfen!

Eine Neue kam zu uns ins Heim: ein rumänisches Bauernmädchen, das weder lesen noch schreiben konnte, einen Reinlichkeitsfimmel hatte, ungeheuer dick war und nur Rumänisch und Jiddisch sprach. Sie schrubbte unentwegt. Und sie verliebte sich Knall und Fall in Victor, der jedoch ein Auge auf Denise geworfen hatte, die wiederum für Marcel schwärmte – usw. usw.

In ihrer simplen, direkten Art erklärte uns die Neue, daß sie Victor und auch jeden anderen jederzeit herumkriegen und daß keine von uns es mit ihr aufnehmen könnte, weil sie – den größten Busen und den dicksten Hintern habe. Die Männer, so behauptete sie mit der ganzen Autorität ihrer vierzehn Jahre, wären immer nur auf eines aus, und da hätte sie ihnen eben am meisten zu bieten. Ein Argument, dem wir uns beugen mußten: Sie war tatsächlich die Dickste von uns allen. Aber zu behaupten, dadurch sei sie uns gegenüber im Vorteil... Wollten denn wirklich alle Männer immer nur *das*? Schwabbelige Fettmassen? Uns überkam das beunruhigende Gefühl, daß es vielleicht einige große Geheimnisse des Lebens gab, denen wir mit all unserem jugendlichen Zynismus noch nicht auf die Spur gekommen waren. Wie aber paßte das mit romantischer Liebe zusammen? Und mit Schönheit?

»Freundlichkeit – damit kriegen sie mich herum«, gestand Fernande melancholisch, als wir uns zu Bett legten. »Auch wenn ich genau weiß, daß der Schuft lügt wie gedruckt, daß er es gar nicht ernst meint, sondern mich bloß irgendwie herumkriegen will – sobald er ein bißchen nett zu mir ist oder mir ein Geschenk mitbringt, egal wie albern und billig es ist, Hauptsache, es ist für mich bestimmt... und wenn er dann so mit mir redet, wie manche Männer reden können, dann bin ich verloren. Ich kann einfach nicht anders. Ein zärtliches Wort, ein Blick, und hinterher hasse ich mich, weil ich so blöd war – als ob ich nicht genau gewußt hätte, was er damit bezweckt hat... Aber ich kann einfach nicht widerstehen. Nie.«

»Keine von uns kann einem bißchen Herzlichkeit und einem freundlichen Wort widerstehen – man weiß zwar, daß alles Lüge ist, aber eigentlich will man's gar nicht wissen«, sagte Jacquotte. »Man möchte daran glauben, wenigstens dieses eine Mal... Es muß doch einen geben, sagt man sich, der aufrichtig ist, einen, der dich wirklich gern hat, und wenn jetzt diese Chance besteht, kannst du's dann riskieren, sie ungenützt vorübergehen zu lassen?«

»Es ist anders, wenn man ein richtiges Zuhause hat, Eltern, jemanden, der sich bedingungslos um dich kümmert – eben eine richtige Familie. Dann kann man sich's leisten, wählerisch zu sein, man hat einen Rückhalt, man braucht ihn sich nicht bei fremden Leuten zu suchen. Aber unsereins... Wir riskieren's eben und hoffen, daß er nicht so niederträchtig ist wie die anderen.« Unser Dickerchen Denise seufzte und steckte sich noch ein Bonbon in den Mund. Ich hörte diesen nächtlichen Geständnissen beklommen zu. Ob es auch mit mir so weit kommen würde? Bei Fremden Liebe suchen, weil ich nicht mehr ohne Liebe leben konnte?

Malmaison, Mittwoch, 31. Dezember 1947

Der letzte Tag des Jahres 1947. Es war ein schweres, trauriges Jahr. Ich habe eine Menge Französisch und ein bißchen Schneidern gelernt. Ich mußte den Zeichenunterricht und die Alliance Française aufgeben, weil Madame J. mir nicht freigeben wollte, und jetzt gebe ich Madame J. auf. Um mich aufzumuntern, bin ich wieder in das kleine Kino in der Rue de Rome gegangen und habe mir *Rhapsody in Blue* angesehen. Ich habe den Film zwar schon zweimal gesehen, aber ich wollte die Musik nochmals hören. Das Kino ist neben Madame J.s Hotel, und täglich konnte ich beim Nähen die Musik hören, die auf die Straße hinausdrang. Ich wußte, *diese* Melodie würde mich mein Leben lang an Paris erinnern, an den Montmartre und die Rue de Rome, an Viroflay und Malmaison, an die Kälte und den Hunger dieser Jahre, an meine schier unendliche Erschöpfung, den Mangel an Schlaf und die Kopfschmerzen und an das Gefühl, daß ich in dieser schönen Stadt, in der sich, wie die Mär sagt, jeder Fremde sofort zu Hause gefühlt hat, immer nur mir selbst und anderen zur Last gefallen bin. Und trotzdem: Keine andere Stadt habe ich so sehr geliebt.
Nach dem Kinobesuch habe ich der Familie ein gutes neues Jahr gewünscht. Da Mimi und Charles bereits weggefahren sind, bin ich zum Boulevard Barbès gegangen. Simone, Maurice, Onkel, Jack und Lena wollten gerade zu einer Einladung bei Simones Verwandten gehen. Weil Yves zu Hause war, gab es für mich keine Schlafgelegenheit, also erklärte ich, bevor jemand sein Bedauern äußern konnte, daß wir im Heim ebenfalls eine Party hätten, und machte mich wieder davon. Malmaison war leer. Alle waren weggegangen, um zu feiern. Ich habe das Radio mit Beschlag belegt und den einsamen Abend damit verbracht, auf der Suche nach Musiksendungen am Knopf herumzudrehen. 1948 wird bestimmt anders!

Zu Neujahr traf der übliche Stoß Briefe ein, mit beigelegten Stückchen von den Weihnachtswaffeln und mit unscharfen, unter dem Christbaum und am Eßtisch aufgenommenen Fotos.
In ihrem Brief (aus Deutschland) rügte Agatha meine unchristliche Lebensweise. Ich hatte in meinem Brief an sie ganz beiläufig erwähnt, daß ich mir am Heiligen Abend den Disneyfilm *Dumbo*

angesehen hatte. Was muß das bloß für ein Land sein, schrieb sie, in dem am Heiligen Abend die Kinos geöffnet sind! Und wieso ich es versäumt hätte, zur Christmette zu gehen?

Da zu Beginn des neuen Jahres einige ältere Mädchen und Jungen das Heim verließen, wurden die Quartiere neu verteilt. Ich wurde zusammen mit Olga in einem unbenützten Badezimmer untergebracht. Man hatte die Wanne und andere Einrichtungsgegenstände entfernt, und jetzt war eigentlich ein ganz nettes Zimmerchen daraus geworden, aber leider war es, weil Boden und Wände gekachelt waren und der Raum keine Heizung hatte, furchtbar kalt. Olga, ein zierliches, gelbhäutiges, ständig schniefendes Persönchen, gab nur selten ein Wort von sich, schnarchte aber wie ein Bär. Ihre Schwester lebte in Amerika. Genauer gesagt: Sie war Dienstmädchen in einer prächtigen Villa in Hollywood. Olga sollte zu ihr kommen und wartete jetzt auf das Einreisevisum. Wenn man sie fragte, ob sie ihr Glück überhaupt zu schätzen wisse, starrte sie einen bloß verständnislos an. Sie ging nicht ins Kino, und Hollywood war für sie nichts anderes als der Ort, wo ihre Schwester eine Stellung hatte und wo auch sie selber Arbeit zu finden hoffte.

Ich traf mich noch einmal mit Sonja, um ihr Lebewohl zu sagen. Wir saßen da, weinten, und das Sprechen fiel uns schwer. Da hatte ich nun einen Menschen aus der untergegangenen Welt meiner Kindheit gefunden, nur um ihn gleich wieder zu verlieren... Jemanden, der meine Eltern gekannt hatte... Es war, als hätte ich noch einmal bei ihnen sein dürfen, als hätte ich sie mit den Augen eines anderen Menschen wiedergesehen. Ich wollte noch einmal hören, wie Sonja sie in Erinnerung hatte, was sie zu ihr gesagt, wie sie ausgesehen hatten. Und ich sprach mit ihr über ihre eigene Mutter, an die ich mich noch gut erinnern konnte; ihren Vater dagegen konnte ich mir überhaupt nicht mehr vorstellen.

Von unterdrücktem Schmerz ganz benommen, fuhr ich nach Malmaison zurück. Ich schloß mich in unserem kleinen Zimmer ein, legte mich aufs Bett und weinte in einem fort. Erst nach einer Weile merkte ich, daß Olga an die Tür hämmerte. Als ich aufgesperrt hatte, kam sie zusammen mit Bella herein. Ich zitterte am ganzen Körper und brachte kein Wort heraus. Bella glaubte, ich hätte einen Malaria-Anfall und ließ einen Arzt kommen. Nachdem er mich untersucht hatte, erklärte er, mir fehle nichts – es sei

eine reine Nervensache. Ich sollte mich zusammennehmen, »sonst landen Sie bald in der Nervenheilanstalt«. Er und Bella waren überzeugt, daß eine unglückliche Liebesgeschichte dahintersteckte. Ob der Mann mich sitzengelassen habe? Ob ich schwanger sei? Nein? Dann bestände wirklich kein Grund zur Aufregung! »Schlafen Sie sich aus, morgen ist alles wieder in Ordnung.« Er stellte ein Fläschchen mit Tabletten auf den Tisch. Bei Bedarf eine Tablette einnehmen. Ich mußte zwei schlucken, dann gingen sie hinaus. Olga war bereits ins Bett gekrochen und schniefte vor lauter Besorgnis. Ich starrte die Tabletten an. Es wäre so einfach. Ich nahm das Fläschchen, konnte aber den breiten, flachen Korken nicht herausbekommen. Dazu brauchte man einen Korkenzieher. Wie sollte ich die Tabletten denn sonst herausholen?
Die beiden, die ich eingenommen hatte, begannen zu wirken. Ich ließ mich zurücksinken und sah meinen Kopf, aufgeblasen wie ein Ballon, an der Zimmerdecke schweben. Mein Hals war dünn wie eine Schnur und ungeheuer lang. Von der dunklen Decke dort oben blickte mein Kopf, gelb und kahl, auf mich herab und schnitt seltsame Grimassen. Er schwebte auf das Fenster zu, glitt durch die Scheibe hindurch und flog in die kalte Nacht hinaus. Ich vernahm einen langgezogenen, unheimlichen Schrei, der in der Ferne verebbte – dann muß ich eingeschlummert sein.
Ich schlief fast den ganzen nächsten Tag und wachte erst am übernächsten Morgen auf – mit einem Bärenhunger! Die Tabletten waren nicht mehr da. Bella war plötzlich unerhört besorgt um mich. Vielleicht erwartete sie eine Beichte. Aber ich hatte ihr nichts zu sagen.

Malmaison, Mittwoch, 7. Januar 1948

Lena hat mir erzählt, daß die 200 Francs, die ich voriges Jahr von Madame J. erhielt, aus Onkels Tasche kamen! Er dachte, ich würde eifriger arbeiten, wenn ich dafür entlohnt werde. Ich war erschüttert. Wie konnte er nur glauben, daß mir das Schneidern allmählich Freude machen würde, wenn ich Geld dafür bekäme... Wird er mich denn nie verstehen?

Weil es Olga und mir im Badezimmer schließlich doch zu kalt war, zog ich in ein Zimmer im ersten Stock um, das ich mit drei anderen teilen mußte. Big Charlie stieg auf den Dachboden und brachte einen höchst ungewöhnlichen Spiegel angeschleppt. Etwas fleckig, aber umrahmt von einer Girlande aus gläsernen Früchten und Blumen, deren Farben fast der Natur entsprachen. Ich fragte mich, wer wohl die schöne Dame gewesen ist, die ihn als erste benützt hat. Vielleicht Josephine höchstpersönlich? Sie hat in dem Schloß jenseits des Parks gewohnt. Ob sie jemals in dieses Haus gekommen ist?

Malmaison, Montag, 12. Januar 1948

Mein Schiff fährt in sechs Wochen in Marseille ab! Ich bin im polnischen Konsulat gewesen. Ich brauche einen Paß und ein Visum. Aber sie wollen mir keine Papiere ausstellen, weil über meine Ankunft in Paris keine Bestätigung vorliegt. Ich wußte nicht, was ich sagen sollte. Wenn ich diese Dokumente nicht bekomme, kann ich nicht abreisen. Onkel weigert sich, mir zu helfen. Er will nicht mit mir ins Konsulat gehen. Er sagt, wenn ich wirklich allein nach Australien will, müßte ich auch imstande sein, mich um meine eigenen Angelegenheiten zu kümmern. Aber ich weiß nicht, was ich tun soll!

Bella hat mir geraten, mich an die JOINT zu wenden. Diese Organisation zahlt mir die Überfahrt und müßte eigentlich wissen, was ich tun soll. Onkel zankt mich aus, weil ich traurig bin. Warum ich denn so finster dreinschaue? Na, warum wohl? Ich kann keinen Paß bekommen; ich habe Schnupfen und rasende Kopfschmerzen; ich habe eine rote Nase, verquollene Augen, Frostbeulen an den Fingern und Zehen; ich bin häßlich; ich habe keine Figur, und meine Zukunft ist ein leeres Blatt Papier. Es ist zum Totlachen!

Malmaison, Montag, 19. Januar 1948

Ich habe mein Diplom von der Modefachschule bekommen. Ich habe den Lehrgang abgeschlossen und die Prüfung bestanden. Jetzt besitze ich eine Schriftrolle aus weißem Pappkarton, mit roten Siegeln und meinem in Schönschrift mit schwarzer Tusche eingetragenen Namen. Das soll die Gewähr dafür sein, daß ich Kleider jeglicher Fasson zuschneiden kann, sowohl an der Kleider-

puppe wie auch am Zuschneidetisch. Nur ich selber weiß, wie weit das von der Wahrheit entfernt ist. Zur Feier dieser Errungenschaft hat mir Onkel zwei Paar wollene Strümpfe und ein Paar Schuhe gekauft.
Ein echter Monsieur Verdoux ist aufgetaucht und hat Charlie Chaplin verklagt, weil er in seinem Film diesen Namen benützt hat.

Malmaison, Dienstag, 20. Januar 1948

Der langerwartete Brief von Marina ist gekommen. Sie hat einen Freund meines Onkels geheiratet. Er stammt aus unserer Stadt und war zusammen mit Onkel in Kriegsgefangenschaft. Kein Wort darüber, daß ich nach Australien kommen soll. Onkel rät mir, nun doch nach Polen zurückzukehren oder aber nach Kanada zu schreiben, daß es mir leid täte, damals abgesagt zu haben. Australien muß ich mir aus dem Kopf schlagen. Ich bin niedergeschmettert.
Um mich aufzumuntern, hat mich Simone in die Oper eingeladen, wo wir *Lohengrin* sahen. Es war keine gute Wahl. Ich fand das Ganze lächerlich.

Malmaison, Dienstag, 27. Januar 1948

Simone muß von irgend jemandem eine Menge Eintrittskarten bekommen haben: Gerade haben wir *Boris Godunow* gesehen! Diesmal hat der Zauber gewirkt. Ich war hingerissen und gerührt. Aber dann hat Simone den ganzen Abend verdorben: Als wir nach der Vorstellung die herrliche Treppe hinuntergingen und ich noch ganz benommen war von der Schlußszene, hörte ich sie, wie üblich mit durchdringender Stimme, verkünden: »Und die Moral von der Geschicht': Wer Dreck anfaßt, besudelt sich.« Die Leute drehten sich erstaunt nach ihr um. Sie strahlte. Ich wäre am liebsten tot umgefallen.
So lieb ich sie habe – manchmal geht sie mir auf die Nerven. Wenn sie zum Beispiel in der Métro mit jemandem ins Gespräch gekommen ist, beginnt sie, an mir herumzunörgeln: »Warum liest du denn die ganze Zeit, du verdirbst dir die Augen, warum schaust du die Leute nicht an? Warum lächelst du nicht? Wie willst du denn

jemals einen Mann bekommen, wenn du dein Gesicht ständig hinter einem Buch versteckst?« Und wenn dann alle auf uns aufmerksam geworden sind: »Wissen Sie, der Krieg ist daran schuld, daß sie so geworden ist. Sie hat Angst, die Leute könnten sie anschauen. Sie ist aus Polen, eine Kriegswaise – kaum zu glauben, daß sie erheblich älter ist, als sie aussieht, hat ihre Eltern verloren, war in Warschau, oh là là, là là, was sie dort mitansehen mußte... Aber jetzt ist das alles vorbei, du brauchst keine Angst mehr zu haben, du bist in Frankreich, na komm, sieh diese netten Damen und Herren an!«
Wenn sie keine Lust zum Plaudern hat, liest sie ebenfalls. Die Zeitung des neben ihr sitzenden oder stehenden Fahrgastes. Das tut sie ganz ungeniert, so, als wäre es ihr gutes Recht. Wenn der, dem die Zeitung gehört, umblättern will und Simone noch nicht fertig gelesen hat, hindert sie ihn daran.

In der ersten Februarwoche verließen Anna und Lilka das Heim in Malmaison. Anna zog zu einem Onkel, einem Optiker, in dessen Geschäft sie arbeiten sollte. Lilka kehrte zu ihren Eltern zurück. Unser Abschied war kühl. Sie gab mir ihre Adresse nicht, und ich wußte, daß ich sie nie wiedersehen würde.

»In der Opéra habe ich *Aida* gesehen. Ich fand die ganze Aufführung herrlich, besonders den Gesang der Amneris. Simone enthielt sich jeden Kommentars, und ich fuhr, noch ganz fasziniert, nach Malmaison zurück.
Tags darauf traf sich die ganze Familie zum Abendessen bei Simone. Ich taute gerade ganz beglückt in dem warmen Zimmer auf, als Onkel mich plötzlich anfuhr: ›Du riechst schlecht!‹ Alle sahen zu mir herüber. Simone nannte Onkel einen Rohling. Ich brach in Tränen aus und rannte aus dem Zimmer. Simone lief mir nach. Ich schilderte ihr die scheußliche Situation, in der ich mich befinde: Ich habe nur eine einzige Garnitur Unterwäsche, und wenn ich sie abends wasche, trocknet sie bei diesem kalten Wetter nicht. Wenn ich sie morgens anziehe, ist sie noch ganz feucht, tagsüber trocknet sie an meinem Körper, aber leider hat sie mit der Zeit diesen muffigen Geruch angenommen; außerdem ist sie schon ganz verschlissen. Vielleicht erklärt sich daraus, warum ich ständig Husten habe. Simone sagte, sie würde Onkel ersuchen, mir Geld für neue

Unterwäsche zu geben, aber ich flehte sie an, es nicht zu tun. Ich konnte ihn jetzt einfach um nichts mehr bitten und wollte ihn auch nie mehr sehen. Ich weigerte mich, wieder ins Eßzimmer zu gehen, und fuhr ohne Abendessen nach Malmaison zurück.

Apropos ›Gerüche‹: Letzten Montag, als wir gerade aufstehen wollten, kam Big Charlie in unser Schlafzimmer gestürmt. Am Abend zuvor war er von Annette geneckt worden und hatte wieder einmal keine Retourkutsche parat. Er muß die ganze Nacht darüber nachgedacht haben, und am Morgen nahm er Rache. Er stürzte sich auf Annette, die noch im Bett lag, hielt sie mit der einen Pratze fest und goß ihr mit der anderen eine ganze Flasche ›Soir de Paris‹ übers Haar. Dann verschwand er.

Die arme Annette! Sie schrie so gellend, daß Bella herunterkam, doch da war der Racheakt bereits vollzogen. Annette konnte sich die Haare nicht mehr waschen, bevor sie zur Arbeit fuhr, weil sie nicht mehr rechtzeitig getrocknet wären, und mit nassen Haaren konnte sie nicht in die Kälte hinausgehen. Ich saß im selben Zugabteil wie Annette und sah, wie die Leute sich über sie mokierten und von ihr wegrückten, während sie mit puterrotem Gesicht dasaß und unentwegt zum Fenster hinausstarrte.«

Malmaison, Montag, 9. Februar 1948

Ein wundervoller Brief von Marina und ihrem Ehemann Alex. Sie möchten, daß ich komme. Ihre Heirat hat nichts an unseren Plänen geändert. Die beiden haben ein kleines Haus in einem Vorort von Melbourne bezogen, wo es massenhaft Mimosen gibt. Sie haben einen Garten, und in der Nähe ist ein Park. Für mich ist bereits ein Zimmer eingerichtet. Ich werde zur Familie gehören. Ach, es ist einfach nicht zu fassen!

Die neue Christian-Dior-Kollektion ist frappierend. Falls sich diese neue Mode durchsetzt, was zu bezweifeln ist, wird sie uns alle verwandeln. Wenn ich an mein Diplom denke... Ich könnte genauso wenig eines dieser neumodischen Kleider zuschneiden, wie ich fliegen kann! Die Röcke sind fast knöchellang und sehr weit, die Taille ist stark betont. Und deutlich abfallende Schultern. Ein solches Kleid zu schneidern würde ein Vermögen kosten. Allein schon für den Rock braucht man eine Unmenge Stoff. Und wer kann so etwas tragen? Weder Mimi noch Simone, die beide klein und mollig sind und keine Taille haben. Trotzdem: An den Mannequins sehen diese Kleider sehr reizvoll aus.

Malmaison, Donnerstag, 12. Februar 1948

Anna, Adams Mutter, ist für einen kurzen Urlaub aus England herübergekommen. Ich hatte sie das letzte Mal vor dem Krieg gesehen, habe sie aber sofort wiedererkannt. Sie ist noch kleiner als ich, eine zierliche Dame mit silberweißem Haar und einem etwas schiefen Lächeln. Sie war sehr eng mit Mutter befreundet, obwohl sie etliche Jahre älter ist. Mutter und sie sind natürlich Cousinen gewesen. Die Eltern von Mutter (und Onkel) und die Eltern von Anna, Charles, Maurice, Jack und den acht anderen Sprößlingen waren Geschwister, die Geschwister geheiratet hatten – die Kinder der beiden Ehepaare waren also wirklich sehr nahe miteinander verwandt.

Bei Kriegsausbruch wurden Anna, ihr Mann und Adam nach Sibirien deportiert, wo sie als Holzfäller arbeiten mußten. Ich kann mir nicht vorstellen, daß Anna imstande ist, irgend etwas umzuhauen, von Bäumen ganz zu schweigen. Dann gelang es ihnen, sich der polnischen Armee anzuschließen, mit der sie südwärts zogen, zuerst nach Persien, dann weiter nach Nordafrika. Georg hat in Monte Cassino und in der libyschen Wüste gekämpft, Anna arbeitete als Krankenschwester in Lazaretten und versuchte, in Verbindung mit allen Familienangehörigen zu bleiben. Bei Kriegsende stand sie im Rang eines Hauptmanns, was ihre Brüder und ihr Mann, die es alle nicht so weit gebracht hatten, sehr komisch fanden.

Nachdem sie zwei Jahre als Krankenschwester in El-Kantara am Suezkanal gearbeitet hatte, war Anna bei Kriegsende in ein Sanatorium im Libanon versetzt worden, dem, wie sie sagt, schönsten Land, das sie jemals kennengelernt hat. So viel Interessantes hat sie im Krieg erlebt! Sie hat mir einen winzigen Skarabäus aus Türkis mitgebracht, den sie in Luxor im Sand gefunden hat. Ich werde ihn immer in Ehren halten.

Seit der Demobilisierung leben Anna und Georg in Harrowgate,

das ihnen gar nicht zusagt. Dort ist es so feucht und kalt. Jetzt ist es auch *ihr* Wunschtraum, nach Australien auszuwandern.
Anna sagt, daß ich meiner Mutter ähnlich sehe. Ich kann das nicht so recht glauben. Sie sagt, ich gehe, spreche und lache genau wie Mutter. Sie möchte alles von mir wissen – wie ich den Krieg überlebt habe, und was mit den anderen passiert ist. Ich wollte es ihr erzählen, aber ich kann einfach nicht darüber sprechen. Täglich laufen wir stundenlang in Paris herum, wo sich Anna gut auskennt, weil sie vor dem Krieg hiergewesen ist. Sie spricht auch ganz gut Französisch.

Malmaison, Sonntag, 15. Februar 1948

Einen fabelhaften Nachmittag haben wir heute verbracht, Anna und ich. Als wir durch die Rue de Rivoli gingen, entdeckten wir ein Café, an das sich Anna aus der Vorkriegszeit erinnerte, als es, wie sie erzählte, ein sehr elegantes Lokal war. Wir gingen hinein. Es ging auf fünf Uhr, und das Café war sehr voll. Vorwiegend Frauen, und wie schick sie angezogen waren! Der Dior-Stil hat wirklich eingeschlagen!
Anna, die ihren Demobilisierungsmantel und ihren einzigen (Vorkriegs-)Hut trug, wollte wieder hinausgehen, doch da kam eine Bedienung – schwarzes Kleid, weißes gerüschtes Schürzchen und Häubchen – auf uns zugeflitzt, und ehe wir uns versahen, saßen wir an einem Marmortischchen direkt am Fenster. Wieder aufstehen und weggehen trauten wir uns nicht, also blieben wir sitzen und schauten uns um. An den Wänden hingen Spiegel mit Goldrahmen. Die Lüster brannten. Derart elegant gekleidete Damen hatte ich bisher nur im Film gesehen. Sie funkelten und schimmerten, sie lachten und plauderten, und alle schienen einander zu kennen.
Die Bedienungen trugen silberne Tabletts mit Porzellantassen, hohen Gläsern in silbernen Haltern, ganz phantastischem Gebäck und Getränken mit Schlagsahne obendrauf... Die arme Anna war schrecklich verlegen. Sie verbarg ihre Füße unter dem Tisch, schob ihre ziemlich abgetragenen Handschuhe unter ihre Handtasche, die sie dann – weil auch die Tasche schon so abgewetzt war – hinter ihrem Rücken versteckte, und fummelte ständig an ihrem Haar und ihrem Kragen herum. Und sie fragte mich sogar, ob sie or-

dentlich aussehe, worauf ich ihr natürlich versicherte, sie sehe tadellos aus – und das stimmte auch.
Die Bedienung kam an unseren Tisch. Wir dachten, sie würde uns von oben herab behandeln, doch sie war sehr nett und lächelte uns freundlich an. Sie ging die Speisekarte mit uns durch und beriet uns in puncto Gebäck. Schließlich ließen wir uns je zwei Törtchen und dazu heiße Schokolade mit Schlagsahne bringen.
Da sonst niemand Notiz von uns nahm, blieben wir stundenlang sitzen. Immer wenn die Bedienung an unserem Tisch vorbeikam, nickte sie uns lächelnd zu und erkundigte sich, ob alles nach Wunsch sei. Anna war tief gerührt. Das sei noch genau *das* Paris, das sie von früher in Erinnerung habe, sagte sie, und nun wisse sie endlich, daß der Krieg wirklich vorüber sei. Ich sagte ihr, ich hätte vor, eines Tages, wenn ich ganz erwachsen und sehr reich sein würde, wieder hierherzukommen, genau das gleiche Gebäck zu bestellen und die Bedienung daran zu erinnern, wie freundlich sie damals zu zwei schäbig gekleideten Ausländerinnen gewesen sei und wie glücklich sie uns gemacht habe. Und daß ich diesen Tag nie vergessen würde.
Es schneite, als wir aus dem Café kamen. Die Temperatur ist auf neun Grad unter Null gesunken, und es hat sogar in Nizza geschneit.

In der folgenden Woche gingen wir wieder in die Opéra und sahen *Faust*. Wir saßen wieder auf dem »Olymp« und konnten nur die untere Hälfte der Bühne sehen. Beim Hinausgehen flüsterte mir Georg zu: »Jetzt weißt du, was dir blüht, wenn du ein unartiges Mädchen bist. Du kommst in den Himmel!«
Tags darauf sahen wir uns die Wiener Kunstausstellung im »Petit Palais« an. Und schließlich nahmen mich meine Verwandten – wohl um meine Allgemeinbildung abzurunden, bevor ich Abschied von Europa nahm – in die ›Folies Bergère« mit. Bevor Onkel seine Erlaubnis erteilte, gab es eine Auseinandersetzung, bei der Mimi ihn mit seinem eigenen Argument besiegte: Wenn ich alt genug sei, allein nach Australien zu fahren, sei ich doch wohl auch alt genug, in die »Folies« zu gehen. Damit ich nicht so lachhaft kindlich wirkte, lieh mir Mimi ein Paar Schuhe mit hohen Absätzen, schminkte mich mit Lippenstift und Wimperntusche und setzte mir, um das Ergebnis zu verbergen, einen Hut mit getüpfel-

tem Schleier auf. Mein Haar war im Nacken zu einem dicken Knoten geschlungen – im Vergleich zu meinen Zöpfen wirklich ein Fortschritt –, und alle gaben zu, daß ich in dieser Aufmachung etliche Jahre älter aussah. Die Schuhe waren ein paar Nummern zu klein und drückten entsetzlich, und mein geschminktes Gesicht fühlte sich ganz starr an. An den Arm des ungarischen Arztes geklammert, stakste ich ins Theater. Sobald es im Zuschauerraum dunkel wurde, zog ich die Schuhe aus, schlug den Schleier zurück und atmete erleichtert auf.

Das Spektakel war überwältigend. Daß es so etwas gab, hätte ich mir nicht träumen lassen. Die *tableaux vivants* und die Kostüme waren phantastisch, und die berühmten Nackten wirkten in ihrer Vollkommenheit gar nicht wie echte, lebendige Frauen. Charles erklärte mir, daß sie alle mit Farbe besprüht würden, damit ihre Körper einen gesunden, goldbraunen Schimmer bekämen, und daß sie, aus der Nähe gesehen, eine Gänsehaut und Krampfadern hätten, wie jeder andere auch. Ich allerdings sah nur eine Art Traum, der Wirklichkeit geworden war. In Verlegenheit brachten mich nur die Witze, die komisch, aber auch sehr unanständig waren. Ich erstickte fast, um nur ja nicht loszukichern, denn die ganze Familie beobachtete mich, um festzustellen, ob ich die Witze verstand.

Der Arzt, bei dem ich die für die Reise vorgeschriebenen Impfungen bekommen sollte, bat mich, die Ampullen in einer Apotheke zu besorgen und in die Praxis mitzubringen. Mit dem Pockenserum klappte es, aber als ich den Impfstoff gegen die Cholera (die immer noch in Ägypten grassierte) verlangen wollte, ging etwas schief. Ich hatte nicht genau verstanden, was mir der Arzt gesagt hatte, und verlangte *»un vaccin contre la colère«*. Der Apotheker und sein Gehilfe brachen in Gelächter aus. »Das ist leider Gottes noch nicht entdeckt worden«, erklärten sie. Ich ging völlig verwirrt aus dem Laden und versuchte es in einer anderen Apotheke. Genau die gleiche Reaktion. Da hat dich jemand auf einen Metzgergang geschickt, sagte ich mir und dachte daran, daß Maurice am ersten Tag seiner Lehrlingszeit weggeschickt worden war, um eine Lockenschere für Karakulschafe zu besorgen. Den Tränen nahe, versuchte ich zu erklären, wozu ich das Serum brauchte, und nun begriff der Apotheker. »Sie möchten ein *vaccin anticholérique* haben. *La colère* bedeutet ›Wut‹.« Ich wurde rot vor Verlegenheit.

Natürlich! Ich wußte doch, was *la colère* bedeutet! Und das andere hieß *le choléra.* Auf der Heimfahrt in der überfüllten Métro hielt ich die kleine Ampulle in der Hand und überlegte, ob die Bakterien darin lebendig oder tot waren, denn wenn ich die Ampulle versehentlich fallen gelassen hätte...
Um die Reisepapiere zu vervollständigen, mußte eine Röntgenaufnahme gemacht werden. Ich meldete mich in der Klinik und wurde in ein Wartezimmer geführt, in dem ungefähr ein Dutzend Männer saßen. Alle hatten bereits ihr Hemd ausgezogen. Ich durfte meine Bluse anbehalten, bis ich an die Reihe kommen würde. Beim Anblick der halbnackten Männer drehte ich mein Gesicht zur Wand. Jemandem fiel das auf. Schallendes Gelächter. »Die ist schüchtern!« johlten sie. »Na los, schau doch her, uns macht das nichts aus!« Jemand drehte mich herum. Alle protzten mit ihren Muskeln und schlugen sich auf die behaarte Brust, wie eine Herde Gorillas. Eine Krankenschwester kam mir zu Hilfe. Zum Glück war ich die erste, die geröntgt wurde und wieder weggehen durfte.

Malmaison, Donnerstag, 26. Februar 1948

Onkel hat einen neuen Wintermantel für mich bestellt, bei einem Schneider. Ich habe zwei Anproben gehabt und bin niedergeschmettert. Der Mantel hat dickwattierte Schultern, Raglanärmel und hängt kerzengerade herunter. Eine kurze, dicke Röhre. Ich sehe darin wie ein untersetzter Ringkämpfer aus. Diors »New Look« ist noch nicht bis zu diesem Schneider und zu meinem Onkel vorgedrungen, nach dessen Ansicht es in meinem Alter noch nicht darauf ankommt, mit der Mode zu gehen. Er hat mir auch Stoff für zwei Kleider gekauft, die ich mir vor der Abreise nähen soll. Er erlaubt Mimi nicht, mir Konfektionskleidung zu kaufen. Ich brauche dringend etwas Neues zum Anziehen, habe aber, wenn ich am 5. März abreisen soll, keine Zeit mehr, mir etwas zu nähen. Selbst eine erfahrene Schneiderin müßte sich da furchtbar abhetzen. Außerdem habe ich noch nie eine Nähmaschine benützt! Aber alle meine Einwände werden als bloße Ausflüchte abgetan.
Bei der Rückkehr nach Malmaison habe ich entdeckt, daß schon wieder eine Fensterscheibe zu Bruch gegangen und nicht ersetzt

worden ist. Es war schauderhaft kalt. Ich betrachtete den dünnen Stoff, aus dem ich mir irgendwie zwei Kleider zaubern sollte, und es hat mich große Überwindung gekostet, ihn nicht vor Wut zu zerschneiden und meinem Onkel die einzelnen Stücke vor die Füße zu werfen. Das Gefühl, bis über die Grenze des Erträglichen getrieben und zu etwas gezwungen zu werden, das ich ganz offensichtlich nicht schaffen kann, hat in mir einen solchen Haß geweckt und mich zu so heftigen Reaktionen verleitet, daß ich eine Zeitlang wie gelähmt dasaß, starr vor Angst, eine einzige Bewegung könnte einen Tobsuchtsanfall auslösen, von dem ich mich seelisch vielleicht nie mehr erholen würde.

Malmaison, Freitag, 27. Februar 1948

Je mehr ich über meine bevorstehende Abreise nachdenke, desto beklommener wird mir zumute. Wie ist es denn eigentlich da drüben? Ich habe den Film *The Overlanders [Das große Treiben]* gesehen. Er war weder ermutigend noch aufschlußreich, außer in puncto Wüste. Eine Stadt hat man nur ganz flüchtig zu sehen bekommen. Trambahnen waren zu sehen und Leute, die sehr altmodisch angezogen waren. Ob es in Melbourne genauso ist?

Onkel hat mir versprochen, daß ich dort zur Schule gehen, Englisch lernen und dann studieren darf. Aber er sagt, ein Medizinstudium dauert zu lange. Simone, Mimi und Marina behaupten, das sei nichts für Frauen. So ein Blödsinn! Wäre das für mich, da ich nicht vorhabe, zu heiraten und Kinder zu bekommen, denn nicht der beste Lebenszweck? Es war doch nicht *mein* Wunsch, geboren zu werden. Ich habe es schon so oft bedauert. Ich wünsche mir oft, ich wäre tot. Warum jemand Kinder in diese Welt setzen möchte, kann ich einfach nicht verstehen. Eltern sind doch angesichts von Kriegen und anderen Katastrophen genauso hilflos wie die Kinder und können sie nicht vor all dem Schrecklichen bewahren. Dies ist keine Welt für Kinder. Was wir tun müssen, ist, uns um die Kinder, die in diese Welt hineingeboren wurden und Hilfe brauchen, zu kümmern. Es muß doch Millionen von Kriegswaisen geben. Wenn ich erwachsen bin und für andere sorgen kann, werden auch sie erwachsen sein, aber ich bin ziemlich sicher, daß es dann wieder eine neue Generation von Kriegswaisen geben wird. An Kindern, die Hilfe brauchen, wird es nie mangeln. Jedenfalls werde ich ihnen sehr gut nachfühlen können, was sie empfinden. Sollte ich jemals ein richtiges Zuhause haben, dann werde ich eines oder zwei dieser Kinder adoptieren. Vielleicht arbeite ich in einem Kinderheim oder -krankenhaus. Oder ich schreibe für Kinder oder über sie. Es gibt auf der Welt schon so vieles, worum man sich kümmern muß, daß man, bloß um des eigenen Vergnügens willen, keine neuen Probleme schaffen sollte.

Malmaison, Samstag, 28. Februar 1948

Gestern abend hat mir zu Ehren hier eine Party stattgefunden! Ich war so perplex, daß es mir die Stimme verschlagen hat und ich bloß dasitzen und alle blöd angrinsen konnte. Sie haben mir ein goldenes Armband geschenkt (es ist, glaube ich, kein echtes Gold) – ein dünnes Armkettchen mit einem Anhänger, auf dem ich meinen Namen eingravieren lassen kann. Sie hatten vor, ihn eingravieren zu lassen, aber dafür hätte die Zeit nicht mehr gereicht.

Jetzt ist also meine Pariser Zeit zu Ende. Ich bin furchtbar traurig. Ich liebe Paris. Trotz aller Trübsal, trotz der Kälte und des Mangels an Schlaf liebe ich diese Stadt wie keine andere, die ich kenne. Wenn ich doch eines Tages hierher zurückkehren könnte! Ich möchte weder reich noch berühmt werden (doch, das möchte ich) – ich wünsche mir nur, zurückzukommen und hier zu leben.

Was Palästina betrifft: Ich habe viel darüber nachgedacht. Manchmal habe ich das Gefühl, daß ich dorthin statt nach Australien auswandern sollte. Aber das würde zweierlei bedeuten: Erstens und vor allem – wieder Krieg. Ich weiß, daß ich das nicht ertragen könnte. Ich wünsche mir ein paar friedliche, ruhige Jahre im abgelegensten Teil der Welt, den ich finden kann. Australien ist genau das Richtige. Andernfalls, das weiß ich, würde ich wahnsinnig werden. Und zweitens: In Palästina müßte ich in einem Kibbuz leben. Ich habe jahrelang in Gemeinschaftseinrichtungen leben müssen und weiß, daß ich dafür nicht geeignet bin. Mit mir allein zu sein – das ist mein größter Wunsch. Ein kleines Zimmer mit verschließbarer Tür, in das ich mich zurückziehen kann. Ich möchte nicht mit der Herde traben, nicht essen müssen, wenn die anderen essen, nicht schlafen müssen, wenn die anderen schlafen.

Und vor allem möchte ich nicht unentwegt den forschenden Blikken anderer ausgesetzt sein. Auch wenn sie es noch so gut mit mir meinen. Ich möchte nicht beobachtet, angefaßt, geschubst, angesprochen und zu einem Teil der Menge gemacht werden. Ich möchte ich selber sein.

Frau Klotz, unsere nette Köchin, die mich immer die leeren Nestlé-Milchdosen auslecken läßt, hat mich gefragt, was ich als Reiseproviant mitnehmen möchte. Ich habe ihr erklärt, daß ich überhaupt nichts mitzunehmen brauche. »Aber es ist eine sehr weite Reise. Du mußt doch etwas zu essen haben! Ein Brathuhn vielleicht? Oder ein Dutzend harte Eier? Wie lange dauert es eigentlich, bis man dort ist?« »Ungefähr fünf Wochen.« Sie wurde ganz blaß und setzte sich. »So lange? Da verhungerst du doch...«

11

Auf See, Samstag, 20. März 1948

Wo soll ich beginnen? Jede Einzelheit zu berichten, ist unmöglich, also werde ich mich auf die wichtigsten Ereignisse beschränken. Vor der Abreise aus Paris habe ich mit meinen Verwandten zweimal Abschied gefeiert. Zuerst bei Maurice und Simone. Sie hat mir einen wunderhübschen silbernen Ring mit einer erbsengroßen Perle geschenkt! Ich war ganz baff und fragte taktloserweise, ob es eine echte Perle sei ... Simone war tief gekränkt. Ob ich etwa glaubte, daß sie mir etwas Unechtes schenken würde?
Tags darauf Mittagessen bei Mimi. Charles hatte im Keller einen alten Koffer entdeckt, den er mir schenkte. Er klebte ein Schildchen mit meinem Namen und Reiseziel hinein, machte aber, als er »Australien« schrieb, einen orthographischen Fehler. Wir konnten nur hoffen, daß es kein böses Omen war. Mimi trippelte aufgeregt hin und her, brachte mir Dutzende von alten Schals, außerdem ein Paar viel zu weite Shorts, dazu ein rückenfreies Oberteil, dann auch noch einen Schlafanzug und einen Strohhut so groß wie ein Wagenrad. Ich besitze jetzt genug Schals für den Rest meines Lebens.
Bei beiden Abschiedspartys vervollständigten Jack und Lena den Familienkreis. Onkel war natürlich auch zugegen. Beide Male hüllte er sich während des Essens in Schweigen. Er ärgerte sich immer noch darüber, daß ich mich, was den neuen Mantel betraf, so undankbar gezeigt und daß ich mich bis zum Schluß geweigert hatte, das Wunder zu vollbringen, mir zwei neue Kleider zu nähen.
Am Abreisetag brachten mich Onkel und Jack zum Bahnhof. Sie trugen mein Gepäck, rannten in der Métrostation immer wieder in die falsche Richtung, japsten und schrien mich an, als ich sie aufhalten wollte. Nach einer kurzen Fahrt im falschen Zug kamen wir schließlich doch noch am Bahnhof an. Auf dem Bahnsteig herrschte ein Tohuwabohu. Der Zug nach Marseille war mit Auswanderern vollgestopft. Tränen flossen, Abschiedsworte in allen möglichen Sprachen wurden ausgetauscht. Ganze Stapel von Gepäckstücken – schäbige, mit Stricken zusammengebundene Koffer, auf denen in großen Lettern die Namen und Adressen stan-

den. Und aus den Waggonfenstern blickten viele bekümmerte Gesichter. Irgendwie gelang es Onkel, für mich einen Fensterplatz zu ergattern, dann zwängte Jack mein Gepäck ins Abteil. Beide weinten. Ich konnte nicht. Und dann mußte Onkel mir wieder einmal alles verderben. Er suchte mehrere männliche Passagiere aus und bat jeden einzelnen, sich um mich zu kümmern. Wenn er das schon für notwendig hielt – warum hat er dann keine Frau darum gebeten? Jetzt habe ich also eine ganze Anzahl Begleiter in mittleren Jahren auf dem Hals, und jeder will mich vor den anderen beschützen, denn: »Ihr Onkel hat mich ausdrücklich gebeten, auf Sie aufzupassen!«

In Marseille wurden wir von einem Vertreter der JOINT in Empfang genommen und in verschiedenen kleinen Hotels untergebracht. Ich bekam ein großes Zimmer, das ich mit einer Rumänin namens Rosa teilen mußte, die kein Wort Französisch sprach. Auch das Bett mußte ich mit ihr teilen.

Am nächsten Morgen zeigte sie mir einen Zettel, auf dem eine Adresse stand. Es schien sich um ein Hotel zu handeln. Da die Angelegenheit offenbar dringend war und Rosa keine Ahnung hatte, wie sie dorthin gelangen sollte, erklärte ich mich bereit, mitzugehen. Ich konnte wenigstens nach dem Weg fragen. Da das Hotel ziemlich weit entfernt war, nahmen wir ein Taxi, das wir dummerweise wegfahren ließen, als wir angekommen waren. Die Leute, die meine Zimmergenossin sprechen wollte, waren ausgegangen. Wir machten uns auf den Rückweg, aber plötzlich stellten wir fest, daß wir nicht genau wußten, wie unsere eigene Adresse lautete. Also gingen wir in das andere Hotel zurück und sahen im Telefonbuch nach. Wir waren der Meinung, daß unser Hotel »L'Atlantique« hieß. Im Telefonbuch waren drei Hotels und mehrere Pensionen dieses Namens verzeichnet. Wir suchten die Adresse heraus, die uns richtig erschien, zogen los und fragten immer wieder nach dem Weg. Jedesmal riet man uns, einen Bus oder ein Taxi zu nehmen, weil dieses Hotel am anderen Ende von Marseille läge. Wir liefen und liefen, Kilometer um Kilometer. Einmal landeten wir im Alten Hafen, der zum größten Teil zerstört war, wo es aber von Betrunkenen und Clochards nur so wimmelte, die sich schattige Stellen zum Pennen gesucht hatten.

Es war kurz nach Mittag, die Hitze war entsetzlich, die Vagabunden sahen gefährlich aus. Wir rannten zurück zur Hauptstraße.

Dort herrschte Jahrmarktstreiben. Dieselben Schaubuden und Stände, die ich an Weihnachten auf der Pigalle bestaunt hatte, waren jetzt hier in Marseille. Dröhnende Musik, Autos, Straßenbahnen, Omnibusse, Menschenmassen, Gedrängel und Geschubse. Wir klammerten uns aneinander, und hin und wieder faßte ich mir ein Herz und fragte einen Polizisten nach dem Weg. Immer die gleiche Antwort: »Da müßten Sie viel zu weit laufen. Nehmen Sie lieber ein Taxi.« Aber wir hatten kein Geld mehr. Allmählich wurde uns klar, daß wir uns geirrt hatten: Das Hotel, zu dem wir unterwegs waren, konnte nicht *unser* »Atlantique« sein. Rosa begann zu schluchzen. Sie war müde, erhitzt und hungrig. Ich war wütend und hatte ein bißchen Bammel. Immer wenn wir uns ausruhen wollten, machte irgendein freundlicher Matrose Annäherungsversuche. Worauf wir sofort aufsprangen und weiterliefen. Gegen vier Uhr nachmittags gaben wir's auf. Jetzt blieb uns nichts anderes übrig, als nach einem Polizeirevier Ausschau zu halten und den Beamten zu erklären, daß wir uns verlaufen hatten, daß wir uns nicht ausweisen konnten (sämtliche Pässe hatte der Vertreter der JOINT in Verwahrung) und daß unser Schiff bald auslaufen würde, wir aber nicht die leiseste Ahnung hätten, wie dieses Schiff hieß.

Wir kramten unsere Taschen durch und brachten noch genug Geld für ein einziges Glas Limonade zusammen. Als wir es in sehr gedrückter Stimmung austrinken wollten, entdeckte ich plötzlich in der Menschenmenge den jungen Mann, der uns tags zuvor ins Hotel gebracht hatte. Ich stürzte mich ins Gewühl und umarmte den höchst erstaunten Mann, der mich natürlich nicht wiedererkannte. »Herr Rotschild! Wissen Sie, wo ich wohne?« Jetzt ging ihm ein Licht auf, und er begann zu lachen. Ja, er wußte es.

Rosa kam angerannt, und nun gingen wir drei Arm in Arm in Richtung Hafen. Herr Rotschild wollte uns das Schiff zeigen. Vom Kai aus gesehen, wirkte es riesengroß, verglichen mit den anderen Passagierschiffen war es das aber keineswegs. Es war im Krieg ein britischer Truppentransporter gewesen und später an Ägypten verkauft worden. Es hieß »Misr«.

Wir sahen eine Weile beim Verladen großer Kisten zu, dann kehrten wir in unser Hotel zurück. Es war gleich um die Ecke und hieß gar nicht »L'Atlantique«.

Auf See, Dienstag, 23. März 1948

Gestern sind wir aus Port Said ausgelaufen. War das aufregend! Der einzige Hafen, in dem wir vorher angelegt hatten, war Neapel, wo italienische Auswanderer an Bord kamen.

Wir schlafen im Laderaum. Es ist ein großer Raum mit dreistöckigen Schlafkojen, zwischen denen nur ganz schmale Gänge freigelassen sind. Manchmal versagt die Lüftungsanlage, dann ist es schrecklich heiß und stickig. Und da wir, seit das Schiff aus dem Hafen von Neapel ausgelaufen ist, rauhe See haben, sind sämtliche Italienerinnen seekrank, kotzen, stöhnen, schluchzen und beten – es ist wirklich besser, droben auf Deck zu bleiben, auch bei Regen.

Ich bin die jüngste Alleinreisende, deshalb ist Herr Rotschild zu meinem offiziellen Vormund ernannt worden, aber nur für die Dauer der Reise. Er ist vor mir aufs Knie gefallen und hat geschworen, bis zur Ankunft in Melbourne mein Ritter ohne Furcht und Tadel zu bleiben. Ich bin entzückt.

In der Koje neben mir ist ein ungefähr gleichaltriges Mädchen untergebracht, das zusammen mit Tante und Onkel reist. Es heißt Mirka.

In Port Said durften wir wegen der Choleraepidemie nicht an Land gehen, wurden dann aber von zahlreichen kleinen Booten belagert, die mit allen möglichen orientalischen Spezialitäten beladen waren. Hauptsächlich Leder- und Silberwaren, aber auch Obst, Mineralwasser und Süßigkeiten. Ich war fasziniert von den Gesichtern der Händler: dunkel und schmal, mit feurig blitzenden Augen. Alle schrien durcheinander und gestikulierten wie wild. Ihre nicht besonders stabilen Boote rammten einander, kippten aber trotzdem nicht um. Sobald die Händler bei den auf sie hinunterblickenden Passagieren – einem Meer von Gesichtern, die nach fünftägiger stürmischer Seereise bleich und kränklich aussahen – auch nur die geringste Spur von Interesse entdeckten, begannen sie, Seile hinaufzuwerfen und Körbe voller Kostbarkeiten hochzuziehen.

Kleine Jungen, die nicht älter als sieben oder acht waren und bodenlange Hemden trugen, hantierten geschickt mit den langen Rudern, während Papa Geschäfte machte. Es war eine so unwiderstehliche Attacke, daß wir uns alle dazu verleiten ließen, etwas zu kaufen. Sogar die an Bord zahlreich vertretenen ehemaligen Soldaten, die samt und sonders im Nahen Osten »Dienst gemacht« hatten und uns davor warnten, unser Geld für wertloses Zeug auszugeben – sogar sie haben schließlich etwas gekauft, denn: »Wer weiß, ob wir jemals wieder in diese Gegend kommen.«

Suez, Mittwoch, 24. März 1948

Gestern sind wir durch den Suez-Kanal gefahren. Ich war erstaunt, wie schmal er ist. Die Schiffe können nur in den »Seen« aneinander vorbeifahren. Im Kanal selbst kommen sie nur sehr langsam im Einbahnverkehr voran. Auf der linken Seite (wenn man in Nord-Süd-Richtung fährt) liegt El-Kantara, wo Anna während des Kriegs als Krankenschwester tätig war.

Allmählich lerne ich einige Passagiere näher kennen, vor allem die Leute an meinem Tisch, als da sind: ein rumänischer Arzt mit funkelnden schwarzen Augen, ein junger polnischer Jude (der aber kein Wort Polnisch spricht, weil er sein Leben lang in Frankreich ansässig war), Mirka, ihre Tante, ihr Onkel und ein paar alleinreisende Männer, die bisher kein Wort gesagt haben.

Der rumänische Arzt düngt sein Essen mit Salz, Pfeffer und Senf. Als erstes hat er Mirka und mir erzählt, daß in Melbourne seine Frau und seine Tochter (ungefähr in unserem Alter) auf ihn warten. Wir nahmen das mit Erleichterung zur Kenntnis. Aber kurz darauf stellten wir fest, daß seine Gefühle für uns alles andere als väterlich sind. Er ist einer dieser schauderhaften Typen, die ihre Hände nicht in Schach halten können.

Und nun zur Besatzung: Die Offiziere sind Ägypter, fast durchweg gutaussehend, dunkelhäutig, mit wunderschönen Augen und strahlendweißen Zähnen. Seit sie statt der schwarzen Uniformen weiße Tropenhemden, Shorts und weiße Kniestrümpfe tragen, sehen sie wirklich blendend aus. Und das wissen sie auch. Die Art und Weise, wie sie herumstolzieren und alle Mädchen anlächeln, hat bereits heftige Kritik ausgelöst, hauptsächlich seitens der älteren Frauen. Ein Offizier – im Gegensatz zu den anderen hat er eine ziemlich helle Haut und rotbraunes Haar – hat mir ein Buch geliehen: *Lettres de mon moulin* von Alphonse Daudet. Dieser Offizier heißt Ali Hassan. Er ist Halbfranzose (mütterlicherseits) und spricht ausgezeichnet Französisch und auch Englisch. Er hat eine

ganze Sammlung französischer Bücher und will mir noch mehr davon leihen. Er ist Ingenieur. Er scheint ziemlich schweigsam zu sein, vielleicht sogar schüchtern, und sieht nicht so gut aus wie die anderen, aber er ist, glaube ich, sehr nett.
Ein anderer Ingenieur hat Mirka und mich vor ein paar Tagen mit hinunter in den Maschinenraum genommen. Fürchterlich! Und der Arme muß dort unten 12 Stunden Schichtdienst machen! Kein Wunder, daß er so traurige Augen hat. Mirka und ich waren wirklich ganz entsetzt.

Rotes Meer, Donnerstag, 25. März 1948

So schöne Sonnenuntergänge habe ich noch nie gesehen. Die Farben des Meeres und des Himmels sind einfach unglaublich: alle möglichen Nuancen – von silbrigem Rosa bis Apfelgrün. Ali sagt, wenn wir den Indischen Ozean erreicht haben, werden die Farben noch phantastischer sein. Das kann ich mir gar nicht vorstellen. Die Luft ist heiß und unbewegt, das Meer gleichmäßig blau, das Schiff gräbt eine glatte Furche in die durchsichtige Wasseroberfläche und zieht eine lange Schleppe aus weißem Schaum hinter sich her. Nachts wirft der Mond einen Silberstreif über die dunkle, geheimnisvolle See.
Ich liebe den eigentümlichen, öligen Geruch auf Deck. Für mich fängt wirklich ein neues Leben an. Ohne jeden Zweifel. Wir haben das schreckliche alte Europa mit seinen Kriegen, Verfolgungen und unzähligen Toten hinter uns gelassen. Wir fahren einer neuen, unbefleckten, schuldlosen Zukunft entgegen. Um in einem Land zu leben, das vom Krieg unberührt geblieben und nicht von deutschen Knobelbechern zerstampft worden ist.

Auf See, Samstag, 27. März 1948

Vorgestern abend, als Mirka und ich gerade auf Deck waren und den Mondschein auf dem Wasser bewunderten, sprach uns der attraktivste von allen Offizieren an. Er heißt Ibrahim. Er hatte uns schon zuvor – immer wenn er Wache hatte – zugelächelt, aber nie ein Wort gesagt. Er stellte sich ganz formell vor. Wir schüttelten ihm die Hand. Dann pflanzte er sich zwischen Mirka und mir auf,

hielt uns beide an der Reling fest, bot uns seine ewige Freundschaft und brüderliche Liebe an und versprach, uns vor seinen Offizierskameraden zu beschützen.
Wir waren von seinem Auftreten so überwältigt, daß wir sein überraschendes Angebot dankbar annahmen. Den ganzen Abend war er mir gegenüber besonders aufmerksam, vor allem, nachdem er erfahren hatte, daß ich allein reise.
Heute nachmittag trat in seinen brüderlichen Gefühlen ein gewisser Wandel ein. Seine Komplimente wurden banaler und durchsichtiger: Plötzlich geriet er ins Schwärmen und verglich meine Augen »mit dem Meer und dem Himmel«. Worauf ich ihn fragte, ob er jemals einen braunen Himmel gesehen habe. Während er sich den Kopf zerbrach, was er darauf erwidern sollte, lief ich davon. Ali ist jedenfalls seriös und unterhält sich gern mit mir. Meistens sprechen wir über Bücher. Er hat mir Voltaires *Contes et romans* geliehen. Ich ginge gern mal in seine Kabine, um mir seine anderen Bücher anzusehen, aber Mirka sagt, wenn ich das tue, bin ich »ruiniert«.
Es geht das Gerücht, daß die Clique estnischer Passagiere, die immer so zugeknöpft wirken und nie mit anderen Leuten sprechen, aus lauter Nazis bestehen soll, die aus Europa fliehen, um der gerechten Strafe zu entgehen. Wenn das stimmt, schleppen wir die Seuche in Australien ein.

Auf See, Sonntag, 28. März 1948

Heute früh war Feuer an Bord. Es wurde zwar rasch gelöscht, aber trotzdem brach eine Panik aus. Die Italienerinnen bekamen hysterische Anfälle und weigerten sich unvernünftigerweise, den Laderaum zu verlassen. Alle anderen rannten sofort an Deck und schleppten alle möglichen Gepäckstücke mit hinauf. Ich nahm die Reisetasche mit meinen Fotos und Tagebüchern mit. Eine Frau schrie ihren Mann an: »Hab' ich dir nicht gesagt, du sollst nicht so viele Bananen kaufen? Hab' ich's dir nicht gesagt?« Kurz darauf kam Ali und sagte mir, es sei alles wieder in Ordnung, aber ich kehrte nicht in meine Koje zurück. Wir blieben an Deck und unterhielten uns bis zum Frühstück.
Zum ersten Mal im Leben habe ich einen Mann kennengelernt, der in fast jeder Hinsicht der gleichen Meinung ist wie ich. Ich bin

baff. Er hat mir erzählt, daß er früher Elektroingenieur in Kairo gewesen ist, die Verhältnisse in seinem Land aber als beklemmend und niederdrückend empfunden und es deshalb vorgezogen hat, auf einem Schiff zu arbeiten. Dies ist seine dritte Australienfahrt. Seine Tätigkeit ist anstrengend, und das Leben, das er hier führt, ist alles andere als komfortabel, aber er fühlt sich frei.
O ja, ich weiß genau, was er empfindet!

Auf See, Donnerstag, 1. April 1948

Der jüngste Offizier, der Amen heißt (ja, so heißt er wirklich!), hat sich in Mirka verknallt. Sie fühlt sich geschmeichelt, aber ganz geheuer ist es ihr nicht. Ihre Tante bewacht sie mit Argusaugen. Aber wie sollte denn hier etwas Anstößiges passieren können, hier auf unserem überfüllten Deck, wo jedes Wort mitgehört, jede Geste beobachtet und dann darüber getratscht wird?
Ali kommt, so oft er kann, setzt sich auf die Kante meines Deckstuhls und unterhält sich mit mir. Mimis großer Sonnenhut schirmt uns gegen neugierige Blicke ab. Außerdem sprechen wir französisch miteinander, und das verstehen hier nur ganz wenige. Heute haben wir über polnische Sagen gesprochen. Daß er sie zu kennen schien, hat mich überrascht. Aber dann erklärte er mir, die meisten europäischen Sagen hätten einen gemeinsamen Ursprung, deshalb seien in den verschiedenen Ländern sehr ähnliche Sagen zu finden. Wirklich faszinierend... Und dann kam einer von der Besatzung angerannt und rief, wir hätten einen Wal gefangen – zu besichtigen auf dem unteren Deck! Die meisten Passagiere stürmten sofort hinunter. Ali hielt Mirka und mich zurück und wies uns auf das heutige Datum hin: 1. April!
Wir fühlten uns sehr überlegen, als die anderen ganz bedripst zurückkamen. Einige nahmen es uns doch tatsächlich übel, daß wir nicht auf diesen Aprilscherz hereingefallen waren.

Auf See, Samstag, 3. April 1948

In wenigen Tagen werden wir in Colombo anlegen, und ich hoffe sehr, dort einen Brief von Marina vorzufinden. Ich habe ihr vor

der Abreise aus Frankreich geschrieben. Sie müßte die Nachricht, daß ich unterwegs bin, bereits erhalten haben, aber ganz sicher bin ich mir dessen natürlich nicht. Falls Marina nicht da ist, wenn ich ankomme – was soll ich dann tun?
Unser Süßwasservorrat ist aufgebraucht, und in Salzwasser schäumt die Seife nicht. Wir kommen uns ganz klebrig vor, fühlen uns unbehaglich und können unsere Sachen nicht waschen. Das Essen wird auch immer dürftiger. Nur gut, daß ich gern Spaghetti und Ölsardinen esse, denn das ist ungefähr alles, was wir vorgesetzt bekommen.

Auf See, Montag, 5. April 1948

Gestern nacht, als wir gerade zu Bett gegangen waren, gab es einen entsetzlichen Knall, und das Schiff stand still. Die Entlüftungsanlage ebenfalls. Wie immer, wenn das passiert (und es passiert ziemlich oft), wartete ich darauf, daß Ali herunterkommen würde, um sie zu reparieren. Ich verstecke mich dann immer unter der Bettdecke, damit er mich nicht sehen kann. Aber diesmal kam er nicht. Schließlich standen wir alle auf und gingen an Deck. Wir dachten, es hätte vielleicht einen Zusammenstoß gegeben, oder unser Schiff sei auf Grund gelaufen. Aber offenbar war irgend etwas im Maschinenraum explodiert.
Wir mußten stundenlang warten, bis Schlepper aus Colombo kamen, um unser Schiff abzuschleppen. Es war sehr spannend, zuzusehen, wie die dicken Taue zu uns herübergeworfen wurden. Etliche unserer pessimistischen Experten rechneten bereits aus, wie viele Menschenleben es kosten würde, falls eines dieser Schleppseile plötzlich riß.

Colombo, Freitag, 9. April 1948

Wir sind also immer noch hier und werden, so scheint's, auf unbestimmte Zeit hier festsitzen. Die Passagiere, die genug Geld haben, durften fast alle an Land gehen und sich in Hotels einquartieren. Die Entlüftungsanlage ist immer noch außer Betrieb. Es ist drückend schwül.
Kein Brief von Marina. Ich mache mir solche Sorgen, daß ich an nichts anderes mehr denken kann. An Land bin ich bisher nur ein

einziges Mal gewesen – auf einer Straße mit vielen Souvenirläden, aber ich habe kein Geld, um etwas zu kaufen. In einem Schaufenster habe ich einen winzigen Buddha aus Elfenbein gesehen, der mich an das Buddhafigürchen im Hause meiner Großeltern, vor dem Krieg, erinnert hat. Nur daß dieser Buddha aus Bronze war und auf dem Rand eines großen Alabaster-Aschenbechers saß. Sein Kopf war von winzigen Ringellöckchen bedeckt, und auf seinem Gesicht mit den halbgeschlossenen Augen lag ein heiter-gelassenes Lächeln. Er hockte im Türkensitz da, die eine Hand – mit der Handfläche nach oben – in den Schoß gelegt, die andere wie zum Segnen erhoben. Genau wie der Buddha, den ich hier gesehen habe. Ich hätte ihn so gern mitgenommen – in meine ungewisse Zukunft.

Colombo, Sonntag, 11. April 1948

Was für ein wunderschöner Tag! Am Morgen waren wieder einmal alle für einen Ausflug an Land gerüstet. Ich hatte nicht genug Geld für die Busfahrkarte, und weil ein Tagesausflug geplant war, hätte ich auch Geld für eine Mahlzeit ausgeben müssen – also blieb ich an Bord. Mir war ganz elend zumute. Da war ich also in Ceylon, vielleicht das einzige Mal im Leben... Plötzlich tauchte Ali neben mir auf. »*Pourquoi si triste?*« Ich erklärte ihm, warum ich traurig war. »Ist das der einzige Grund? Kein Wort mehr darüber – wir gehen zusammen an Land. Ich werde dir Ceylon zeigen.« Und das hat er getan. Es war phantastisch!
Wir nahmen ein Taxi. Ein komisches, uraltes, mit offenem Dach, was bei dieser höllischen Hitze eine Wohltat war. Zuerst besichtigten wir Colombo. Am Eingang des Botanischen Gartens sahen wir einem Schlangenbeschwörer zu, dessen Kobra sich hin und her wiegte und schrecklich blasiert wirkte. Doch plötzlich entdeckten die kleinen Schlangenaugen irgend etwas Interessantes, und schon war die Kobra aus dem Korb geschnellt und schlängelte sich übers Pflaster. Alle suchten das Weite. Auch wir beide nahmen Reißaus, obwohl wir auf der anderen Straßenseite standen. Wir hielten uns bei der Hand, rannten und lachten, bis wir völlig außer Atem waren. Vielleicht hatte diese Kobra nicht viel für Musik übrig... Jedenfalls kamen wir heil im Botanischen Garten an. Herrliche Blumen gibt es dort! Ganz erstaunlich waren die Orchideen. Sie sahen

wirklich so aus, als könnten sie zubeißen. In der dampfenden Hitze wirkte der ganze Botanische Garten unwirklich. Die Farben schienen in der Luft zu »zerfließen«, die von Vogelgezwitscher und Insektengesumm erfüllt war. Und auch die verschiedenartigen Düfte waren für mich so neu und interessant, daß mich diese Attacke auf mein sinnliches Wahrnehmungsvermögen fast überwältigte.

Ali machte mich auf einen großen Baum aufmerksam, eine Art Palme mit runden Früchten, so ähnlich wie Kokosnüsse, aber größer. »Das ist ein indischer Durian. Seine Früchte haben den widerlichsten Geruch, den man sich vorstellen kann, aber sie schmecken köstlich.« Ich kann mir das einfach nicht vorstellen. Geruch und Geschmack sind doch nicht voneinander zu trennen. Ob man sich die Nase zuhalten muß, wenn man eine solche Frucht ißt?

Außerhalb der Stadt haben wir mehrere Tempel besichtigt. So viele Buddhas! Dunkelhäutige Frauen in farbenprächtigen Saris streuten Blumen auf die Altäre: weißen Jasmin und pralle rosa Blüten, die wie fleischfressende Pflanzen aussahen. Mehr Fleisch als Blume.

Wir gingen in einen Tempel, in dem der Buddha seitlich ausgestreckt dalag und schlief. Er war ungeheuer lang.

Wir sind den ganzen Tag herumgefahren. Ali hat mir die Lebensgeschichte Buddhas erzählt, die ich unbedingt aufschreiben muß, bevor ich sie wieder vergesse.

In einem Gartenrestaurant aßen wir ein merkwürdiges Gericht. Das Lokal sah schrecklich teuer aus. Das Essen war stark gewürzt. Ein Gemisch aus Reis, Fleisch, Obst und Rosinen. Jeder Bissen brannte wie Feuer. Ich trank literweise Limonade mit Eiswürfeln drin und fühlte mich... Ja, wie denn? Ich weiß nicht, wie ich es beschreiben soll... So habe ich mich noch nie gefühlt: übermütig, glücklich und frei, unwahrscheinlich sorglos und glücklich. Solche Bäume und Blumen hatte ich noch nie gesehen: überall diese unglaublich intensiven Farben...

Wir fuhren an einem Feld vorbei, das unter Wasser stand. Lauter flüssiger Schlamm. Ein Mann pflügte. Er war fast nackt und so dunkelbraun wie der Schlamm, in dem er hinter dem Zugtier (Büffel? Ochse?) herging, das vor seinen Pflug gespannt war. Er blieb stehen, tauchte einen Eimer in das schlammige Wasser und goß es sich über den Körper. Dann pflügte er weiter.

Auf der Rückfahrt haben wir Elefanten gesehen. Sie waren größer, als ich erwartet hatte. Kleine Jungen saßen auf dem Nacken der Elefanten, die in einen Fluß stapften und sich dann prustend im Wasser wälzten. Sich vorzustellen, man müßte einen Elefanten baden! Wenn unser Pekinese zu Hause in der Wanne gebadet wurde, bedeutete das ein schönes Stück Arbeit und viel Aufregung für die ganze Familie. Wir wurden alle tropfnaß, und das Badezimmer war überschwemmt. Und hier schrubbt so ein kleines Kind einen riesengroßen Elefanten, als wäre das die selbstverständlichste Sache der Welt!
Wir kehrten so spät an Bord zurück, daß ich das Abendessen versäumte. Ali bestand darauf, daß ich mit ihm zu Abend aß. In seiner Kabine. Mir war die Sache nicht ganz geheuer, aber... wie hätte ich es abschlagen können? Und warum eigentlich? Weil Mirkas Tante schockiert sein würde?
Der Steward, der uns bediente, schmunzelte übers ganze Gesicht. Bisher hatte ich ihn noch nie lächeln sehen. Ali bestand darauf, daß die Tür nicht zugemacht wurde, und später kamen die anderen Offiziere herein, und wir erzählten ihnen von unserem Tag an Land.
An der Wand neben der Koje sind zwei Bücherregale. Ich kniete mich auf die Koje, um mir die Bücher anzusehen und mir etwas auszusuchen. Das hätte ich vielleicht nicht tun sollen, aber es war doch die einzige Möglichkeit, die Bücher genauer zu betrachten. Ich suchte mir ein paar aus (darunter *Le grand Meaulnes* von Alain-Fournier), dann kehrte ich, eskortiert von einem halben Dutzend Offizieren und Ehrenmännern, zu meiner Koje im Laderaum zurück, wo Mirka so tat, als schliefe sie schon. Niemals, niemals werde ich diesen herrlichen Tag vergessen!

Auf See, Montag, 12. April 1948

Warum sind manche Leute so abscheulich? Mirka, ihre Tante, ihr Onkel und etliche gehässige Banausen sind »schockiert«. Über das, was gestern nacht »passiert« ist. Gar nichts ist passiert! Jedenfalls nicht das, was sie glauben.
Wir haben so rauhe See, daß alle krank geworden sind. Sogar die Besatzung! Mein Zustand ist einigermaßen erträglich, solange ich

meiner Koje fernbleibe und mich auf Deck an irgend etwas festhalte. Vor zehn Stunden sind wir in Colombo ausgelaufen, noch neun Tage bis Fremantle und weitere fünf Tage bis Melbourne. Und dann ist's vorüber. Ich fühle mich zu elend, um weiterzuschreiben.

Am Äquator, Dienstag, 13. April 1948

Alle bereiten sich auf die Party vor. Jeder Passagier, der zum erstenmal den Äquator überquert, wird getauft. Nein, danke! Ohne mich! Ich will mit den Leuten auf diesem Schiff nichts mehr zu tun haben.

Später

Die Äquatortaufe war so lustig, daß ich schließlich doch mitgemacht habe. Alle waren tropfnaß. Die Passagiere wurden aus ihren Deckstühlen gehoben, johlend zum »Thron« getragen, eingeseift, mit einem riesigen Malerpinsel »rasiert« und, wenn es sich um weibliche Passagiere handelte, umarmt, geküßt und gekniffen. Alle schrien, lachten, schlitterten im Seifenschaum herum und bliesen Seifenblasen. Mirka und ich verzogen uns in einen Winkel, den wir für einen sicheren Zufluchtsort hielten, aber plötzlich platschte ein Wasserschwall auf uns herab. Amen und Ali hatten uns vom Oberdeck aus zwei Eimer Wasser übergegossen. Jetzt hatten wir nichts mehr zu verlieren und stürzten uns ins Vergnügen. Und nun versuche ich, mein Haar im Wind trocknen zu lassen.

Heute sind ausnahmsweise einmal alle vergnügt, und jeder redet mit jedem. Bis auf unseren feurigen rumänischen Doktor, der sein Essen immer mit Salz, Pfeffer und Senf gedüngt hat. In Colombo hat er etwas gegessen, das seinen Gedärmen ganz schrecklich zugesetzt hat. Es soll zwar, wie er sagt, ganz phantastisch geschmeckt haben, aber trotzdem wäre er beinahe daran gestorben. Er ist vom Schiffsarzt auf strenge Diät gesetzt worden – Fisch und Pellkartoffeln, völlig ungewürzt – und sieht jetzt genauso trist und bläßlich aus wie das Essen, das ihm vorgesetzt wird.

Mittwoch, 14. April 1948

Ich glaube, ich habe mich in Ali verliebt. Er ist mein erster Gedanke, wenn ich aufwache, und mein letzter, bevor ich einschlafe. Meine Knie werden ganz wacklig, wenn ich ihn auf mich zukommen sehe. Er ist fröhlich und witzig, außer wenn er an »*cafard*« leidet, dann ist er zutiefst deprimiert und nicht mal imstande, etwas zu essen. Genau wie ich. Er ist träge, aber es macht ihm Freude, das zu tun, was ihn interessiert, selbst wenn er sich dabei abrakkern muß. Genau wie ich. Er ist groß und schlank und sieht – meiner Ansicht nach – sehr gut aus. Ich hätte es nie für möglich gehalten, daß ich mich in einen Mann mit Brille und Schnurrbart verlieben könnte ... Jetzt finde ich, daß alle Männer so aussehen sollten. Er ist offen und ehrlich und anständig. Ich muß unentwegt an ihn denken. Er will mich in Melbourne besuchen. Was werden Marina und Alex dazu sagen? Wahrscheinlich hängt es davon ab, wie ich Ali bei ihnen einführe.

Auf See, Freitag, 16. April 1948

Gestern ist etwas Schreckliches passiert. Ich saß wie üblich auf meinem Deckstuhl, als Ali zu mir kam. Er machte ein ernstes Gesicht und schien nach Worten zu ringen, was man bei ihm gar nicht gewöhnt ist. Dann griff er ganz unerwartet nach meiner Hand und – machte mir einen Heiratsantrag! Ich war so perplex und entsetzt, daß ich ihn bloß anstarren konnte. Dann riß ich meine Hand los und wollte davonlaufen, doch er hielt mich zurück. Das einzige, was ich herausbrachte, war: »Ich dachte, du bist mein Freund... Wie konntest du nur...?«

Ich bin noch ganz durcheinander. Den ganzen Tag bin ich in meiner Koje geblieben, weil ich mich nicht getraut habe, an Deck zu gehen. Mirka kam herunter, um mir zu sagen, daß Ali überall nach mir fragt. Was soll ich denn jetzt tun?

Eine schöne Bescherung! Dabei habe ich gestern noch geglaubt, daß ich ihn liebe. Aber wenn ich bei dem Gedanken, ihn zu heiraten, derart in Panik gerate, kann ich doch wohl nicht in ihn verliebt sein? Bevor ich ihm gestern davongelaufen bin, habe ich mir noch ein paar Worte abgerungen: daß ich ihn gern habe. Der Unterschied zwischen »*je t'aime*« und »*je t'aime bien*«. Wie soll ich ihm das klarmachen, wenn er mir nicht zuhören will? Was ist eigentlich mit mir los? Wenn ich das nur wüßte oder jemanden fragen könnte... O Gott, das ist einfach zu viel für mich!

Auf See, Montag, 19. April 1948

In zwei Tagen sind wir in Fremantle. Wenn dort kein Brief auf mich wartet, werde ich mir wirklich furchtbare Sorgen machen. Heute morgen sind einige Passagiere, die gelernte Ingenieure sind, hinuntergegangen, um die Maschinen zu inspizieren. Sie kamen leichenblaß zurück und erklärten, das Schiff sei ihrer Ansicht nach nicht seetüchtig und könnte jeden Moment explodieren oder sinken. Wirklich nett von ihnen, uns in *diesem* Stadium der Reise so etwas zu sagen! Was sollen wir denn tun? Aussteigen?
Was mein Problem mit Ali betrifft, so hat sich inzwischen nichts geändert: Er ist in mich verliebt und sagt mir das auch. Ich versuche, ihm zu erklären, daß ich ihn nicht liebe, ihn aber als Freund sehr gern habe. Er hat mir zweimal die Hand geküßt. Er wollte mich auf den Mund küssen, aber ich habe ihn ganz impulsiv zurückgestoßen. Ich *konnte* ihn einfach nicht küssen. Dann kann ich doch auch nicht in ihn verliebt sein, oder?
Mirka und Amen küssen sich in jedem abgelegenen Winkel. Davon hat Mirkas Tante natürlich keine Ahnung. Sie spricht kaum mehr mit mir und hält mich offenbar für ein schamloses Flittchen – wegen jenes Tagesausflugs in Ceylon und vor allem wegen des Abendessens in Alis Kabine. Um dem vorzubeugen, hat Ali an jenem Abend darauf bestanden, daß die Tür nicht zugemacht wurde. Aber jeden auf diesem verdammten Schiff konnte er ja wohl nicht als Zuschauer einladen!
Die Offiziere tragen jetzt wieder ihre schwarzen Uniformjacken. Ende der Tropen. Und bald wird auch die Reise zu Ende sein. Seit wir den Äquator überquert haben, hat sich die allgemeine Stimmung irgendwie geändert. Es wird nicht mehr so viel gelacht. Allmählich kommt Beklommenheit auf. Verschiedene Gruppen, die sich im Lauf der Reise zusammengefunden haben, planen, auch weiterhin in Verbindung zu bleiben. Adressen werden ausgetauscht und sorgfältig notiert. Die eingeschworenste und abweisendste Clique ist nach wie vor die estnische, die ihren Stammplatz

auf Deck, direkt vor den Kabinen, kein einziges Mal verlassen hat. Am fröhlichsten sind die polnischen Kriegsteilnehmer, von denen viele mit Ausländerinnen verheiratet sind.

Auf See, Dienstag, 20. April 1948

Gestern abend setzte sich Ali wie üblich neben mich auf einen Deckstuhl. Während wir uns unterhielten, wiegte er die kleine Alice auf den Knien. Sie ist drei Jahre alt, die Tochter eines jener griesgrämigen Ingenieure, die uns einen großen Schrecken einjagten, als sie aus dem Maschinenraum kamen und eine Katastrophe voraussagten. Er ist ein seltsamer Mensch – blaß, verhärmt und ungesellig. Und dabei kann er in Melbourne sofort eine neue Stellung antreten und in eine komplett eingerichtete Wohnung ziehen! Er hat reiche Verwandte, in deren Fabrik er tätig sein wird, und zwar nicht als Arbeiter, sondern in leitender Stellung. Trotzdem ist er der deprimierteste Mensch auf unserem Schiff! Seine Frau, die genauso blaß und verhärmt ist, spricht fast nie mit anderen Leuten. Anscheinend grämt sie sich nur um *ihn*, und warum *er* sich grämt, weiß kein Mensch.
Alice hat keinen Kummer. Vergnügt stapft sie von einem Passagier zum andern. Sie ist braun wie eine Haselnuß, die blonden Haare hängen ihr ins Gesicht, und ihr Gummizug ist ausgeleiert – mit anderen Worten: Ihr Höschen rutscht ständig herunter. Und immer wieder zieht es ihr jemand hoch, entweder ein Passagier oder ein Besatzungsmitglied. Zu Ali hat sie eine besondere Zuneigung gefaßt, und er ist ganz reizend zu ihr. Sobald er auftaucht, kommt auch Alice angehoppelt. Sie steht da, gafft ihn an, scheint ihm jedes Wort von den Lippen abzulesen (während ihr Höschen immer tiefer herunterrutscht), bis einer von uns sie endlich auf den Schoß nimmt, wo sie sich wie eine Katze zusammenrollt und mucksmäuschenstill liegenbleibt, bis es Zeit zum Essen oder Schlafengehen ist...

Fremantle, Mittwoch, 21. April 1948

Heute nacht sind wir in Fremantle eingelaufen. Kein Brief von Marina. Ich kann vor Aufregung nicht schlafen, obwohl es schon

lange nach Mitternacht ist. Ich glaube, ich werde bis zum Morgengrauen auf Deck bleiben. Was kann denn passiert sein? Was soll ich tun, wenn mich in Melbourne niemand abholt?
Gestern abend kam Ali zu mir. Zunächst machten wir höfliche Konversation, dann kam es zu einer stürmischen Auseinandersetzung: Er liebe mich und könne nicht ohne mich leben, ich jedoch erwidere seine Liebe nicht. Ich erlaube ihm nicht einmal, mich zu küssen. Mein Verhalten werde ihn noch dazu treiben, das gleiche zu werden wie die anderen Offiziere an Bord: ein herzloser Verführer. Und obendrein werde er sich, obwohl er Moslem sei, dem Trunk ergeben. Und an alledem wäre ich schuld... So sei es! Warum begreift er nicht, daß man Liebe nicht erzwingen kann? Daß ich, wenn sie nicht da ist, nichts dagegen tun kann? Ich wollte, ich wäre anders, aber...

Heute ist mir in der Toilette mein Perlenring hinuntergefallen, ins Waschbecken. Ich habe ihn aus dem Wasser gefischt. Später ist die »Perle« abgeblättert und übrig blieb ein häßliches Klümpchen Glasmasse. Ich war bitter enttäuscht, und Mirka hat mich wegen meiner Gutgläubigkeit ausgelacht. Wie konnte ich überhaupt glauben, Simone hätte mir eine echte Perle geschenkt? Aber sie war doch so gekränkt, als ich sie fragte... Hat sie es vielleicht selber nicht gewußt? Hat man sie ebenfalls betrogen? Ich werde es nie erfahren, weil ich es nie über mich bringen werde, sie danach zu fragen.

Fremantle, Freitag, 23. April 1948

Immer noch hier. Aber heute nacht laufen wir aus. Ali ist jetzt viel netter. Obzwar er sehr traurig ist. Er liegt in seinem Deckstuhl und sieht mir in die Augen, als bräche ihm das Herz. »*Un sou pour tes pensées*«, sagt er – das ist die französische Übersetzung einer komischen englischen Redensart –, aber ich seufze bloß und schweige.
Heute nacht ist etwas Merkwürdiges passiert. Ali kam sehr spät an Deck, erst nach Mitternacht. Wir kamen auf unsere Kinderjahre zu sprechen. Meine Kindheit in Polen, seine in Ägypten. Ich erwähnte die Winterferien. Skilaufen in den Bergen, Schnee... »Ich habe noch niemals Schnee gesehen«, sagte er. Mir verschlug es die

Sprache. Eine Kindheit ohne Schnee? Ohne Schneemänner, Schneebälle und Rodelschlitten, ohne Schlittschuhlaufen und Skifahren? Niemals am Morgen aufwachen und entdecken, daß der Nachtfrost die Fenster in einen Märchenwald aus glitzernden Sternen und Farnwedeln verwandelt hat? Kein Glockengeläut, das in der bläulich-weißen Nacht zur Mitternachtsmesse ruft, keine langen Spaziergänge im knirschenden Pulverschnee?

Plötzlich tat sich eine Kluft zwischen uns auf. Ich habe ihn immer noch sehr, sehr gern, aber noch nie war mir der Unterschied zwischen *»je t'aime«* und *»je t'aime bien«* so klar wie in diesem Augenblick. Es schmerzte mich zutiefst, daß das Ganze so unmöglich war, aber ich habe das Gefühl, daß er schon zu weit von mir entfernt ist und daß die Kluft sich nie mehr schließen wird.

Heute ist der erste Pessach-Abend. Eine regelrechte Seder-Tafel wird für uns gedeckt. Wir werden die Befreiung der Juden aus der ägyptischen Knechtschaft feiern – auf einem ägyptischen Schiff, das uns aus der Knechtschaft unserer Vergangenheit in ein neues Land bringt.

Auf See, Samstag, 24. April 1948

Unsere Seder gestern abend (kurz nachdem wir aus dem Hafen von Fremantle ausgelaufen waren) zog sich sehr lange hin und war ein bewegendes Erlebnis. Wir wurden von unseren arabischen Stewards bedient, die immer, wenn sie einen Teller hinstellten, etwas Unverständliches vor sich hinmurmelten. Mirkas Tante war überzeugt, daß sie uns verfluchten und uns alle vergiften würden, aber natürlich ist nichts dergleichen passiert. Die anderen Besatzungsmitglieder standen an den offenen Türen und hörten den Gebeten zu. Da Hebräisch offenbar dem Arabischen ähnlich ist, konnten sie die Gebete verstehen. Was sie sich wohl dabei gedacht haben? Ich konnte nur sehr wenig verstehen. 1939 konnte ich, wenn Onkel mich auf den Schoß nahm, fließend in seinem Gebetbuch lesen. Ich weiß noch, wie er sich darüber wunderte. Er hat eben nie so recht geglaubt, daß auch kleine Mädchen menschliche Wesen sind. Daraus erklären sich, glaube ich, die meisten Schwierigkeiten, die es bis heute zwischen uns beiden gegeben hat.

Mirka sagt, daß Amen ihr einen Heiratsantrag gemacht und sie ihm einen Korb gegeben habe. Ich kann das zwar nicht ganz glauben, aber Amen ist ganz zweifellos gekränkt und versucht sogar, sie eifersüchtig zu machen. Mirka hat allerdings viel dringendere Probleme: Sie, ihre Tante und ihr Onkel haben zwar eine Unterkunft in Melbourne, müssen aber sofort Arbeit finden und können alle drei kein Wort Englisch.

Montag, 26. April 1948

Heute nacht ist ein Passagier – ein alter Mann – gestorben. Sein Leichnam wurde dem Meer übergeben. Wie traurig! Eine so weite Seereise zu machen und das Ziel nicht zu erreichen.
Ich habe ein furchtbar schlechtes Gewissen. Offensichtlich habe ich Ali unglücklich gemacht, ohne es zu wollen. Amen und Ibrahim machen sich zu seinen Fürsprechern. Sie sagen, er kann weder essen noch schlafen, und daß er sich vor Gram verzehrt, und daß ich sehr grausam bin und mich schlecht benommen habe, daß aber alles noch gut werden kann, wenn ich meine Meinung ändere. Andernfalls übernehmen sie keine Verantwortung für das, was passieren könnte. Sie wollen sich nicht genauer dazu äußern, sondern machen bloß ein trauriges Gesicht und nicken einander zu. Ich halte das nicht aus!
Heute abend findet eine große Party statt. Der Kapitän, die Offiziere und die Erste-Klasse-Passagiere nehmen daran teil. Ali sagt, er muß hingehen, obwohl er lieber bei mir bliebe.

Dienstag, 27. April 1948

Morgen: Melbourne. Heute vormittag habe ich gepackt. Gestern nacht hat eine junge Engländerin, die Erster Klasse reist, einen Selbstmordversuch unternommen. Sie wollte über Bord springen, wurde aber von einem Matrosen, der Wache hatte, zurückgerissen. Sie hatte gerade erfahren, daß ihr Verlobter, mit dem sie sich in Melbourne treffen wollte, bereits verheiratet ist, zwei Kinder hat und nichts mehr mit ihr zu tun haben will. Heute früh hat sie Tabletten geschluckt, und jetzt liegt sie bewußtlos im Schiffslazarett.
Ali hat sich eine herrliche Überraschung für mich ausgedacht: Ein einstündiges Konzert mit meinen Lieblingsschallplatten. Er hat sie

ganz allein ausgesucht. Und keine einzige vergessen! Der Zahlmeister, der mir die Einladung überbrachte, nennt mich »Prinzessin«. Der Zweite Offizier ebenfalls. Mirkas Tante möchte wissen, warum.

Später rückte Ali mit einem Vorschlag heraus: Falls Marina nicht am Kai auf mich wartet, soll ich an Bord bleiben und mit nach Sydney fahren. Dort will er abmustern und sich mit mir in einem Hotel einquartieren. Falls ich dann immer noch in Australien bleiben möchte, will auch er hierbleiben. Falls nicht, will er mich nach Ägypten mitnehmen, zu seiner Familie. Er will mich nicht allein in Australien lassen. Amen und Ibrahim, die sich später zu uns gesellten, unterstützen Alis Plan. Auch sie wollen für mich sorgen. Sie glauben, daß Ali und ich füreinander bestimmt sind.

O Gott, was soll ich tun? Wenn Marina nicht da ist, was soll dann aus mir werden? Ich gehe jetzt hinunter in meine Koje und weine mir die Augen aus.

12

Als das Schiff in Melbourne anlegte, stand ich mit Ali, Amen und Ibrahim auf dem Oberdeck und suchte in der Menschenmenge drunten auf dem Pier angstvoll nach einem vertrauten Gesicht. »Haltet Ausschau nach einer blonden Dame!« bat ich meine Freunde. »Ungefähr so groß wie ich, sehr schlank.« Sie entdeckten sofort etliche hübsche Blondinen, aber keine von ihnen war Marina. Schließlich hielt ich es vor Aufregung nicht mehr auf Deck aus und ging hinunter zu den anderen Passagieren, die auf ihren Koffern saßen und warteten. Man teilte mir mit, daß ich mich beim Zahlmeister melden sollte. »Ihre Tante hat schon überall nach Ihnen Ausschau gehalten – dort unten steht sie!« Ich traute meinen Augen nicht. Diese kleine Frau, deren schwarzes Haar (so schwarz wie meines) so sittsam zu einem Knoten geschlungen war? Marina? Und dieser große, leicht gebeugte Mann mit dem runden Gesicht und der hohen Stirn – Alex? Ich winkte. Sie winkte zurück und führte mir sofort eine aufgeregte Pantomime vor. Ungeheuer erleichtert, wenn auch verdutzt über Marinas Verwandlung, ging ich zu Ali zurück und berichtete ihm, ich hätte meine Freunde entdeckt und alles sei in Ordnung. Er war ganz niedergeschlagen. »Ich besuche dich in Melbourne, bevor das Schiff ausläuft.« »Ja, das wäre nett«, sagte ich kleinlaut. Was würden Marina und ihr Mann dazu sagen?
Dann ging ich zur Zollabfertigung, und kurz darauf fand sich auch Marina dort ein. Sobald ich meine Gepäckstücke für die Zollkontrolle beieinander hatte, riß mir Marina die Schlüssel aus der Hand, öffnete die Koffer und kippte meine sorgfältig eingepackten Sachen heraus. *»Look, look, look!«* rief sie und fuchtelte dem verdutzten Zollbeamten mit meiner Unterwäsche und anderen Kleidungsstücken vor dem Gesicht herum. Es war das einzige Wort, das ich verstehen konnte. Sie vergoß Tränen, brach gleichzeitig in hysterisches Gelächter aus und zeterte so lange, bis der Beamte entsetzt den Rückzug antrat.
»Was hast du zu ihm gesagt?« fragte ich, als ich mit zitternden Händen versuchte, meine Sachen wieder in die Koffer zu stopfen.
»Ich wollte, daß er genau sieht, was für schäbige Klamotten du mitgebracht hast. Damit er nicht glaubt, wir wollten irgendwelche Kostbarkeiten einschmuggeln. So was hat der bestimmt noch nie

zu Gesicht bekommen. Hast du gesehen, wie entsetzt er zurückgewichen ist?«
Wir gingen hinaus. Alex, der draußen gewartet hatte, begrüßte mich herzlich. »Willkommen in Australien! Du wirst hier bestimmt genauso glücklich wie wir.« Worauf Marina wieder zu weinen begann.
Wir fuhren mit einem Taxi in die Stadt, dann mit der Straßenbahn in den ziemlich weit entfernten Vorort Burwood. Während der ganzen Fahrt redete Marina ohne Punkt und Komma, wobei sie abwechselnd lachte und weinte. Ich hörte gar nicht mehr zu.
Endlich gelang es mir, ihren Redestrom zu unterbrechen: »Warum hast du mir nicht geschrieben? Alle anderen haben Briefe bekommen.«
»Warum ich dir nicht geschrieben habe? Weil ich was anderes zu tun hatte! Alex, sie hat die Stirn, mich zu fragen, warum ich ihr nicht geschrieben habe! Als ob ich nichts anderes zu tun hätte...«
Der Redeschwall hörte einfach nicht auf. Ich dachte: Vielleicht ist es die Aufregung über meine Ankunft.
Wir gingen eine ungepflasterte Straße entlang und hielten vor einem kleinen Backsteinbungalow, der in einem noch nicht angelegten Garten stand. »Dieser Teil von Burwood ist noch im Entstehen begriffen«, erklärte Alex. »Aber ganz in der Nähe ist ein großer Park, in dem es massenhaft Mimosen gibt. Er heißt Wattle Park. ›Wattle‹ ist das australische Wort für Mimosen.« »Mimosen sind meine Lieblingsblumen!« rief ich. »Faß bloß keine an und bring sie mir ja nicht ins Haus!« sagte Marina. »Sie sind giftig.«
Diese Nacht schlief ich in meinem eigenen Zimmer. Es hatte weißgetünchte Wände. Die Einrichtung bestand aus einer weißgestrichenen eisernen Bettstatt, einem kleinen Kleiderschrank, einem mit grünem Filz bezogenen Klapptischchen und zwei Stühlen. Mein eigenes Zimmer, endlich! Im Türschloß steckte sogar ein Schlüssel.
Das Haus war einfach eingerichtet, hatte aber genug modernen Komfort zu bieten. In der Küche stand ein elektrischer Eisschrank, und im Bad war außer der Wanne auch eine Dusche vorhanden. Im Vergleich zu Maurices Wohnung war diese hier luxuriös. Im größten Zimmer standen ein Zeichentisch und eine elektrische Nähmaschine. Ich erfuhr, daß Marina für eine Fabrik Blusen zuschnitt und nähte.

»Die Modelle entwerfe ich selbst«, erklärte sie und deutete auf Schnitte aus braunem Papier, die sorgfältig gebündelt und numeriert an der Wand hingen. Ich war beeindruckt. »Wann hast du das alles gelernt?« »Wann ich das gelernt habe?« Sie brach in Gelächter und Tränen aus. »Also das ist doch wirklich...« Offenbar war es unmöglich, irgendeine Antwort von ihr zu bekommen. »Eines Tages erzähle ich's dir...«
Zwar ließ sich Marina auch in den folgenden Tagen beängstigend rasch zu Tränenausbrüchen und hysterischem Gelächter hinreißen, aber sie beruhigte sich wenigstens einigermaßen und begann zu erzählen. Unaufhörlich sprach sie von Leuten, die ich nicht kannte. Alex machte Nachtschicht in einer Textilfabrik, wo er riesige Maschinen warten mußte. In Polen hatte ihm vor dem Krieg eine solche Fabrik gehört. Jetzt war er Arbeiter. Es sei einfach fabelhaft, erklärte er mir, hier in einer Fabrik zu arbeiten. Da sei man mit echten Australiern zusammen – prächtigen Menschen, aufrichtig, unverdorben und ziemlich weltfremd. Sie wüßten so gut wie nichts über Europa und ständen Ausländern mißtrauisch gegenüber. Marina dagegen war noch nicht so angetan von der australischen Lebensweise. Deshalb hatte sie es vorgezogen, einstweilen Heimarbeit zu machen. Später wollte sie eventuell eine eigene Werkstatt eröffnen. Dann könnte ich, falls ich mich dieser Ehre würdig erwiese, bei ihr arbeiten.
Ich betrachtete unschlüssig die elektrische Nähmaschine und gab zu, daß ich noch nie eine benützt hatte. In Paris hätte ich es einmal mit einer Tretnähmaschine versucht, aber die hätte ständig gebockt. Und diese elektrische Maschine sehe noch komplizierter aus.
»Sie *ist* kompliziert«, sagte Marina. »Steppt sehr schnell, hat einen starken Motor und ist sehr gefährlich. Ehe man sich versieht, zersticht sie einem die Finger.«

Melbourne, Dienstag, 4. Mai 1948

Ich weiß nicht, wie ich es zu Papier bringen soll, aber ich muß es versuchen, sonst drehe ich durch. Gestern ist es zwischen Marina und mir zu einer schrecklichen Szene gekommen. Irgend jemand, ich weiß nicht, wer, hat sich mit Marina in Verbindung gesetzt und ihr gesagt, ich hätte auf dem Schiff eine Liebesaffäre mit einem Araber gehabt. Diese Mitteilung hat sie erhalten, während ich einen Spaziergang im Wattle Park machte. Als ich zurückkam, hat sie mich nicht mal gefragt, was *ich* zu dieser Angelegenheit zu sagen hätte. Sie hat ganz einfach geglaubt, was man ihr erzählt hat. Sie wollte nur wissen, ob ich schwanger sei oder mir eine Krankheit geholt hätte – wenn das der Fall wäre, wollte sie mich keine Minute länger unter ihrem Dach haben. Ich wußte nicht, was ich sagen und wie ich ihr beweisen sollte, daß man ihr lauter Lügen aufgetischt hatte. Als es mir (glaube ich) endlich gelungen war, sie zu überzeugen, war sie vor lauter Gejammer so hysterisch, daß sie den Rest des Tages im Bett verbringen mußte. Ich ging in mein Zimmer und weinte die ganze Nacht. Niemand bekam etwas zu essen, und Alex mußte ohne seine belegten Brote zur Arbeit gehen.

Melbourne, Mittwoch, 5. Mai 1948

Ganz unerwartet standen heute nachmittag Mirka, Ali, Amen und Ibrahim vor unserer Haustür. Die Männer waren in Zivil und sahen blendend aus. Mirka hatte ein hübsches neues Kleid an. Sie lachten, waren quietschvergnügt und wollten mit uns in dem Taxi, das draußen wartete, in die Stadt fahren. Sie hatten vor, ins Kino und danach ins Hafenviertel zu gehen. Ich durfte natürlich nicht mitfahren.

Melbourne, Donnerstag, 6. Mai 1948

Heute nachmittag war Ali allein hier. Er rief am Vormittag an, und ich bat ihn, zu kommen. Die »Misr« läuft morgen aus, nach Sydney. Marina und Alex setzten sich zu uns ins Wohnzimmer und ließen uns keine Minute allein. Es war höchst ungemütlich. Nach knapp zwei Stunden gingen wir zur Straßenbahnhaltestelle. Ali und ich voraus, Marina und Alex hinterdrein. Marina war sichtlich gereizt, weil wir französisch sprachen und sie kein Wort verstehen konnte.

Ali wollte wissen, wie mir mein neues Zuhause gefällt. Ob ich gut behandelt werde. Ob ich glücklich bin. Was ich vorhabe. Wann ich wieder zur Schule gehen werde. Ich sagte, ich sei hier sehr glück-

lich. Sobald ich etwas Englisch gelernt hätte, würde ich zur Schule gehen.
Er hat mich wieder gebeten, ihn zu heiraten, jetzt oder später, und er hat mir gesagt, wohin ich ihm schreiben soll, falls ich Hilfe brauche. Es wird noch einige Zeit dauern, bis das Schiff die australischen Gewässer verläßt... Ich habe Ali immer wieder beteuert, ich sei sehr glücklich und hätte keine Hilfe nötig. Ich habe ihm den kleinen Türkis-Skarabäus geschenkt, den Anna in Luxor gefunden hat. Er will sich einen Ring daraus machen lassen. Ich war so durcheinander, daß mir das Sprechen schwerfiel.
Obwohl ich mich nicht dazu durchringen konnte, ihm von der entsetzlichen Szene, die mir Marina gemacht hat, und von ihren schändlichen Beschuldigungen zu erzählen, hätte ich ihn gern um Rat gefragt, ihm gesagt, daß Marina sich auf unerklärliche Weise verändert hat, und ihn gefragt, wie es jetzt mit mir weitergehen soll.
Ali ließ sich durch unsere beiden Anstandswauwaus nicht aus der Fassung bringen. Er sagte, in Ägypten sei so etwas *»de rigueur«*. Aber als wir weit genug von den beiden entfernt waren, flüsterte er mir zu: »Die lassen dich wohl nicht gern mit einem Seemann herumlaufen?« Ich sagte, das müßte wohl der Grund sein, obwohl ihn, in diesem schicken Anzug, kein Mensch für einen Seemann halten würde. An der Haltestelle küßte er mir die Hand. *»Adieu, ma princesse hindoue.«*
Auf dem Rückweg fauchte mich Marina an: »Jetzt weiß ganz Melbourne, daß du dich mit Seeleuten herumtreibst.« Und sie verbot mir strikt, jemals mit Ali Briefe zu wechseln.

Melbourne, Samstag, 8. Mai 1948

Herr Anker, der schwermütige Ingenieur, der auf unserem Schiff war, hat Selbstmord begangen. Mirka hat es mir soeben telefonisch mitgeteilt. In einem Abschiedsbrief hat er geschrieben, er gebe niemandem die Schuld daran, seine Nerven hätten es einfach nicht durchgehalten. Mitten in der Nacht ist er ins Badezimmer gegangen und hat sich die Pulsadern und die Kehle aufgeschlitzt. Seine Frau hat ihn am Morgen tot aufgefunden – alles war mit Blut bespritzt. Mirkas Tante hat sie zu sich geholt, der Arzt hat ihr ein

Schlafmittel gegeben. Jetzt schläft sie. Noch dazu ist sie allem Anschein nach im dritten Monat schwanger. »Komm herüber«, hat Mirka gesagt, »und übernachte bei uns.«

Mirka wohnte in St. Kilda, einem nahe am Meer gelegenen Stadtviertel. Hier war es viel hübscher als in Burwood. Es gab Läden und Cafés, und auf den Straßen herrschte reger Betrieb. Außerdem war es von hier aus viel näher zur Innenstadt. Die Familie bewohnte ein altes, mit Schindeln verschaltes Haus mit einer Holzveranda auf der Rückseite und einem Gärtchen. Die geräumigen Zimmer waren spärlich möbliert. Überall in dieser alten Bruchbude hatte man das Gefühl, sehr viel Platz zu haben.
Eine Menge Besuch war da. Unsere Schiffsgenossen und -genossinnen. Merkwürdig, daß Leute, die mit demselben Schiff gekommen waren, unweigerlich das Bedürfnis hatten, zusammenzuhalten, auch wenn sie sich während der Überfahrt nicht sonderlich nahegekommen waren. Tatsächlich hatten wir uns auf dem Schiff oft heimlich geschworen, diesen und jenen Passagier nach der Landung auf keinen Fall wiederzusehen – und jetzt wurden ebendiese Leute mit offenen Armen begrüßt und aufgefordert, möglichst bald zu Besuch zu kommen. Auch Marina hatte eine Menge Schiffsbekanntschaften, die sie regelmäßig zum Tee einlud.
Bei Mirka saßen wir an jenem Samstagabend zu zehnt am Eßtisch. Hauptgesprächsthema war die arme Frau Anker, die drüben in der Rumpelkammer schlief. Von nun an würde sie zur Arbeit gehen müssen wie alle anderen auch. Aber ohne Sprachkenntnisse, ohne irgendeine Berufsausbildung... und obendrein auch noch schwanger... »Sie wird es wohl oder übel abtreiben lassen müssen... man muß einen Arzt finden – einen Europäer, wohlgemerkt. Der wird Verständnis dafür haben.«
Und Alice? Wer sollte sich um sie kümmern, wenn ihre Mutter zur Arbeit ging? »Es muß hier doch ein Heim für solche Kinder geben. Vielleicht ein Waisenhaus? Ein jüdisches oder ein christliches? Ist das nicht egal? Was macht das bei einem so kleinen Kind denn schon aus?«
Mirkas Tante hatte bereits Arbeit in einer Hutfabrik gefunden und hoffte, daß man in Kürze auch ihre Nichte dort einstellen würde. Ihr Mann arbeitete, zusammen mit einigen anderen, die mit unserem Schiff gekommen waren, in der Autofabrik Holden. Mein

Wunsch, wieder zur Schule zu gehen, kam mir allmählich so naiv vor, daß ich zauderte, die freundlichen Fragen der anderen zu beantworten. Noch ehe mir eine möglichst ausweichende Antwort einfiel, mischte sich Mirkas Tante ein: »Sie wird zur Arbeit gehen wie alle anderen auch. Was bleibt uns Einwanderern denn anderes übrig?«
Stunden später, als ich mich neben Mirka in das schmale Bett im sogenannten *sleep-out* (einem kleinen, überdachten Vorbau) gezwängt hatte, lag ich wach und lauschte den seltsamen Lauten der Vögel und anderen Tiere, die sich draußen auf den Bäumen niedergelassen hatten. »Was bleibt uns Einwanderern denn anderes übrig?« Laßt mir ein bißchen Zeit, dann werde ich's euch schon zeigen! schwor ich mir.
Ich hatte an meine sämtlichen Freunde in Europa geschrieben und wartete auf Antwort. Wie lange es wohl dauerte, bis ein Brief aus Australien in Polen ankam? Ich half Marina bei der Hausarbeit und wurde ständig gescholten und ausgelacht, weil ich mich so dumm anstellte. Wenn diese Arbeit erledigt war – die unzähligen Dekorationsgegenstände im Wohnzimmer mußten abgestaubt und poliert, die vielen Zierdeckchen ausgeschüttelt werden –, begann mein täglicher Unterricht im Maschinennähen. Ich war keine begabte Schülerin. Die Maschine bockte, setzte aus, der Faden verhedderte sich, die Nadel brach ab. Die Maschine mußte auseinandergenommen, gesäubert und wieder zusammengesetzt werden. Dann versuchte ich von neuem, eine gerade Naht zu steppen. Und wieder bockte die Maschine. Ihr Tempo machte mir angst. Ich konnte die durchlaufenden Stoffteile nicht in Schach halten, die mir dieses Ungeheuer aus den Fingern riß und zu einem heillosen Kuddelmuddel zusammenknüllte. Die Stiche verliefen in alle möglichen Richtungen, bis über den Stoffrand hinaus – dann riß der Faden.
»Du bist nicht imstande, Hand- und Fußbewegungen aufeinander abzustimmen. War ja auch nicht anders zu erwarten. Du hast ja nie tanzen gelernt.«
In der zweiten Maiwoche ging ich mit Marina in die Stadt, um wegen einer Arbeitsstelle nachzufragen. Unterwegs kauften wir einen Blumenstrauß, den ich dem Fabrikbesitzer geben sollte, einem älteren Herrn, dem es dann genau so peinlich war, den Strauß entgegenzunehmen, wie es mir peinlich war, ihn zu überreichen.

Herr Weiß, der lange vor dem Krieg nach Australien ausgewandert war, konnte noch ein bißchen Polnisch. In seinem Betrieb wurden Morgenröcke produziert. Nachdem sie mich vorgestellt hatte, begann Marina über mich zu reden wie über eine nicht anwesende Person. Ich sei ein Neuankömmling und nicht besonders intelligent. Ich sei linkisch und stur, aber Herr Weiß würde sich einen Platz im Paradies verdienen, denn ich sei eine arme, unglückliche Waise... Ich wäre am liebsten tot umgefallen. Von ihrer eigenen Beredsamkeit gerührt, brach Marina in Tränen aus. Herr Weiß lief rot an und fummelte nervös auf seinem Schreibtisch herum. Er konnte mich von Anfang an nicht leiden, das merkte ich genau – aber um uns möglichst rasch loszuwerden, erklärte er sich bereit, mich einzustellen. Und er wollte mir sogar einen Wochenlohn von 2 Pfund, 8 Schilling und 3 Pence zahlen. Wieder weinte Marina wie ein Schloßhund. Krampfhaft schluchzend forderte sie mich auf, Herrn Weiß die Hand zu küssen. Ich tat, als hätte ich es nicht gehört. Dann wurden wir von ihm gewissermaßen hinausbugsiert. Marina weinte auf dem ganzen Heimweg und erregte in der Trambahn allgemeines Aufsehen.
Am Abend berichtete Alex, in Palästina sei ein regelrechter Krieg ausgebrochen. Harry Truman, der Präsident der Vereinigten Staaten, habe die jüdische Regierung anerkannt. Transjordanische und ägyptische Truppen seien einmarschiert, aber die Juden hielten alle Häfen besetzt. Dem Vernehmen nach werde Amerika Waffen liefern, doch man wisse nicht genau, an wen.

Melbourne, Dienstag, 18. Mai 1948

Der Brief, den ich Sonja nach Tel Aviv geschrieben habe, ist von der australischen Post an mich zurückgeschickt worden. Briefe nach Palästina werden nicht angenommen. Ich denke an alle, die aus den Heimen, in denen ich mit ihnen zusammen war, nach Palästina ausgewandert sind. Aus Polen – so viele Kinder. Aus Frankreich – Bella, Sonja, Fernande und viele andere. Was geschieht jetzt mit ihnen? Und was ist mit Ali, Amen und Ibrahim? Müssen sie, wenn die »Misr« nach Ägypten zurückgekehrt ist, in den Krieg ziehen?
Ali hat gewußt, daß ich Jüdin bin, und wollte mich trotzdem heira-

ten. Wenn ich ja gesagt hätte – was würde ich jetzt tun? Ich kann an Ali nicht wie an einen Feind denken. Wie, zum Beispiel, an die Deutschen. Für mich wird er immer Ali Effendi Hassan bleiben, der liebenswürdigste und gütigste Freund. Gestern habe ich einen Brief von ihm bekommen, aus Sydney. Er hofft nach wie vor, daß ich's mir eines Tages anders überlegen werde. Das werde ich nicht, aber ich gäbe viel darum, wenn ich jetzt ein langes Gespräch mit ihm führen dürfte. Wie bei unseren Deckstuhl-Plauderstündchen. Weil ich furchtbar unglücklich bin.

Am folgenden Wochenende kam es wieder zu einer gräßlichen Reiberei – mit dem Ergebnis, daß ich den ganzen Samstag und Sonntag in meinem Zimmer blieb. Mir wurde allmählich klar, daß sich in unserem Zusammenleben ein bestimmtes Muster herausbildete. Am Wochenende brach jedesmal ein heftiger Streit aus, worauf Marina und Alex zu einem langen Spaziergang im Wattle Park aufbrachen, und ich, mit der strikten Anweisung, mein Zimmer nicht zu verlassen, zu Hause bleiben mußte. An jenem Samstag entzündete sich der Streit wieder einmal an der Frage, was aus mir werden sollte. Ich hatte eine Bemerkung darüber gemacht, daß ich meine Arbeitsstelle bei »Weiß' Dressing Gowns« nur als Zwischenstation betrachtete, weil es nach wie vor mein sehnlicher Wunsch sei, die Schule zu absolvieren und dann zu studieren. Diese unkluge Bemerkung löste bei Marina einen Wutanfall aus. Wie ich denn dazu käme, von Schulbildung zu sprechen? Ich hätte wohl vergessen, wer ich sei? Man hätte ihr schon oft den freundschaftlichen Rat gegeben, mich loszuwerden, ehe ich ihr und Alex noch mehr Schande machen würde. Für mich gäbe es nur eine einzige Rettung: zu beweisen, daß ich für meine Missetaten büßen wolle, und zwar durch harte Arbeit und – den Verzicht auf ein Wiedersehen mit allen, die ich auf dem Schiff kennengelernt hatte, einschließlich Mirka. Dieser Wutanfall dauerte so lange, bis sie sich, wieder einmal, über das ganze Ausmaß meiner Undankbarkeit ausgelassen hatte. Unter ihrem Dach wohnen ... An ihrem Tisch essen ... Sich mit achtzehn Jahren nach der Schule zurücksehnen! »Du kannst kein Englisch und bist völlig unbegabt. Deine sogenannte Kenntnis des Französischen und Polnischen ist mehr als unnütz, weil du dadurch bloß auf Ideen kommst, die sich nie verwirklichen lassen. Das einzige, was du dir erhoffen kannst, ist –

falls du Glück hast – ein älterer Mann, der's nicht so genau nimmt, ein Witwer vielleicht, der bereit ist, über deine schlechte Veranlagung hinwegzusehen ...«

Ich floh in mein Zimmer und schloß die Tür. Das konnte doch nicht wahr sein ... So redete heutzutage doch kein Mensch mehr! Was war bloß mit Marina passiert, daß sie plötzlich mit derart abgedroschenen Phrasen um sich warf, wie sie in kitschigen Liebesromanen vorkamen? Oder war sie vielleicht schon immer so gewesen? Hatte sie uns allen etwas vorgemacht, als wir sie in Paris bewunderten? War in ihrem perlenden Lachen nicht schon damals eine Spur Hysterie zu entdecken gewesen, und in der Art und Weise, wie sie einen nach dem anderen kritisiert und verdammt hatte, eine Spur Grausamkeit? Und hatte das nicht schon in den Ratschlägen angeklungen, die sie mir so freigebig erteilt hatte, wenn wir in unserem Hotelbett lagen – die eine immer verkehrt herum, wie auf einer Spielkarte, weil »die Leute sonst auf falsche Gedanken kommen könnten« – eine Bemerkung, die ich nie verstanden hatte. Warum hatten ihre Ratschläge immer darauf abgezielt, jeden Gedanken daran, wie man ein glücklicheres, sinnvolleres Leben führen könnte, lächerlich zu machen und abzuwürgen?

Vielleicht war das alles schon in ihr gewesen, verborgen unter der dünnen Tünche guter Manieren. Was sich ereignet hatte, seit Marina in Melbourne angekommen war, hatte die Tünche abblättern lassen. Jetzt hatte ich es mit Marina *»au naturel«* zu tun. Paris war weit, und ich war ihr auf Gnade und Barmherzigkeit ausgeliefert.

»Ich werde bei Weiß weitermachen«, schrieb ich an jenem Abend in mein Tagebuch. »Ich werde nähen lernen. Ich werde meinen Lebensunterhalt verdienen und mir ein Zimmer suchen, dann werden wir weitersehen. Eher würde ich mich umbringen, als das hier noch lange mitzumachen.«

Melbourne, Dienstag, 1. Juni 1948

Heute ist Marinas Geburtstag. Ich habe ihr ein Silberschälchen für Süßigkeiten gekauft, sehr hübsch, so kunstvoll gefaltet wie ein Spitzentaschentuch. Ehe ich zur Arbeit ging, habe ich es, zusammen mit einem kleinen Gedicht, auf ihren Arbeitstisch gestellt. Als ich am Abend nach Hause kam, wurde ich mit Blitz und Donner empfangen. Gewiß, ich habe Geld ausgegeben. Aber nicht sehr viel – und überhaupt: Was ist dagegen einzuwenden? Ich dachte halt, das Schälchen würde ihr gefallen. Aber anscheinend steht es mir nicht zu, ihr Geschenke zu machen. *Sie* ist diejenige, die schenkt. Ich habe mich nicht an die Rolle gehalten, die sie mir zugeteilt hat. Sie wollte, daß ich das Schälchen wieder in den Laden bringe und mir das Geld zurückgeben lasse. Ich habe mich geweigert. Dann wollte sie den Namen des Geschäftes wissen, um selber hinzugehen und das Schälchen gegen irgend etwas anderes, das ihr »vielleicht gefallen würde«, einzutauschen. Ich habe ihr nicht gesagt, wie das Geschäft heißt. Den Rest des Abends haben wir wie üblich verbracht: jeder in seinem Zimmer und ohne ein Wort miteinander zu wechseln.

Melbourne, Freitag, 11. Juni 1948

Meine erste Arbeitswoche ist vorbei. Ich fand sie, abgesehen von dem ohrenbetäubenden Lärm, nicht so schlimm, wie ich erwartet hatte.

In dem Betrieb sind reihenweise Nähmaschinen aufgestellt, alle elektrisch; sie machen einen entsetzlichen Krach. Außerdem Zuschneidemaschinen, die surren und jaulen, und Knopflochmaschinen, die stampfen und scheppern. Und dieser Höllenlärm wird noch übertönt von einem Radio, aus dem die neuesten Schlager dröhnen. Die Bügelmaschinen stoßen heiße Dampfschwaden aus. Die Fenster, die anscheinend nie geputzt werden, sind ganz trüb vor Schmutz und fest geschlossen. Die Mädchen plaudern, singen und lachen. Ich habe versucht, wenigstens *ein* verständliches Wort aufzuschnappen, aber vergeblich. Der Lärm hat eine hypnotische Wirkung. Nach einer Weile bewege ich mich wie ein Automat, im Rhythmus der Musik, und weiß eigentlich gar nicht mehr, was ich tue. Aber wenn dann plötzlich eine vertraute Melodie erklingt – einer der Schlager, die auf dem Schiff gespielt wurden, wie zum Beispiel *Besa me mucho, Pablo* und *La vie en rose*, oder der Song aus *Casablanca* oder, noch schöner, *Maori Farewell*, gesungen von Grace Fields mit Chorbegleitung –, dann löst sich der Nebel auf, meine Hände bewegen sich nicht mehr, und ich bin tränenblind. Was tue ich hier? Was wird aus meinen Plänen, Träumen und Überzeugungen?

Es ist zum Auswachsen, wenn man nicht mit den anderen reden und sie nicht verstehen kann. Die Mädchen sind nett und hilfsbereit, aber weil alle, außer mir, im Akkord arbeiten, hat niemand Zeit, mir zu zeigen, was ich tun soll. Ausgenommen Nancy, die direkt neben mir arbeitet. Nancy ist Chinesin. Sie ist groß und dick, hat ein Vollmondgesicht und lächelt unentwegt. Sie packt mein Stoffbündel aus, legt die einzelnen Teile aufeinander und gibt sie mir mit der richtigen Seite nach oben, so daß ich sie mit der Maschine zusammennähen kann.

Am ersten Tag habe ich es geschafft, vier Morgenröcke zusammenzunähen. Die Kontrolleurin hat alle vier zurückgehen lassen, weil ich die Taillen- und Brustabnäher vergessen hatte. Bis Arbeitsschluß war ich damit beschäftigt, alles, was ich genäht hatte, wieder aufzutrennen.

Ich bin fasziniert von der heiter-gelassenen Tüchtigkeit der australischen Mädchen. Sie arbeiten unglaublich schnell, der Stoff gleitet unter ihren Fingern dahin, läuft durch die Maschine und gleitet am anderen Ende wieder heraus. Sie bringen tadellos gerade und saubere Nähte zustande, mustergültige Paspelierungen, Haarbiesen, Falten und Rüschen – und dabei brauchen sie sich eigentlich gar nicht auf die Arbeit zu konzentrieren, sondern sie singen bei der Radiomusik mit, lachen oder träumen einfach vor sich hin. Nur ihre Fingerspitzen berühren den Stoff. Alles sieht so einfach aus.

Ich dagegen schufte mich ab und konzentriere mich pausenlos auf die Arbeit, auch wenn mir der Rücken weh tut. Die Stoffteile rutschen mir weg, schlagen Falten, verschieben oder verziehen sich. Ich kann die Geschwindigkeit, mit der sich die Nadel auf und ab bewegt, nicht steuern.

Das Bündel mit den vier Morgenröcken landet jedesmal mit einem dumpfen Schlag in der Holzkiste neben meinem Stuhl. Ich öffne das Bündel, und ein rätselhaftes Durcheinander von kleinen und großen Stoffteilen quillt heraus. Wie müssen sie aufeinandergelegt werden? Welches Teil gehört zu welchem? Manchmal weiß ich nicht, was oben und unten und was rechts und links ist. Den Tränen nahe, sitze ich da und warte, bis Nancy einen Moment Zeit für mich hat. Fast ohne hinzusehen, greift sie in die Kiste, fischt zwei Stoffteile heraus, gibt sie mir in die Hand – und wunderbarerweise passen Markierungen und Einschnitte genau aufeinander.

Ein paar Stecknadeln hier, ein paar Stecknadeln dort (das tut Nancy nur mir zuliebe, die anderen benützen kaum je Stecknadeln), ein Lächeln – ihre Augen verschwinden in den Schlitzen über den fetten, goldgelben Wangen –, dann ein paar Worte, die ich zwar nicht verstehen kann, die mir aber, das spüre ich, Mut zusprechen sollen. Ich beginne zu nähen, und allmählich nimmt das Chaos Form an.

Ich habe meine erste Lohntüte abgeholt: 2 Pfund, 8 Schilling, 3 Pence. Am liebsten würde ich das Geld mitsamt dem braunen Kuvert aufbewahren, aber leider Gottes werde ich alles für Fahrkarten und Essen ausgeben müssen.

Endlich trafen die langerwarteten Briefe aus Polen ein. Von Margareta, von Schwester Zofia und von Agatha, die immer noch in Deutschland war. Alle drei wollten eine Menge über dieses Land auf der anderen Seite der Erdkugel wissen, das meine neue Heimat geworden war. Und die beiden Mädchen stellten mir Fragen über Fragen betreffs Ali. Warum ich ihnen denn keine Fotos geschickt hätte?

Am 13. Juni, einem Sonntag, gingen wir – ausnahmsweise – zu dritt in den Park, um Fotos zu machen. Marina hatte mir eine sehr hübsche Bluse geschenkt, zu meiner großen Verwunderung, denn in den letzten paar Wochen hatten wir kaum miteinander gesprochen. Die Bluse war aus marineblauer Georgette und hatte vorne lauter Biesen mit weißem Spitzenbesatz. Ein weniger durchsichtiger Stoff wäre mir zwar lieber gewesen (man konnte darunter die Träger meiner Unterwäsche sehen), aber jedenfalls fand ich es sehr nett von Marina, mir ein solches Geschenk zu machen.

Es war ein bitterkalter Tag. Vom Südpol her blies ein eisiger Wind, als wir in unseren leichten Kleidern posierten und Alex, der die Aufnahmen machte, tapfer anlächelten. Dann fotografierte ich Alex und Marina, die sich im antarktischen Sturmwind aneinanderklammerten und deren Gesichter wie gefrorene Masken aussahen. Am Tag nach diesem Ausflug wurde mir die gute Stimmung wieder einmal durch einen von Marinas jähen, gehässigen Angriffen verdorben.

»Wenn du dir solche Sorgen um deine Figur machst – weiß Gott warum, denn von Figur kann man bei dir ja gar nicht sprechen –, dann gibt es eine ganz einfache Lösung: Von jetzt an kannst du in der Stadt essen!« Ich hatte noch nie Kritik an Marinas Kochkünsten geübt, sondern meine Meinung darüber für mich behalten. Ich war perplex. Konnte Marina Gedanken lesen?

Ich suchte Zuflucht in St. Kilda, wo ich mit Mirka einen langen Spaziergang am windgepeitschten Strand machte. Sie erzählte mir, daß in diesem Stadtteil viele reiche Europäer wohnten, die vor dem Krieg herübergekommen waren und ihr Glück gemacht hatten. Ihnen gehörten Fabrikationsbetriebe und große Geschäfte in der Innenstadt. Sie könnten es sich leisten, ihre Kinder auf die Universität zu schicken. »Aber Mirka«, wandte ich ein, »man muß doch keine Fabrik haben, um studieren zu können!« »Ach wirklich? Was du für Vorstellungen hast!« »Ich werde es dir beweisen.« Auf einmal war ich von freudiger Zuversicht erfüllt. Ja, es würde ganz bestimmt so kommen! Warum sollte ich mir völlig grundlos Sorgen machen?

Meine Hochstimmung schwand dahin, sobald ich wieder zu Hause war. Ganz offensichtlich hatte Marinas Zorn während meiner Abwesenheit neue Nahrung erhalten. Sie giftete sich immer noch über meine »beleidigenden Bemerkungen« über ihre Kochkünste – Bemerkungen, die ich gar nicht gemacht hatte.

»Ich kann deinen Anblick einfach nicht mehr ertragen! Du verdirbst jetzt auch Alex den Appetit. Ich möchte, daß du von morgen an auswärts ißt und daß du, wenn du nach Hause kommst, sofort in dein Zimmer gehst und dort bleibst!«

Sie stürmte aus der Küche und knallte die Tür zu. Entsetzt ließ ich mich auf einen Stuhl fallen. Der Gedanke, abends auswärts zu essen, jagte mir Angst ein. Ich war noch nie allein in einem Restaurant gewesen. Woher sollte ich wissen, was ich bestellen sollte, wenn die Speisekarte für mich ein Buch mit sieben Siegeln war? Sollte ich die Bedienung fragen? Und was würde passieren, wenn ich nicht genug Geld hatte, um die Rechnung zu begleichen?

Am nächsten Abend ging ich die Swanston Street entlang, in Richtung Ecke Flinders Street, wo die Omnibusse nach Burwood abfuhren. Ich war schon fast entschlossen, überhaupt nicht zu Abend zu essen – aber wenn ich zu früh heimgekommen wäre, hätte ich wieder einen Wutausbruch über mich ergehen lassen müssen. Immerhin konnte ich von jetzt an abends länger wegbleiben und vielleicht sogar Mirka besuchen. Es gab ein kleines Café in der Nähe des »Young and Jackson« – ein Pub, aus dem abends immer mas-

senweise Betrunkene torkelten. Ich blieb vor dem Lebensmittelgeschäft »Maypole« stehen, betrachtete die Auslage und versuchte, meinen ganzen Mut zusammenzunehmen. Wirklich phantastisch, was hier alles ausgestellt war – dergleichen hatte ich noch nie gesehen! Hätte ich einen Haufen Geld gehabt, dann wäre ich bestimmt hineingegangen, hätte das Beste vom Besten in Kisten packen lassen und sie nach Polen, ja sogar nach Paris geschickt. Nur um allen zu zeigen, wie gut es sich in Australien leben ließ.
Ich ging in das lange, schmale Café, das »Lyon's« hieß, und sah mich unsicher darin um. Es war ein schäbiges Lokal. Der Kassierer, ein älterer Mann, der direkt neben dem Eingang thronte, lächelte mir ermutigend zu. Er hatte einen grauen Schnauzbart und sah wie ein italienischer Bauer aus. Vielleicht gefielen ihm meine dicken Zöpfe und mein ungeschminktes Gesicht. Die Tische und Bänke waren durch hohe Trennwände abgeschirmt, hinter denen die Gäste ziemlich ungestört sitzen konnten. Ich nahm in einer leeren Nische Platz und starrte ängstlich auf die Speisekarte. Die Bedienung sah etwas verwundert drein, als ich schweigend auf zwei Eintragungen deutete. Sie fragte mich etwas, das ich nicht verstehen konnte. Worauf sie achselzuckend wegging. Das Lokal war fast leer. Ich war froh, daß niemand sah, wie verlegen ich war, als mir mein auf gut Glück bestelltes Abendessen serviert wurde: ein gekochtes Ei und eine Fleischpastete.

Melbourne, Sonntag, 20. Juni 1948

Am Freitag ist June auf Heiratsurlaub gegangen. June ist sechzehn. Sie arbeitet an der Maschine, die meiner direkt gegenübersteht. Sie ist sehr klein und dünn, hat kurzes, lockiges Haar und vorstehende Zähne. Und sie lacht und plaudert in einem fort. Ihr Bräutigam ist achtzehn. Sie haben gestern geheiratet und verbringen ihre Flitterwochen (acht Tage) in Lorne, einem Ort an der Küste. Danach arbeitet sie bei »Weiß' Dressing Gowns« weiter.
Freitag vor einer Woche haben wir Geld für ein Hochzeitsgeschenk gesammelt. Wir haben June ein großes Silbertablett gekauft. Naja, es ist, glaube ich, kein echtes Silber, aber es sieht so aus. Wirklich sehr hübsch. Mr. Morris, der Werkmeister, hat eine Rede gehalten, über die sich alle halb totgelacht haben (leider

konnte ich kein Wort davon verstehen), und Mrs. Curzon, die die Stichprobenkontrollen macht, Craven A raucht, sehr elegant ist und wunderschön dauergewelltes silbergraues Haar hat, überreichte June das Tablett. Alle strahlten, ständig wurden Witze gerissen, es gab viel Gelächter, und ich kämpfte mit den Tränen. Ich weiß nicht, warum. Es war doch ein so glückliches Ereignis. Herr Weiß kam zu uns herein, küßte die Braut und fuhr sie eine Stunde vor Arbeitsschluß in seinem Auto nach Hause!

Ich muß, muß, muß einen Englischkurs ausfindig machen! So etwas muß es hier doch geben, wo ständig so viele Ausländer eintreffen. Allerdings graut mir davor, wie Marina darauf reagieren wird.

Melbourne, Freitag, 9. Juli 1948

Ich habe so lange nicht Tagebuch geschrieben, weil ich dazu viel zu unglücklich war. Und zu berichten gibt es sowieso nichts. Ich rede mit niemandem. Bei der Arbeit *kann* ich nicht, wegen der Sprachschwierigkeiten. In der Mittagspause sitze ich mit den anderen an einem langen Tisch, der in der Ecke steht. Ich trinke Tee (aus der Teemaschine) und esse ein Sandwich, das unser jüngstes Lehrmädchen in dem Laden im Erdgeschoß besorgt. Es ist unglaublich, was hier alles als Brotbelag verwendet wird! Salatblätter, gebakkene Bohnen, Ei mit Speck, Bananen und Erdnußbutter – also *so* wird dieses merkwürdige Zeug gegessen! Zu spät, um diese Information nach Malmaison zu schicken...

Um fünf Uhr haben wir Feierabend. Draußen ist's kalt und stürmisch. Der Wind dringt durch meinen dicken Mantel, der so unförmig und unbequem ist wie von Anfang an, und in dem ich wie ein Roboter aussehe.

Ich esse im »Lyon's« zu Abend, wo ich mich jetzt endlich ein bißchen behaglicher fühle. Der bejahrte Kassierer ist Grieche, die Bedienung ist Holländerin. Mit der Verständigung hapert es nach wie vor, aber wir lächeln einander zu.

Hin und wieder esse ich im »Hoddle's«. Das ist ein italienisches Restaurant in der Nähe der Fabrik. Es ist ein Kellerlokal, vor dem die Leute immer Schlange stehen – bis zur Straße hinauf. Und zwar ausschließlich Ausländer. Alle sehen müde aus und sprechen nur im Flüsterton miteinander. Man hört Polnisch, Russisch,

Deutsch, Ungarisch – und andere Sprachen, die ich nicht identifizieren kann.
Die Australier mögen die Ausländer nicht. Sie können es nicht ausstehen, uns in einer Sprache reden zu hören, die sie nicht verstehen. Als Ausländer kann es einem passieren, daß man in der Öffentlichkeit abfällige Bemerkungen einstecken muß, deshalb unterhalten sich die Leute, die vor »Hoddle's« Schlange stehen, nur ganz leise. Drunten im Lokal allerdings ist das Stimmengewirr ohrenbetäubend. Es ist ein richtiges Restaurant, ohne Nischen, mit Leinentischtüchern und -servietten und mit schwarzgekleideten Kellnern. Sie stammen alle aus Italien, aber einer von ihnen kann ein bißchen Französisch, deshalb warte ich jedesmal so lange, bis an einem seiner Tische ein Platz frei wird. Der Haken dabei ist nur: Er besteht darauf, daß ich alle vier Gänge esse. »Heute bitte keine Spaghetti!« beschwöre ich ihn. *»Si tu ne mange pas, tu crèves«*, erwidert er und bringt mir einen gehäuften Teller voll. Inzwischen habe ich wenigstens gelernt, wie man die Spaghetti um die Gabel wickelt. Wenn ich mich nach dem Essen hinausschleppe, ist es draußen schon ganz dunkel. Niemand wohnt in der »City«, einer Quadratmeile, wo es nur Büros, Fabrikbetriebe, Geschäfte, Lokale, Kinos und Theater gibt. Ich fahre zurück nach Burwood, wo ich fast immer feststellen muß, daß ich es, obzwar ich den ganzen Tag weg war, irgendwie geschafft habe, Marina zu beleidigen, denn sie spricht schon wieder nicht mit mir. Statt dessen pfeift sie. Eine neue Angewohnheit. Sobald ich das Haus betrete, fängt sie zu pfeifen an. Am Wochenende, wenn wir wohl oder übel gemeinsam essen, hört sie immer nur dann zu pfeifen auf, wenn sie den Mund voll hat.

Melbourne, Sonntag, 18. Juli 1948

Bin am Samstag zu Mirka gefahren und über Nacht dortgeblieben. Was für ein Gegensatz zu der niederdrückenden Atmosphäre in Burwood! Wie üblich ging es im Haus sehr lebhaft zu. Alle arbeiten entweder in Fabriken oder daheim. Sie sind in der Kleider-, Hut-, Möbel- und Kraftwagenproduktion tätig. Niemand hat Zeit für andere Dinge, wie zum Beispiel Englischlernen. Niemand ist darüber informiert, was in der Welt geschieht. In den hiesigen Zeitungen findet man (vorausgesetzt, man versteht die Sprache) fast nur Berichte über Australien. Hie und da etwas über Amerika und England, das die Australier »*home*« nennen – aber so gut wie nichts über Europa.

Frau Anker war auch da. Ich habe sie kaum wiedererkannt. Sie geht zur Arbeit und scheint glücklich zu sein. Sie hat gelacht, gescherzt und sich mit jedermann unterhalten. Die kleine Alice ist in einer Kindertagesstätte untergebracht, schläft aber zu Hause. Sie sind aus der Wohnung, in der sich die Tragödie abgespielt hat, ausgezogen, und niemand spricht mehr davon.

Später haben Mirka, ich und zwei Männer, die ebenfalls auf unserem Schiff waren, einen langen Spaziergang am Meer gemacht. Die Sonne ging gerade unter, es war ein wunderschöner Abend, mild, aber mit einer frischen Brise. Der Himmel war rot, ein breiter, orangefarbener Streifen zog sich übers Wasser. Trennt es uns von Europa, fragte ich mich, oder verbindet es uns damit? Es ist so unendlich groß, und dennoch habe ich es überquert und weiß nun, was auf beiden Seiten des Ozeans liegt.

Seit ich hier bin, habe ich eine ganze Menge gelernt. Zwischen dem Leben in einer Gemeinschaftsinstitution und dem Leben in einem Privathaushalt besteht ein gewaltiger Unterschied. In sämtlichen Heimen, in denen ich bisher gelebt habe, mußte man imstande sein, sich unentwegt gegen Angriffe zu verteidigen. Dort gab es ein ständiges Gerangel um Vergünstigungen und um alle möglichen Vorrechte. Man mußte eine scharfe Zunge haben, um Retourkutschen zu erteilen, man mußte sich Respekt verschaffen, um seinen Status aufrechtzuerhalten. Niemand war lange gekränkt, niemand schmollte in einem fort – dazu war immer viel zu viel los. Neue Freundschaften entwickelten sich, Bündnisse wurden geschlossen und aufgelöst, alle in der Gruppe bewegten sich wie die Teile eines Kaleidoskops, die Muster bilden und wieder auseinanderfallen, nur um sich dann zu einem neuen Muster zu vereinen. Jeder Vorfall, mochte er noch so streng geheimgehalten werden, kam früher oder später ans Licht und wurde von allen so lange diskutiert und analysiert, bis er nicht mehr den geringsten Neuigkeitswert besaß. Die Wellen, die er geschlagen hatte, verliefen sich, man vergaß die ganze Angelegenheit, weil bereits neue »Enthüllungen« und »Skandale« und »Überraschungen« die Oberfläche des kleinen Teiches gekräuselt hatten.

In unserem Haushalt in Burwood ist alles ganz anders. Vor allem:

Nichts wird jemals vergessen. Die Wellen verlaufen sich nicht, sondern türmen sich zu riesigen Wogen auf, die ein unaufhörlich tobender Sturm von einer Wand zur andern peitscht, von einer Person zur andern. Jedes Wort löst einen endlosen Widerhall aus, wird als Anspielung oder heimlicher Seitenhieb aufgefaßt. Jede harmlose Bemerkung wird in eine Beleidigung umgemünzt.
Einem solchen Leben bin ich nicht gewachsen. Alles, was ich sage, wird übelgenommen, und wenn ich schweige, wird mir das ebenfalls als Beleidigung ausgelegt. Allein schon, daß ich existiere, ist eine Unverschämtheit. Ich kann Marinas ständige Wutausbrüche und ihren unaufhörlichen, unzusammenhängenden Redeschwall nicht ertragen. Ich möchte davonlaufen und mich irgendwo verstecken, wo ihre Stimme nicht bis zu mir durchdringen kann. Es nützt auch nichts, wenn ich mich beherrsche und mich, statt ihren grundlosen Beschuldigungen entgegenzutreten, in Schweigen hülle. Immer wieder ruft irgend jemand bei ihr an oder trifft sich mit ihr in der Stadt und beschwert sich über mein Benehmen oder bekrittelt mein Aussehen. Es fällt mir schwer, das zu glauben. Haben diese Leute denn keine anderen Gesprächsthemen? Und wer sind sie eigentlich, diese Leute?
Seit ein paar Tagen gibt es einen weiteren Grund zu Meinungsverschiedenheiten: meine Weigerung, »heiratsfähige junge Männer« kennenzulernen, die mir ein Ehevermittler vorstellen möchte. Für ein bescheidenes Honorar. Wie ich denn sonst unter die Haube kommen soll? Der Blick, den ich Marina zuwarf, als ich von diesem Plan erfuhr, bewirkte, daß sie stundenlang zeterte. Aber ich lerne etwas daraus. Ich lerne, was man niemals, niemals zu jemandem sagen darf, mit dem man im selben Haushalt lebt. Alle Tränen der Welt können eine einzige grausame Bemerkung nicht wiedergutmachen. Mir ist klar, daß es für mich die einzige Lösung ist, so schnell wie möglich aus diesem Haus auszuziehen, aber wie soll ich das denn schaffen, wenn ich nicht genug Geld habe, um Miete zu zahlen? Und ohne Englischkenntnisse?

Melbourne, Freitag, 30. Juli 1948

Der Juli ist zu Ende. Ich traure jedem Tag nach, der vergeht: wieder eine versäumte Gelegenheit, etwas Sinnvolles zu tun. Ich

singe nicht mehr, kann keine Gedichte mehr schreiben, kann nicht einmal mehr träumen. Wie war es nur möglich, daß es früher, während des Krieges, in der tiefsten Verzweiflung und Angst, immer noch so etwas wie Hoffnung gab? Ich sang und glaubte fest daran, daß es, so lange mir noch eine Melodie durch den Kopf ging, ein Morgen geben würde. Jetzt kann ich das nicht mehr. Wenn ich einen Moment lang vergesse, daß ich bei Marina bin, und plötzlich eine Melodie summe, werde ich sofort zusammengestaucht: Wieso ich singen und fröhlich sein könnte – nach allem, was im Krieg mit Millionen von Menschen passiert sei? Wie ich derart herzlos sein könnte? Und dann fängt sie zu weinen an. Ich habe ihre heiligsten Erinnerungen tödlich verletzt.
Sobald ich eine Lohnerhöhung bekomme, ziehe ich aus. Egal wohin. Ich werde bei Weiß aufhören und mir eine andere Arbeitsstelle suchen, wo ich besser bezahlt werde – immerhin bringe ich jetzt etwas mehr Erfahrung mit. Ich werde mein Alter falsch angeben, damit ich mehr Lohn bekomme, und ich werde mir irgendwo ein Zimmer suchen. Egal wo – nur möglichst weit weg von Burwood. Irgendwo am Meer. Und dort werde ich ganz allein leben. Wenn's sein muß, jahrelang.

Melbourne, Sonntag, 1. August 1948

Vorgestern war ein so entsetzlicher Tag, daß ich bis heute einfach nicht imstande war, etwas darüber zu schreiben. Kurz nachdem ich die Tagebucheintragung vom Freitag gemacht hatte, kam Besuch: Alex' Cousin, Dr. D., mit Frau. Ich habe Dr. D. nie leiden können. Er ist ein alter Fettwanst mit buschigem grauem Haar, kurzgestutztem Schnurrbart und wulstigen Lippen. Aber weil er Alex' Cousin ist, bin ich immer höflich zu ihm gewesen. Er hat eine Tochter, die ein paar Jahre älter als ich und anscheinend »sehr schwierig« ist. Kein Wunder, bei diesem Vater!
Also – Marina, Alex und Frau D. sind ins Wohnzimmer gegangen, und Dr. D. ist in der Küche geblieben, wo ich gerade das Kaffeegeschirr spülte. Er fragte mich nach meiner Arbeit in der Fabrik. Er schien sich wirklich dafür zu interessieren. Ich erzählte ihm davon, während ich die Tassen spülte. Plötzlich kam er zu mir herüber, drehte mich herum und küßte mich. Auf den Mund. Völlig

überraschend. Ich konnte mich losreißen und schubste ihn so heftig weg, daß er taumelte und rückwärts gegen die Wand prallte. Ich rannte ins Bad und wusch mir den Mund mit Marinas Karbolseife aus. Dann setzte ich mich auf den Wannenrand und weigerte mich, das Badezimmer zu verlassen, so lange der Besuch im Haus sei. Gott sei Dank gingen die beiden kurz darauf. Ich fühlte mich unsäglich besudelt.

Sobald der Besuch fort war, forderte mich Marina auf, sie hereinzulassen. Dummerweise erzählte ich ihr, was passiert war. Da Alex die D.s zur Straßenbahn begleitete, war ich mit Marina allein. Ich glaubte tatsächlich, sie würde einen Tobsuchtsanfall bekommen. Sie brüllte mich an, das Ganze sei eine hundsgemeine Lüge. Ich hätte mir das alles nur ausgedacht, um diesen frommen, gütigen, hochherzigen Mann anzuschwärzen, der sich in seiner unkomplizierten, leutseligen Art erkundigen wollte, wie ich mein elendes Leben friste. Ich sei ganz offensichtlich krank. Sie wüßte schon lange, daß ich eine krankhafte Phantasie hätte und widernatürlich veranlagt sei. Meine Briefe an sie seien ein schlagender Beweis für meine gefährliche Überspanntheit und meine wilden Hirngespinste. Sie habe diese Briefe einigen ihrer Freunde hier in Melbourne gezeigt, die sich alle darüber einig gewesen seien, daß mein Geisteszustand Anlaß zu ernster Besorgnis gebe. Sie habe gehofft, ich würde in der völlig normalen Atmosphäre ihres Haushalts meine Überspanntheit allmählich ablegen. Aber leider habe sie sich geirrt...

Das Tragikomische daran ist, daß ich ausgerechnet am Freitag, kurz vor dem verhängnisvollen Besuch der D.s, einen begeisterten Brief an Onkel aufgegeben habe. Es wäre sinnlos gewesen, ihm zu berichten, wie die Dinge hier wirklich liegen. Er würde es mir ja doch nicht glauben, kein Mensch würde es glauben. Onkel hat noch keine Arbeit gefunden, ist also immer noch völlig mittellos. Über meinen Brief wird er sich bestimmt freuen. Immerhin arbeite ich hier als eine Art Schneiderin. In seinem Antwortbrief weist er mich sicher darauf hin, wie dankbar ich Marina sein muß.

13

Melbourne, Montag, 16. August 1948

Die Wahrheit ist endlich ans Licht gekommen, obzwar es mir immer noch schwerfällt, es zu glauben: Marina hat mein Tagebuch gelesen, regelmäßig, Tag für Tag, auch als wir noch in Paris waren. Kein Wunder, daß ich manchmal glaubte, sie könnte Gedanken lesen!

Wir hatten wieder einmal eine Auseinandersetzung, und in ihrer Wut hat sie's mir ins Gesicht geschrien. Ich traute meinen Ohren nicht. Ich sagte, sie habe keinerlei Ehrgefühl, worauf sie mir eine Ohrfeige verpaßte. Was bin ich doch für ein Dummkopf gewesen! Ich bin wütend auf mich, weil ich an allem selber schuld bin. Ich habe Marina vertraut. Ich dachte, ein Tagebuch sei etwas Unantastbares. Selbst im Kloster, während des Krieges, hat niemand sein Tagebuch eingeschlossen. Wir wußten alle, daß Tagebücher etwas ganz Persönliches sind, und niemals hat sich jemand daran vergriffen. Deshalb bin ich – idiotischerweise – davon ausgegangen, daß jeder diesen selbstverständlichen Grundsatz respektiert. Wie naiv von mir! Habe ich im Krieg denn nicht genug dazugelernt? Habe ich nicht miterlebt, daß die »geheiligten Prinzipien«, auf die in einer zivilisierten Gesellschaft das Leben und der Tod gegründet sind, mißachtet und gebrochen wurden? Der arme Erich, der mich damals so eindringlich davor warnte, irgendeinem Menschen zu trauen – der arme Erich hatte recht. Aber dann kam der Frieden, der Krieg war vorbei. Ich habe versucht, zu vergessen, was ich aus Erfahrung wußte. Aber ich habe mich getäuscht. Nichts hat sich geändert. Die menschliche Natur hat sich nicht gewandelt. Ich muß mich jetzt zwar nicht mehr verstecken, nicht mehr unter falschem Namen leben. Niemand ist mehr darauf aus, mich umzubringen. Aber die alten Wahrheiten gelten immer noch: Einem anderen vertrauen, heißt, dem Verrat Vorschub leisten. Begriffe wie Ehre, Liebe, Freundschaft, Rechtschaffenheit sind bloß schöne Worte – benützt von Erwachsenen, damit die Kinder gehorchen. Die Erwachsenen wissen, was diese Begriffe wert sind: nichts.

Von heute an benütze ich für meine Tagebucheintragungen das Geheimalphabet, das ich mir im Krieg ausgedacht habe. Damals habe ich es hin und wieder für die Aufzeichnung von Ereignissen und Gedanken benützt, die mich und andere in Gefahr gebracht hätten, wenn mein Tagebuch einem Feind in die Hände gefallen wäre. Diese Geheimschrift ist mühsam und nimmt viel Platz in Anspruch, aber da ich sie zum Glück noch auswendig kann, brauche ich den Code nicht zu notieren.

Melbourne, Dienstag, 17. August 1948

Wie vorauszusehen, hat Marina, als ich in der Fabrik war, mein Tagebuch aufgeschlagen und festgestellt, daß sie die Schrift nicht lesen kann. Ihr Wutausbruch bei meiner Rückkehr war grauenerregend. Das heißt, er wäre es gewesen, wenn ich mich noch darum scheren würde. Wunderbarerweise haben mich diese letzten Vorfälle von der Angst vor Marina geheilt und dem letzten Rest von Respekt, den ich noch für sie empfand, den Garaus gemacht. Nichts, was sie sagt oder tut, kann mir jetzt noch etwas anhaben.

Melbourne, Sonntag, 29. August 1948

Wieder einmal ist Marinas Stimmung umgeschlagen. Plötzlich ist sie strahlend glücklich, lacht, singt und möchte jeden Abend ausgehen. Also sind wir gestern abend in die Oper gegangen. Gastspiel eines italienischen Ensembles. Wir haben *Rigoletto* gesehen. Es war sehr komisch. Gleich zu Beginn, als Gilda von zwei Bösewichten entführt werden sollte (die sich schrecklich anstrengen mußten, bis sie die stämmige Sopranistin endlich hochgehoben hatten), verfing sich ihre goldblonde Perücke in einer Stuhllehne, blieb dort hängen und enthüllte einen schwarzen Lockenkopf. Worauf das Publikum Bravo rief und applaudierte. Später, als der Herzog und seine Geliebte auf der einen Seite der Mauer herumtändelten, und Rigoletto und Gilda auf der anderen Seite der Mauer standen (sie singen ein Quartett, obwohl sie angeblich gar nicht wissen, daß die anderen auch zugegen sind), neigte sich die Mauer langsam seitwärts und drohte umzufallen und die Intrige zu vereiteln. Aber da streckte Rigoletto geistesgegenwärtig den Arm aus und hielt die Mauer bis zum Ende der Szene fest. Das

brachte ihm donnernden Applaus ein – von einem Publikum, das Sportsgeist zu schätzen wußte.
Marina erklärte, sie sei entsetzt darüber, welchen Mangel an Kultur das Publikum bewiesen habe. Für mich war es ein Mordsspaß.

Anfang September erklärte mir Marina, meine Anwesenheit wirke sich ungünstig auf Alex' Gesundheitszustand aus. Er könnte es nicht ertragen, daß ich ihr soviel Kummer bereitete – deshalb wäre es für uns alle die beste Lösung, wenn ich auszöge. Ich sagte, auch ich hielte das für die beste Lösung. Insgeheim war ich entsetzt darüber.
In der Folgezeit war die Atmosphäre nicht mehr ganz so gespannt. Nur Alex kam mir jetzt noch bedrückter vor. Eines Tages sagte er mir, er hätte keine Ahnung gehabt, daß es zwischen Marina und mir zu einer so ausweglosen Situation gekommen sei. Da Alex fast immer, wenn Marina und ich aneinandergerieten, in der Fabrik gewesen war, hatte er immer nur ihre Version zu hören bekommen, das heißt, unaufhörliche Beschwerden über mich.
In der ersten Septemberwoche belegte ich im Melbourne Technical College einen Englischkurs für Anfänger und einen französischen Konversationskurs. Das bedeutete, daß ich dreimal in der Woche erst spät abends nach Hause kommen würde. Dazu kam, daß Marina darauf erpicht war, mir Nebeneinnahmen zu verschaffen, damit ich möglichst bald ausziehen könnte: Sie versorgte mich mit Heimarbeit. Und nun war ich am Wochenende und an meinen freien Abenden meistens damit beschäftigt, schwarze und purpurrote Kleider mit schwarzen und purpurroten Perlen zu besticken, die so winzig wie Sandkörnchen waren.
Nach wie vor traf ich mich gelegentlich mit Mirka, mit der ich manchmal sogar ins Kino ging. Wir sahen *Arch of Triumph (Triumphbogen)* mit Ingrid Bergman. Das Buch hatten wir auf dem Schiff gelesen. Es hatte mich neugierig darauf gemacht, wie Calvados schmeckt. In dem Roman tranken alle Leute unentwegt dieses Zeug. Wie sehr sich ihr Paris von meinem unterschied... und trotzdem machte mich der Film fast krank vor Heimweh! Ich kämpfte mit den Tränen, als ich die vertrauten Straßen sah. Warum war ich eigentlich so weit fort gegangen? Ebensogut hätte ich mir dort ein Zimmer suchen und mich abrackern können... Wozu um die halbe Welt reisen? Für *das* hier?

Der Frieden, der in unserem Haushalt eingekehrt war, sobald feststand, daß ich ausziehen würde, war nicht von langer Dauer.
»Ich möchte diese hier!« erklärte Marina, als sie sich die Aufnahmen in dem Fotoalbum ansah, das sie mir in Paris geschenkt hatte. Als erstes nahm sie das Foto heraus, das im Krieg auf Erichs Balkon aufgenommen worden war. Ich hatte mich, um von draußen nicht gesehen zu werden, mit dem Rücken zur Straße auf den Balkon gestellt, dorthin, wo gerade noch ein bißchen Licht auf mich fiel. Das Foto, das Lydia geknipst hatte, sollte meinen Eltern ins Ghetto geschickt werden, aber als es entwickelt war, waren sie nicht mehr dort. In der einen Ecke der Aufnahme war der schattenhafte Umriß von Erichs Kopf zu sehen.
Als nächstes nahm sich Marina mein im Kloster aufgenommenes Erstkommunions-Foto. »So ein hübsches Kind! Kaum zu glauben, daß *du* das bist! Das Schlimme an dir ist deine übersteigerte Eigenliebe. Wie kann man denn ein Foto von sich selber aufbewahren? Das ist doch morbid!«
Ich fürchtete, daß sie die Fotos zerreißen würde, aber sie blätterte weiter in dem Album herum und suchte sich aus, was sie haben wollte: Adam in seiner RAF-Uniform, ein während seines letzten Besuchs in Paris aufgenommenes Foto, auf das er mir eine Widmung geschrieben hatte; das kleine Foto, das mich, in erstarrter Pose, auf dem Arc de Triomphe zeigt; ein Vorkriegsfoto von Onkel (in Uniform), auf dem er fesch, aber etwas verbissen aussieht; und schließlich eine Aufnahme, die Ali auf dem Schiff gemacht hatte – ich sitze auf der Reling, habe seine Mütze auf dem Kopf und blinzle in die Tropensonne.
»Dieses Foto bekommt bestimmt niemand zu sehen«, sagte Marina und steckte es in ihr eigenes Album.
Ich hatte gegen ihren ersten und zweiten Diebstahl (anders konnte ich das wirklich nicht nennen) Einspruch erhoben, dann aber den Mund gehalten. Mein Protest hätte alles nur noch schlimmer gemacht, und ich war ohnehin fest entschlossen, mir mein Eigentum zurückzuholen.
Drei Tage später, als Marina und Alex weggegangen waren, zog ich die Schublade auf, in der sie ihr Album aufbewahrte, nahm meine Fotos heraus und hinterließ in dem Album genauso viele leere Stellen wie Marina in meinem hinterlassen hatte. Ich steckte die Aufnahmen wieder in mein Album, legte es nachts unter mein

Kopfkissen und nahm es am Morgen mit zur Arbeit. Am Abend übergab ich es Mirka zur Aufbewahrung.
»Ich habe *noch* etwas dazugelernt«, notierte ich in meiner vertrackten Geheimschrift. »Böses zeugt Böses. Bevor ich in dieses Haus kam, hätte ich es nicht über mich gebracht, meine Fotos aus Marinas Album zu entfernen. Ich hätte flehentlich um Rückgabe gebeten, mich hilfesuchend an andere Leute gewandt, nach einer Kompromißlösung gesucht (könnte man denn nicht Abzüge machen lassen?). Jetzt habe ich ihr die Fotos einfach weggenommen. Ich weiß, es war richtig, das zu tun. Wenn ich auf eigenen Füßen stehen will, muß ich lernen, für mich selbst zu kämpfen.
Heute ist mir während der Arbeit plötzlich ein Licht aufgegangen: Niemand hat Marina angerufen, um sich über mein Benehmen und mein Aussehen zu beschweren. Sie hat genau gewußt, was sich zwischen Ali und mir abgespielt hat. Alles hat sie in meinem Tagebuch nachgelesen, meine geheimsten Gedanken und Qualen – und das alles hat sie dazu benützt, mich einzuschüchtern, mir Angst einzujagen vor diesen Unbekannten, die ›alle über mich reden‹, mich mißtrauisch zu machen gegenüber meinen Freunden vom Schiff, damit ich mich nicht mehr mit ihnen treffen und noch einsamer werden würde, noch abgekapselter und – angeblich – noch abhängiger von ihr. Ein ganzes Unterdrückungssystem hat sie aufgebaut – aus dem Material, das ich ihr freundlicherweise Tag für Tag geliefert habe. Wie dämlich ich gewesen bin!«

Melbourne, Sonntag, 31. Oktober 1948

Endlich stehe ich auf eigenen Füßen. Gestern bin ich ausgezogen. Ich habe bei »Weiß' Dressing Gowns« aufgehört und fange morgen in einer anderen Fabrik an, wo ich für den enormen Wochenlohn von 6 Pfund, 8 Schilling und 6 Pence Röcke nähen werde. Ich habe dort falsche Angaben über mein Alter und meine Berufserfahrung gemacht.
Alex und Marina haben mich und meine Habseligkeiten im Taxi hierher gebracht. Am Vormittag hat mir Marina einen funkelnagelneuen Teekessel gekauft – ihr Abschiedsgeschenk. Mein Zimmer ist in der Nähe des Verkehrsknotenpunkts von St. Kilda. Straßenbahnen in die Innenstadt fahren am Haus vorbei. Ich habe di-

rekt vor der Tür eine Haltestelle. Das Haus ist alt, mit Schindeln verschalt und hat im ersten Stock einen eingebauten Holzbalkon. Es gehört einem älteren australischen Ehepaar, Mr. und Mrs. Geddes. Außer ihrem Schlafzimmer und dem Eßzimmer haben sie alle Räume vermietet.

Im schönsten Vorderzimmer (zu dem der Balkon gehört) wohnt ein junges Ehepaar. Die beiden sehen unwahrscheinlich gut aus, sind braungebrannt und langbeinig. Immer wenn sie mir begegnen, lächeln sie mir freundlich zu. In dem großen Zimmer neben ihnen wohnt ebenfalls ein Ehepaar, das nicht mehr so jung ist. Sie ist schrecklich mager und sieht krank aus. Und zu alledem hat sie keine Zähne mehr. Ihr Mann ist Dockarbeiter und säuft. Gestern nacht mußte sie ihm die Treppe hinaufhelfen. Er grölte und fluchte, aber heute morgen hat er mir sehr nett zugelächelt und etwas gesagt, das ich nicht verstehen konnte, es hat aber freundlich geklungen. Auch er hat keinen Zahn mehr im Mund. Seine Frau hat mich gefragt, ob ich irgend etwas brauche, und hat mich zum Kaffee eingeladen.

Das Vorderzimmer im Parterre ist ebenfalls an ein Ehepaar vermietet. Bisher habe ich nur die Frau zu Gesicht bekommen. Sie ist sehr blond und füllig, ihre Haare reichen bis zur Taille hinunter. Ich glaube, sie ist Holländerin. Im Erdgeschoß hinten ist eine Küche mit drei Gasherden, aber ich darf sie nicht benützen. Ich darf nur morgens und abends meinen Teekessel aufsetzen. Im ersten Stock ist ein altmodisches Badezimmer mit einem Warmwasserbereiter, der nur mit Papier aufgeheizt werden kann – auf dem lauwarmen Wasser in der Wanne setzt sich eine schwarze Rußschicht ab. Ich kann mich nicht dazu überwinden, die Wanne zu benützen. Eine Dusche ist nicht vorhanden. Das Klosett befindet sich in einem Bretterverschlag draußen im Garten.

Mein Zimmer ist sehr klein und heiß. Es liegt im ersten Stock, das einzige Fenster geht auf den schmalen Weg zwischen unserem und dem Nachbarhaus hinaus. Keine Aussicht, bloß eine Mauer und ein paar Dächer. Ich habe ein großes, durchgelegenes Bett, einen sehr altersschwachen Sessel, durch den man auf den Fußboden hinunterplumpst, eine kleine Kommode mit Spiegel, einen schmalen Kleiderschrank und einen Stuhl. Der Boden ist mit braun, gelb und orange gemustertem Linoleum ausgelegt, das schon sehr rissig ist. Die Tür und der Fußboden sind dunkelbraun gebeizt. Der

Kamin hat einen grasgrün gestrichenen Sims. Die kleine Deckenlampe hat einen gelben Schirm mit Fransen. Die Wände sind gelb getüncht.
Es ist jetzt schon kurz vor Tagesanbruch, aber mir ist nicht nach Schlafen zumute. Vorgestern abend, als Marina und Alex gegangen waren, habe ich lange ganz still dagesessen. Dann wurde mir klar, daß ich auf etwas wartete. Darauf, daß mir jemand sagen würde, was ich tun soll. Allmählich ging mir auf, daß mir von jetzt an niemand mehr sagen wird, was ich tun soll. Daß ich auf mich selbst gestellt bin. Daß ich meinen Traum verwirklicht habe. Ein eigenes Zimmer, das niemand betreten darf, den ich nicht dazu aufgefordert habe.

Melbourne, Dienstag, 2. November 1948

Heute früh ist ein Bücherpaket angekommen – von Onkel! Die Bücher sind alle schon sehr zerlesen, die Umschläge sind zerrissen, die Buchrücken lösen sich ab – aber was für eine herrliche Auswahl! Châteaubriands *Memoires d'outre tombe*, Stendhals *Le rouge et le noir*, George Sands *Elle et lui*, einige Werke von Balzac und Francis de Croisset sowie eine höchst komplizierte französische Grammatik... Jemand muß Onkel den ganzen Schwung geschenkt haben. Ich weiß gar nicht, womit ich beginnen soll.
Schon wieder kurz vor Morgengrauen. Ich gehe, scheint's, überhaupt nicht mehr zu Bett. Bald ist es Zeit, zur Arbeit zu fahren. Mein neuer Job ist viel zu schwierig für mich. Derart komplizierte Nähte kriege ich einfach nicht zustande. Das Problem ist: Alles ist absolut erstklassige Ware. Ich könnte es mir nie leisten, einen der Röcke, die ich dort nähen muß, zu kaufen.
Onkel hat geschrieben und versprochen, mir etwas Geld zu schikken. Ich habe keine Ahnung, wieviel es sein und wann es eintreffen wird, aber auf Grund der Ankündigung habe ich den Rest meiner »Ersparnisse« für ein Radio ausgegeben! Jetzt kann ich jederzeit Musik hören.
Meine Bücher, die Briefe, die ich an alle schreibe, um von der großen Wende in meinem Leben zu berichten, der Englisch- und der Französischkurs – das alles sorgt dafür, daß ich unentwegt beschäftigt und nur noch auf mich selber angewiesen bin. Aber das ist natürlich erst der Anfang...

Melbourne, Sonntag, 7. November 1948

Heute habe ich fast den ganzen Tag damit zugebracht, am Strand zu sitzen und aufs Meer hinauszuschauen. Eigentlich möchte ich gar nichts anderes mehr tun. Wozu denn auch? Die Schwierigkeiten sind unüberwindlich. Es gibt ein Sprichwort: »Wenn dir drei Leute sagen, daß du betrunken bist, dann streite es nicht ab. Leg dich lieber hin.« Mir sagen *alle* Leute, daß das, was ich mir wünsche, nicht zu erreichen ist. Der Platz der Einwanderer ist in der Fabrik. Alle, die ich kenne, arbeiten in Fabriken. Warum bilde ich mir ein, etwas anderes zu sein?

Melbourne, Freitag, 12. November 1948

So, jetzt bin ich nicht mehr in der Fabrik. Ich bin gefeuert worden. Die Arbeit ist eben doch zu schwierig gewesen, und ich habe nicht genug praktische Erfahrung mitgebracht. Ich fühle mich erleichtert. Jetzt brauche ich eigentlich gar nichts mehr zu tun. Das Geld von Onkel ist unerwartet rasch angekommen. Davon kann ich mindestens zwei Wochen sorglos leben – dann werden wir weitersehen.

Melbourne, Sonntag, 14. November 1948

Wieder den ganzen Tag am Meer verbracht. Ich tue überhaupt nichts. Ich sitze nur da, sehe zu, wie das Licht über dem Wasser wechselt und die Sonnenstrahlen auf den Wellen tanzen, und lausche den Vogelstimmen. Ich könnte ewig so dasitzen. Ich habe keine Pläne, keine Träume, keine Wünsche. Nur weinen möchte ich. Aber dafür ist es hier zu hell und ungeschützt. Keine dunklen Winkel, in die man sich verkriechen könnte. Am liebsten möchte ich eine Mauer um mich bauen, damit mir nie wieder jemand zu nahe kommen und mich berühren kann.

Melbourne, Montag, 15. November 1948

Ein ganz erstaunlicher Brief von Onkel. Mir hatte davor gegraut, wie er auf die Nachricht reagieren würde, daß ich mich von Marina

getrennt habe. Da er mir die Wahrheit ja doch nicht geglaubt hätte, schrieb ich ihm, ohne auf Einzelheiten einzugehen, daß ich unabhängig sein möchte. Offenbar hat er das akzeptiert. Und nun berichtet er mir von den Schwierigkeiten, die er zu bewältigen hatte, als er, gleich nach Schulabschluß, zum erstenmal nach Frankreich kam, um Maschinenbau zu studieren, und feststellen mußte, daß weder seine Französisch- noch seine Mathematikkenntnisse den Ansprüchen genügten. Am Ende des ersten Studienjahres, als er fürchtete, er würde die Prüfung nicht bestehen, täuschte er eine Krankheit vor. Man brachte ihn schleunigst ins Krankenhaus, wo ihm der Blinddarm (der völlig intakt war) entfernt wurde. Dann schickte man ihn zur Erholung nach Hause. Dort büffelte er den ganzen Sommer über, und als er nach Frankreich zurückgekehrt war, durfte er die versäumte Prüfung nachholen und bestand sie – mit den besten Noten. Später absolvierte er sein Studium mit Auszeichnung und erhielt als einziger Ausländer eine Goldmedaille.
Was er mir tatsächlich damit sagen will, ist, daß man nur mit Anstrengung etwas erreichen kann. Und daß ich, wenn ich wirklich den sehnlichen Wunsch habe, etwas zu schaffen, wenigstens den Versuch unternehmen muß. Sobald Onkel eine Stellung gefunden hat, will er mir regelmäßig Geld schicken, damit ich in der Fabrik aufhören und wieder zur Schule gehen kann. Es ist mir egal, wie alt ich dann sein werde – Hauptsache, man nimmt mich auch dann noch in die Schule auf!
Ich bin auf einmal voller Hoffnung und Lebensmut. Den ganzen Tag bin ich herumgesprungen, habe gesungen und versucht, Mrs. Geddes alles zu erklären, die aber immer bloß lächelt und den Kopf schüttelt. Sie versteht kein Wort.

Melbourne, Sonntag, 21. November 1948

Eine Karte von Ali, auf der ein Korb Mohnblumen abgebildet ist. *»Des coquelicots, ça te rappelera la France. Celui que tu as oublié.«* Nein, ich habe ihn nicht vergessen und werde ihn nie vergessen. Aber wie kann ich denn jetzt an ihn schreiben, wie sollte ich ihm denn in meinem merkwürdigen Französisch (das geschrieben viel holpriger klingt als gesprochen) alles erklären, was sich inzwi-

schen ereignet hat? Er würde mich ja doch nicht verstehen. Niemand würde das. Und so wird auch dieser Kartengruß unbeantwortet bleiben.
Nächste Woche fange ich in einer anderen Fabrik an: Kleider und Kostüme. Hoffentlich ist die Arbeit nicht zu kompliziert. Mir ist endlich klargeworden, warum ich mich in den letzten Wochen so... entblößt gefühlt habe. Mir ist die Haut abgezogen worden. Wie eine Schlange ihre Haut abstreift, so habe ich meine Illusionen abwerfen müssen. Und jetzt stehe ich dieser neuen, sonnenüberstrahlten, schattenlosen australischen Welt nackt und angstvoll gegenüber. Ich glaube, ich bin noch nie im Leben so allein und verängstigt gewesen.

Melbourne, Donnerstag, 25. November 1948

Ich habe seltsame, furchterregende Träume gehabt – einer davon sucht mich fast jede Nacht heim: Ich klettere auf allen vieren einen Berg hinauf. Er ist sehr steil, und ich komme nur sehr langsam und mühsam voran. Endlich bin ich oben angelangt, doch ich muß mich mit aller Kraft am Boden festklammern und wage nicht, aufzustehen und um mich zu blicken, weil nichts da ist, woran ich mich festhalten könnte, und weil ich Angst habe, abzustürzen.

Melbourne, Dienstag, 30. November 1948

Der erste Monat meiner Unabhängigkeit ist vorüber. Marina ruft mich nach wie vor fast jeden Abend an und erzählt mir von Leuten, die über mich reden. Wenn ich nicht zu Hause bin, läßt sie mir ausrichten, daß ich anrufen soll – es sei dringend. Beim ersten Mal habe ich mir wirklich Sorgen gemacht. Ich dachte, irgend etwas Schreckliches sei passiert. Aber sie wollte mir bloß mitteilen, sie habe jemanden getroffen, der mich gesehen und den Eindruck gehabt hat, daß... Sie fügt jetzt immer nur vage hinzu: »Deinen Onkel wird es umbringen, wenn er die Wahrheit erfährt.« Zu spät! Onkel und ich haben inzwischen ein paar freundschaftliche Briefe gewechselt, und er hat wegen meiner Unabhängigkeit keine Bedenken. Vielleicht hat er Marina schon lange durchschaut. War das vielleicht der Grund, warum er erst nach Frankreich gekommen ist, als sie schon fort war?

Mein neuer Job ist ziemlich vertrackt, aber der Chef ist sehr freundlich. Eigentlich ist er professioneller Ringkämpfer (die Fabrik gehört seiner Mutter), aber er kommt jeden Tag, um die Arbeit zu beaufsichtigen. Gestern hat er sich an meine Maschine gesetzt und mir Stich für Stich gezeigt, wie man ein Knopfloch näht. Als »erfahrene« Maschinennäherin hätte ich das natürlich wissen müssen. Jetzt weiß er also, daß ich keine Erfahrung habe, aber gefeuert hat er mich nicht.

Wie ich schon vermutet hatte, waren die Monate, die ich in Madame J.s Werkstatt verbrachte, reine Zeitverschwendung. Hier wird fast alles maschinell gemacht, auch das Versäubern der Nähte und Säume. Niemand näht etwas von Hand – wenn eine Maschine die Arbeit übernehmen kann.

Mirka und ihrer Tante ist das Leben, das ich jetzt führe, nicht ganz geheuer. Sie sagen, wenn ich schon aus Burwood wegziehen mußte, hätte ich mich bei einer Familie einmieten sollen: bei einer jüdischen Familie, wo ich in guter Hut gewesen wäre. (Und die zweifellos ständig etwas an mir auszusetzen gehabt und über mich getratscht hätte.) Marina hätte sicher eine solche Unterkunft für mich finden können. Aber weil sie fürchtet, ich könnte neue Freundschaften schließen und mit fremden Leuten über sie reden, hat sie das Quartier ausgesucht, in dem ich jetzt wohne, und diesmal bin ich ausnahmsweise mit ihrer Wahl sehr einverstanden. Mirka kann nicht begreifen, warum ich mir *mehr* vom Leben wünsche als einen Ehemann, den ich doch in der Fabrik leicht finden könnte. Am besten den Chef. Sie ist fest entschlossen, einen reichen Mann zu heiraten. Ihre Tante vertraut fest darauf, daß es ihr gelingen wird. In diesem Punkt kann ich Mirka so wenig verstehen wie sie mich.

Das Wetter wird von Tag zu Tag heißer und sonniger. Was für ein seltsames Land... In meinem kleinen Zimmer ist es nachts so heiß, daß an Schlafen gar nicht zu denken ist. Und so gehe ich nach der Arbeit fast immer an den Strand. Dort liege ich stundenlang, lausche dem Meer, beobachte das wechselnde Licht und die Färbung des Himmels. Mag die Nacht noch so dunkel sein – über den Wassern tanzt immer ein Licht, und das Meer seufzt wie ein lebendiges Wesen und verstummt nie. Nie.